KB061840

기울어진
저울

기울어진 저울

대법원 개혁과 좌절의 역사

이춘재 · 김남일 지음

한겨레출판

우리의 디케는 왜 눈을 가리지 않았을까

법의 여신 디케(Dike)는 천으로 눈을 가리고 한 손에는 저울을, 다른 손에는 칼을 쥐고 있다. 저울은 형평성을, 칼은 엄격함과 날카로움을 상징한다. 천으로 눈을 가린 것은 공평무사하게 판결하겠다는 의지의 표현이다.

하지만 우리 대법원 청사 중앙홀에 있는 디케는 이런 일반적인 모습과 다르다. 눈을 가리지 않았을 뿐만 아니라, 왼손에는 칼 대신 법전을 들었다. 이른바 '한국형 디케'인 셈이다. 왜 이렇게 만들었을까?

법원에서 납득하기 힘든 판결이 나올 때마다 두 눈을 가리지 않고 칼도 들지 않은 한국형 디케가 입길에 오르내린다. 법정에 드나드는 피고인이 재벌 회장인지 정치인인지 두 눈으로 똑똑히 볼 수 있고, 칼보다 무딘 법전을 휘두르니 공평무사하고 추상같은 재판을 기대할 수 있겠느냐고 비아냥거린다.

대법원은 억울해한다. 고대 그리스에서 만든 '원조' 디케도 눈을 가리지 않았다고 항변한다. 신이기 때문에 굳이 인간처럼 눈을 가리지 않아도 공정하고 정의롭게 심판할 수 있다는 것이다. 또한 법전을 들고 있어서 헷갈릴 때 바로 법전을 펴서 찾아볼 수 있으니 훨씬 더 생산적(?)이라는 애교 섞인 해설도 덧붙인다.

실제 다른 나라에도 눈을 가리지 않은 디케는 많다. 그럼에도 이렇게 비아냥거리는 것은 우리 사법부가 그동안 쌓아온 업보 때문이다. '만인은 법 앞에 평등하다'는 말을 외면한 채 권력이나 빈부 격차에 따라 디케의 저울이 한쪽으로 쏠린 판결들이 적잖았던 탓이다. 판사들은 선뜻 받아들이기 힘들겠지만, 2011년에 개봉된 영화 〈부러진 화살〉에 많은 관객이 몰린 것이 이를 방증한다. 석궁이라는 야만적인 수단을 사용했음에도 불구하고, 영화 속 주인공이자 실제 사건 당사자인 김명호 교수가 판사를 응징한 것에 공감을 표하는 이들이 많았던 것은 사법부에 대한 불신이 얼마나 뿌리 깊은지를 실감케 한다.

한국형 디케의 저울이 얼마나 한쪽으로 기울어져 있는지 보여주는 사례는 많다. 2006년 2월 8일 서울중앙지법은 회사 돈 326억 원을 빼돌리고 2,838억 원을 분식회계한 혐의 등으로 기소된 박용성 두산그룹 회장에게 징역 3년·집행유예 5년을 선고했다.

박용성 회장은 기존의 '재벌 전과자'들과 달리 빼돌린 회사 돈을 가족들의 생활비로 썼다. 검찰 발표를 보면 박 회장을 비롯한 6남매는 회사에서 빼돌린 29억 원을 유산분배 비율(큰아들 1.5, 아들 1, 딸 0.5)에 따라 매달 600만~700만 원씩 나눠 가졌다. 또 1년에 8,000만 원씩 '특별 보너스'도 받았다. 이들이 두산그룹에서 주식 배당금이나 임금 등 합법적으로 받는 돈만 수십억 원에 달했는데도 말이다. 재계 10위권의 재벌 총수 일가가 저지른 짓이라고는 선뜻 믿기지 않는 행위였다.

돈을 분배하는 일은 박 회장이 전담했다. 그룹 회장실과 부회장실 사이에 '가족자금'을 넣는 금고가 있었고, 생활비는 은행계좌로, 뭉칫돈은 운전기사를 통해 전달했다. 박 회장 일가는 빼돌린 돈으로 두산

산업개발의 유상증자에 참여하기 위해 금융권에서 빌린 돈의 이자 139억 원을 갚는 데 쓰기도 했다.

회사 돈을 빼돌려 만든 비자금을 비즈니스를 위해 정관계 로비에 사용한 '선배' 전과자들과 달리 지극히 사적인 용도로 썼다는 점에서 이들에게 쏟아진 사회적 비난은 더욱 거셌다. 그럼에도 재판부는 박 회장을 구속하지 않았다. 그가 "국제올림픽위원회(IOC) 위원 활동을 통해 사회에 기여했다"는 게 이유였다.

이뿐만이 아니다. 2007년 700억 원의 회사 돈을 빼돌린 혐의로 구속 기소된 정몽구 현대차 회장에게 1심 재판부는 실형을 선고하면서도, "경제에 미치는 영향을 최소화해야 한다"며 정 회장을 법정구속하지 않았다. 1,100억 원대의 탈세와 배임 혐의로 기소된 이건희 삼성 회장도 같은 이유로 실형을 면했다. 2012년 1월에는 회사 돈 300억 원을 빼돌린 담철곤 오리온 회장을 "윤리경영과 사회공헌 활동을 다짐했다"는 이유로 2심에서 집행유예를 선고하고 풀어줬다. 재벌닷컴에 따르면 1990년 이후 경제 비리로 기소된 대기업 대표 7명이 모두 집행유예를 선고 받고 대통령 특별사면을 받았다. 이들은 죄를 저질러놓고도 아무런 불이익을 받지 않는 특권 계층이었다. 일반인들이 이런 죄를 저질렀다면 실형을 면치 못할 뿐만 아니라 형기를 마친 뒤에도 정상적인 사회생활이 불가능하다.

그렇다면 법조인들이 '글로벌 스탠더드'로 여기는 미국은 어떨까? 2012년 10월 24일 미국 뉴욕 맨해튼 지방법원은 세계적 투자은행 골드만삭스의 이사 라자트 굽타(Rajat Gupta)에게 징역 2년과 벌금 500만 달러를 선고했다. 그는 헤지펀드 매니저로 일하는 절친한 친구에게

'큰손' 워런 버핏(Warren Buffett)이 골드만삭스에 50억 달러를 투자한다는 이사회 기밀 정보를 흘린 혐의로 2011년 10월 기소되었다. 굽타의 정보를 얻은 친구는 즉시 골드만삭스의 주식을 사들였고, 주가 상승으로 단숨에 500만 달러를 손에 넣었다.

하지만 굽타는 이 거래에서 단돈 1달러도 챙기지 않았다. 그럼에도 재판부는 '시장의 신뢰를 깼다'는 이유로 그에게 실형을 선고했다. 굽타는 성공한 은행가일 뿐만 아니라 자선사업가로도 명성을 날렸다. 빌 게이츠와 빌 클린턴의 자선사업에 자문을 해주는가 하면, 에이즈와 말라리아 퇴치 운동에도 앞장서 미국은 물론 국제사회에서 명망이 높은 인물이었다. 그는 2005년 코피 아난(Kofi Annan) 유엔사무총장의 특별 자문을 맡았고, 2008년부터 2010년까지 세계경제포럼(WEF, 다보스포럼)의 이사로 활동하기도 했다.

그러나 재판장은 "(굽타는) 좋은 사람임에 틀림없지만, 역사를 돌이켜보면 나쁜 짓을 저지르는 좋은 사람도 많다. 정의가 승리한다는 것을 보여주기 위해 이들에 대한 처벌은 여전히 필요하다"며, 눈물을 글썽이는 굽타의 네 딸이 지켜보는 앞에서 실형을 선고했다. 얼굴이 하얗게 질린 굽타를 대신해 변호인이 "항소심 준비를 잘할 수 있도록 불구속 상태로 있게 해달라"고 요청했으나, 재판장은 고개를 가로저으며 그를 오티스빌 연방교도소로 보냈다. 《뉴욕타임스》는 이날 선고 공판 장면을 생생하게 전하면서 "굽타는 내부자 거래로 수감된 피의자 가운데 역사상 가장 유명한 인물이 될 것"이라고 촌평했다. 이 신문은 "최근 3년 동안 미국에서 내부자 거래로 처벌받은 은행가와 기업가, 변호사 등이 모두 70여 명에 달한다"며 사법부가 앞장서서 경제적 강자들의 반칙 행위를 엄단하고 있다고 추어올렸다.

자기 주머니를 채운 게 아닌데도 '시장의 신뢰를 깼다'는 이유로 명망 높은 은행가를 감옥에 보낸 맨해튼 지방법원의 재판장과, 회사 돈을 제 돈처럼 빼서 썼는데도 IOC위원이라는 이유로 선처를 베푼 두산그룹 사건 재판장이 보여준 인식의 차이는 과연 어디서 비롯된 것일까? 정의에 대한 두 나라 법관들의 관점에 근본적인 차이가 있는 걸까, 아니면 민주적 정통성이 부족한 대한민국 사법부의 태생적 한계일까? 과연 이런 차이는 극복될 수 있을까?

이런 질문들은 필자들을 비롯한 대한민국 법조 출입기자들의 공통된 문제의식이다. 가진 이들에게는 너그럽기 그지없는 반면, 소수자에게는 가혹할 정도로 법의 잣대를 엄격하게 들이대는 우리 사법부의 민낯을 볼 때마다 기자들은 한국형 디케의 저울이 애초에 기울어져 있음을 뼈저리게 느낀다. 하지만 판사들에게 직접 그 이유를 물을라치면 돌아오는 대답은 한결같이 '판사는 판결로만 말한다'뿐이다.

그런데 노무현 정부 때 등장한 '독수리 5형제'는 말 그대로 신선한 충격이었다. 성향이나 배경으로 볼 때 이전에는 대법관이 되기가 결코 쉽지 않았던 이홍훈, 박시환, 전수안, 김영란, 김지형 대법관은 디케의 고장 난 저울에 '영점'을 잡아주는 역할을 톡톡히 했다. 이들의 활약으로 비로소 국가권력과 자본의 횡포로부터 사회적·경제적 약자를 보호하는 소수의견이 많이 나왔다. 비록 수적인 열세로 다수의견이 못 되는 경우가 많았지만, 우리 사회의 다양한 가치관이 대법원 판결에 반영되는 소중한 변화가 일어난 것이다.

특히 이들은, 대법원이 그동안 사회의 주류를 위한 '그들만의 대법원'으로 불렸던 이유가 성향과 배경이 천편일률적인 고위 법관 출신들로 구성된 탓이었음을 입증해 보였다. 서울대 법대, 남성, 고위 법관 출신의 주류 대법관들이 폐쇄적이고 퇴행적인 사고의 틀에 갇혀 민주화라는 시대의 변화를 따라가지 못하고 있음을 상대적으로 드러낸 것이다. 사법부가 민주적 정당성을 확보하기 위해서는 다양한 가치관을 반영할 수 있도록 법원 구성을 다양화해야 한다는 것을 몸소 보여줬다.

이런 변화는 노무현 대통령의 의지가 없었다면 불가능했을 것이다. 법원 내부의 사법개혁에 대한 요구도 그 어느 때보다 강력했지만, 재야 변호사 출신으로 사법부의 고질적인 문제를 정확하게 꿰뚫었던 노 대통령이 없었다면 찻잔 속의 태풍에 그쳤을 수도 있다.

그러나 독수리 5형제가 주도한 변화는 채 5년을 가지 못했다. 집권하자마자 민주화의 시계추를 10년 전으로 되돌린 이명박 정부의 주도로 사법부에서도 급격한 '유턴'이 진행된 탓이다. 설상가상으로 독수리 5형제가 하나둘씩 대법원을 떠나면서 사법부는 옛 군사정권 시절을 연상시키는 '앙시앵레짐'을 맞게 되었다.

'신영철은 남았고, 조용환은 떠났다.' 2013년 현재 사법부의 처지를 압축적으로 표현한 말이다. 신영철 대법관은 임명 직후인 2009년 2월, 서울중앙지법원장 시절 '촛불 재판'에 압력을 행사한 사실이 드러났다. 법원 내부는 물론 야당과 시민사회로부터 사퇴 요구를 받았지만 그는 결국 자리를 지켰다.

반면 야당이 헌법재판관으로 추천한 진보 성향의 조용환 변호사는 2011년 국회 인사청문회에서 천안함 사건에 대한 '양심고백'을 강요하는 여당 의원들의 집요한 이념 공세를 받았고, 이듬해 2월 여당은 기어이 조용환 후보자 선출안을 부결시켰다. 이 나라의 최고 법관들을 보수 성향의 주류들로만 꽉꽉 채워 넣겠다는 권력층의 의지가 '신영철'과 '조용환'을 통해 극명하게 드러난 것이다.

'용산참사' 사건은 어떤가. 대법원 2부는 2010년 11월 용산참사 사건 당시 시위에 참여했던 철거민들에게 모두 실형을 선고했다. 당시 대법관으로 주심을 맡았던 양승태 현 대법원장은 과잉진압으로 참사가 일어났다는 경찰관들의 자백을 무시하고, 경찰특공대의 진압작전을 '정당한 공무집행'이라고 판결했다. 무분별한 재개발에 삶의 터전을 빼앗긴 서민들이 정당한 보상을 요구하며 망루로 올라간 것을 테러집단의 소행으로 몰고 간 검찰의 주장을 그대로 받아들인 것이다.

불과 3년 전, 그러니까 노무현 정부 때인 2007년 11월 대법원은 검사가 증거물을 압수할 때 형사소송법이 정한 절차를 지키지 않았다는 이유로 검찰의 공소를 기각했다. 아무리 수사의 목적이 정당하더라도 절차적 정당성을 지키지 않는 수사는 권력기관의 권한 남용으로 위헌이라는 대법원 전원합의체의 판단이었다. 과연 어떤 판결이 국가권력의 횡포로부터 국민의 기본권을 지켜야 하는 최고 법원의 소임에 충실한 판결일까?

대법원은 마치 거대한 용광로와 같다. 역동적인 우리 사회의 갈등들이 죄다 모여들어 잘잘못이 가려진 뒤 새롭게 거듭나는 곳이기 때문이다. 한국 사회가 나아갈 가치와 방향, 그리고 이를 둘러싼 갈등의 최종적 판단이 대법관들의 손에 달려 있다. 이것이 '보수 성향의 남성 고위 법관'이라는 비슷한 이력과 경험을 가진 우리 사회의 '0.1퍼센트'에게만 대법원을 맡길 수 없는 이유다.

사회 양극화가 심해질수록 최고 법원의 구성을 다양화할 필요성은 그만큼 커진다. 계층·계급 사이에 충돌하는 가치와 이해관계를 해석하고 조정하는 최고 법원의 역할이 그 어느 때보다 중요하기 때문이다. 대법관 자리는 서열을 무시한 '파격'으로만 채울 수는 없더라도 균형 잡힌 판단을 위한 '최소한의 기본'은 갖춰야 한다.

이 책은 노무현 정부에서 추진된 대법원 구성 다양화와 사법부 과거사 청산 작업이 이명박 정부를 거치면서 어떻게 흐지부지되었는지를 추적한 기록이다. 필자들은 지난 10년 동안 사법부의 변화를 지켜보면서 '개혁을 시작하고 그 동력을 유지하는 것이 얼마나 힘든지' 실감했다. 우리의 깨달음을 독자 여러분과 공유할 수 있기를 바란다.

차례

일러두기

1. 인명, 지명을 포함한 외래어는 국립국어원의 『외례어 표기 용례집』을 따랐다.
2. 본문 내용을 보충하는 설명은 해당 쪽 아래에 각주로, 자료의 출처는 본문 마지막 부분에 후주로 처리했다.

1 새로운 질서

두 건축가의 꿈

서울 남산에서 반포대교를 건너 예술의 전당으로 향하다보면 우면산
보다 먼저 건물 하나가 눈에 들어온다. 마치 병풍을 펼쳐놓은 듯한 고
층 아파트 단지와 시끌벅적한 쇼핑몰을 지나면 잠시 숨 돌리기에 적
당한 녹지가 나오는데, 바로 이곳에 자리 잡은 건물이다. 누구나 한
번쯤은 시선을 빼앗겼을 법한 건물, 세계 어느 곳에 내놓아도 결코 빠
지지 않는 장엄하고 세련된 이 건물이 바로 대한민국의 최고 법원인
대법원 청사이다.

대법원 청사는 1995년 준공된 뒤 각종 건축상을 휩쓸었을 만큼 유
명한 건물이다. 한국 건축계의 거목 김수근과 같이 일했던 윤승중, 변
용('원도시건축' 공동대표)이 함께 설계했다. 그전까지는 1928년에 지금의
서소문동에 지어진 경성재판소(현 서울시립미술관)를 대법원 청사로 사용
했다. 이곳은 원래 일제강점기 때 주로 독립운동가들을 처벌해 악명
을 떨쳤던 곳이라 대한민국의 법과 정의를 상징하는 최고 법원의 건
물로는 맞지 않았다.

이 때문에 1991년에 첫 삽을 뜬 새 대법원 청사 건립은 그야말로

역사적인 '사건'이었다. 건국 이래 처음으로 대한민국의 법통을 상징하는 최고 법원 건물을 갖게 되었기 때문이다. 김수근의 영향을 받은 두 건축가가 과연 어떤 작품을 내놓을지에 많은 관심이 쏠릴 수밖에 없었다.

두 건축가가 건축학회지 등에 기고한 글을 보면 이들이 당시 건축계의 화두였던 전통성을 어떻게 새 대법원 청사에 구현할지 깊이 고민했음을 알 수 있다. 하지만 역사가 일천한데다 일제 잔재와 독재정권의 하수인 이미지가 강하게 남아 있는 사법부에서 후대에 계승되어야 할 전통을 찾기란 쉽지 않았다. 계승될 전통보다 청산해야 할 과거가 더 많은 대한민국 사법부가 아니었던가. 하는 수 없이 두 건축가는 발상의 전환을 시도했다. 대법원 청사에 새롭게 계승해야 할 전통을 불어넣는 데 주력한 것이다. 그들은 이것을 '새로운 질서'라고 불렀다.

대법원 건물에 구현될 새로운 질서는 거창한 게 아니었다. 두 건축가는 대법원 건물의 바깥과 안쪽이 일정한 질서에 따라 꾸며지기를 원했다. 겉모습은 최고 법원으로서의 위엄이 느껴지도록, 그리고 내부는 판결을 내리는 대법원의 고유 기능과 사법부 행정 업무를 총괄하는 법원행정처의 지원 기능이 서로 충돌하지 않고 조화를 이룰 수 있도록 공간을 배치했다.

먼저 겉모습은 어떤 각도에서도 당당하게 정면을 바라보는 것처럼 보이도록 하나의 거대한 탑 형태로 만들었다. 즉 탑의 기단처럼 보이는 6층 높이의 건물을 좌우에 배치하고 중앙에는 타워 형태의 17층짜리 건물을 높이 올려 전체적으로 볼륨감을 강조했다. 그리고 내부는

■ 현재 대법원 청사는 1995년에 완공한 것으로 겉모습은 최고 법원으로서의 위엄이 느껴지도록 설계하는 한편, 내부는 판결을 내리는 대법원의 고유 기능과 사법부 행정 업무를 총괄하는 법원행정처의 지원 기능이 서로 충돌하지 않고 조화를 이룰 수 있도록 배치했다.

재판에 관여하는 대법관 및 재판연구관과 법원행정처 소속 판사들의 동선이 서로 교차하지 않도록 했다. 대법관과 재판연구관의 사무실은 7층 이상의 타워형 건물에, 그리고 대법원장실과 법원행정처장실을 비롯한 법원행정처 공간은 탑의 기단에 해당하는 6층 이하에 배치했다. 재판의 독립성을 강조하기 위해서였다. 앞으로 고위 법관으로 승진할 가능성이 높은 재판연구관들의 업무 공간을 법관 인사를 총괄하는 법원행정처와 멀리 떨어뜨려놓은 것은 '한눈팔지 말고' 오직 재판 업무에만 신경 쓰라는 주문이기도 했다.

가장 중요한 법정은 일반 시민들이 외부에서 쉽게 접근할 수 있도록 출입구를 건물 바깥으로 냈다. 관심 있는 시민이라면 누구든지 대법원 재판을 방청할 수 있도록 한 것이다. 두 건축가는 법정 출입문 앞에 광장을 조성해 대법원의 개방된 이미지를 부각시키려고 했으나, 애초 확보된 부지가 좁아 현재의 모습에 만족해야 했다.

두 건축가는 독립성과 개방성, 효율성이 완벽하게 구현된 대법원 청사의 이미지가 "고전적이거나 초현대적이지는 않지만, 장중하고 근엄해질 것"으로 기대했다. 이제 후대에 계승될 '새로운 질서'가 이 건물 안에서 이뤄질 재판에도 자리 잡아야 할 차례였다. 이는 새 청사에서 일할 대법관들의 몫이었다. 하지만 새로운 질서를 시도한 대법관들은 그로부터 10년이 지난 뒤에야 비로소 나타났다.

그들만의 대법원

2003년 8월 12일 대법관후보제청자문위원회의가 열리던 대법원 회의장에서 강금실 법무부장관과 박재승 대한변호사협회(변협) 회장이 회의 도중 자리를 박차고 나왔다. 평소 중세 수도원처럼 조용하기만 하던 대법원에서는 좀처럼 볼 수 없는 장면이었다. 강 장관과 박 변협 회장은 곧바로 자문위원직을 사퇴한다고 언론에 발표했다. 사퇴 이유를 취재하기 위해 수많은 기자들이 인터뷰를 요청했지만, 이들은 완곡하게 거절했다. '자문위원들에게 결례인 것 같아 적절하지 않다'는 것이 이유였다.

그러나 뒤이어 최종영 대법원장이 자문위원회에 추천한 대법관 후보 명단이 공개되면서 기자들의 궁금증은 바로 풀렸다. 최 대법원장은 퇴임을 앞둔 서성 대법관의 후임으로 이근웅 대전고등법원장과 김동건 서울지방법원장, 김용담 광주고등법원장을 추천한 뒤 이 가운데 한 명을 대법관 후보로 골라달라고 자문위원회에 요청했다. 이들은 모두 법원에서 엘리트 코스를 밟아온 고위 법관들이었다. 강 장관과 박 변협회장은 후보 명단에 불만을 품고 회의 도중에 자리를 박차고 나온 것이었다.

당시 학계와 시민사회는 물론 법조계 안에서도 서열 위주로 대법관을 선임하는 기존의 관행에서 벗어나 대법원 구성을 다양화해야 한다는 목소리가 컸다. 전통적으로 서열 중심의 엘리트 문화가 뿌리 깊게 자리한 사법부는 주로 엘리트주의에 잘 길들여진 고위 법관들을 대법관으로 임명해왔다. 그 결과, '서울대 법대-판사 출신-남성'이라는 키워드로 대표되는 대법관들을 통해 획일적인 대법원을 구성하게 되었고, 이런 환경에서 이루어지는 대법원 판결도 주로 보수적이고 남성 중심적이면서 기득권층을 대변한다는 지적이 많았다. '국민의 대법원'이 아니라 '특정 계층의 대법원'인 셈이었다. 따라서 재야 법조계와 학계 등 다양한 직역 출신과 여성 대법관을 뽑아 다양한 가치관이 반영되는 대법원으로 만들어야 한다는 여론이 높았다.

이른바 '대법원 구성의 다양화(diversity on the bench)'를 통해 선출되지 않은 권력으로서의 민주적 정당성을 확보하라는 요구였다. 사법부는 선거를 통해 선출된 권력이 아닌데도 선출된 권력 못지않은 막강한 힘을 갖는다. 따라서 다양한 가치관과 다양한 계층의 이해관계를 반영하도록 노력해야 민주적 정당성을 잃지 않는다. 그렇지 않으면 국민들의 지지를 받을 수 없다. 하지만 우리 사법부는 그동안 이런 노력과는 거리가 먼 행보를 보여왔다.

특히 김대중 정부 이후 민주주의가 사회 전반으로 빠르게 확산되고
있는데도 사법부는 민주주의의 기본 전제인 다양성조차 수용하지 않
아 시민사회로부터 거센 비난을 받고 있었다. '초록은 동색'이라든지,
'유전무죄 무전유죄' 같은 비아냥거림이 역설적으로 사법부의 처지를
가장 잘 표현해주는 말이었다. 이는 법원 판결의 형평성에 대한 불만
인 동시에 사법부의 민주적 정당성에 대한 뿌리 깊은 불신을 나타낸
것이었다. 그래서 이런 오명에서 벗어나 국민의 사법부로 거듭나기
위한 '사법개혁'이 필요하고, 그러기 위해서는 무엇보다 대법원부터
바뀌어야 한다는 여론이 형성되어 있었다.

'대법원 구성의 다양화'는 다양한 배경을 지닌 인물들을 대법관 자
리에 앉히는 것으로, 미국과 독일 최고 법원에서는 비록 선거로 뽑히
는 자리는 아니지만 막강한 권력을 갖는 최고 법원에 민주적 정당성
을 부여하기 위한 최소한의 장치로 간주되어왔다. 미국의 역대 대통
령들은 정도의 차이는 있지만, 이 '황금률'을 지키려고 노력했다(대법원
장에게 전체 대법관의 선출 권한을 준 우리와 달리, 미국은 대통령이 연방의회 상원의 과반
수 찬성을 거쳐 대법원장을 포함한 9명의 연방대법관을 임명한다). 그 결과 정통 법
관뿐만 아니라, 로스쿨 교수 등 학계 인사는 물론 상원의원을 비롯한
정치인들도 종신직인 연방대법관에 다수 임명되었다.

로널드 레이건 대통령이 1981년 샌드라 데이 오코너(Sandra Day
O'Connor)를 미국 역사상 최초의 여성 연방대법관에 지명한 것이라든
지, 조지 H. W. 부시 대통령이 1991년 대법관으로서는 여러모로 좀
부족한 클래런스 토머스(Clarence Thomas)를 흑인 배려 차원에서 연방

대법관으로 선택한 것은 모두 이 원칙에 따른 것이다. 버락 오바마 대통령도 2009년 취임 이후 연방대법관에 여성인 소니아 소토마요르(Sonia Sotomayor) 연방항소법원 판사를 지명해, 미국 역사상 최초로 히스패닉계 대법관을 선출했다.

미국이 전통과 관행을 통해 대법원 구성의 다양화 원칙을 지켜온 반면, 독일은 법으로 이를 해결하려고 노력했다. 독일 헌법은 최고 법원인 연방헌법재판소의 재판관 16명을 모두 연방의회에서 선출하도록 규정하고 있다. 국민의 직접 선거로 구성된 상·하원에서 각각 8명씩 선출해 최고 법원의 민주적 정당성을 보완한 것이다. 이는 국민의 대표자들이 선출하게 함으로써 모든 국가권력은 국민으로부터 나온다는 국민주권사상을 구현하려는 것이다. 이처럼 의회가 재판관을 뽑게 되자 변호사나 교수, 국회의원, 행정부 공무원 등 다양한 직업군에서 재판관들이 배출되어 직업 법관들이 연방헌법재판소를 장악하는 일을 막을 수 있었다.

그런데 이런 식으로 의회가 개입할 경우 최고 법원이 지나치게 정파적으로 구성될 위험이 따른다. 그래서 독일 헌법은 8명씩으로 구성된 각 재판부(연방헌법재판소는 2개의 재판부로 구성되어 있다)에서 3명은 반드시 정통 직업 법관 가운데 뽑도록 했다. 또한 연방의회 투표에서 3분의 2를 얻어야 재판관에 선출될 수 있도록 함으로써 다수당이 제 입맛에만 맞는 재판관을 뽑는 것을 막았다(하원은 12명으로 구성된 재판관선출위원회에서 투표를 통해 재판관을 뽑고, 상원은 의원들의 직접 선거를 통해 재판관을 선출한다). 독일은 이처럼 다양한 법적 장치를 통해 대법원 구성의 다양화 원칙을 지켜왔다. 프랑스와 이탈리아도 대통령, 최고 법원과 함께 국민의 대표 기관인 의회에 최고 법관을 선출할 수 있는 권한을 줘서 다양화 원칙을 구현해왔다.

우리나라의 경우 2003년 출범한 노무현 정부가 사법개혁을 강조하면서 '대법원 구성의 다양화'를 요구하는 목소리는 더욱 힘을 얻었다. 그 힘은 이전까지 눈 하나 깜짝하지 않았던 대법원을 비로소 움직였다. 대한민국 사법부 역사상 처음으로 대법관제청자문위원회가 만들어져 대법원장이 대법관 후보 제청 때 위원회의 의견을 청취하도록 의무화한 것이다.

하지만 최종영 대법원장의 최종 선택은 기존 관행을 사수하는 것이었다. 최 대법원장은 보란 듯이 고위 법관들만 대법관 후보로 추천함으로써 법원 안팎의 여론에 정면으로 맞섰다. 사법부 수뇌부가 법원의 변화를 촉구하는 여론을 받아들일 생각이 없음을 명확하게 보여준 셈이었다.

최 대법원장의 선택은 여론의 거센 역풍을 맞았다. 특히 놀라운 것은 법원 내부의 반발이었다. 서울중앙지법을 비롯한 전국 각급 법원의 판사 144명이 최 대법원장에게 대법관 후보 제청을 다시 해달라고 요구하는 연판장에 서명했다. 연판장은 서울북부지원 이용구 판사가 법원 내부의 인터넷 게시판에 올린 '대법관 제청에 관한 소장 법관들의 의견'이라는 글을 프린트한 뒤 판사들의 친필 사인을 받은 것이었다. 이 판사는 연판장에다 "현재까지 진행된 대법관 인선 과정은 우리의 기대를 외면하고, 변화를 요구하는 국민을 좌절하게 하고 있다"면서, "대법원의 인적 구성이 과거의 이해관계만을 반영한다면 대법원은 보수적인 것이 아니라, 퇴행적이라는 비판을 받을 것"이라고 썼다.

이 글은 법원 게시판을 뜨겁게 달궜다. 글이 올라온 지 하루 만에 100여 명의 판사들이 지지 서명을 했고, 댓글도 이어졌다. 정진경 광주지법 부장판사는 '무엇이 문제인가'라는 A4용지 4쪽 분량에 이르는 장문의 글을 올렸다. 그는 "법관 명부가 가나다순으로 정리된 현재까지도 각 지방법원 판사의 당직 순서는 기존의 서열을 기준으로 하고 있고, 그 순서가 바뀌기라도 하면 서열을 제대로 확인하지 못했다고 담당 직원을 질타하는 것이 현행 서열 제도의 현실"이라며 "이번 대법관 후보 제청 건은 대법원이 얼마나 국민의 의사와 일반 법관의 의사에 무관심한 유아독존의 기관인지를 드러낸 사건이며, 사법부 자체에 의한 개혁은 구호에 불과하다는 것을 극명하게 드러낸 사건"이라고 꼬집었다.

연판장이 돌기 하루 전인 8월 13일 박시환 서울중앙지법 부장판사가 대법관 후보 제청에 대한 항의 표시로 사직서를 제출한 것도 연판장 사태에 불을 지폈다(그는 나중에 노무현 대통령에 의해 대법관에 임명된다). 박부장판사는 서슬 퍼런 군사정권 시절 여러 시국사건에서 소신 있는 판결을 내려 후배 판사들의 존경을 받아온 인물이었다. 연판장은 대법관제청자문위원회의가 파행으로 끝난 지 이틀 만인 8월 14일 법원행정처에 접수되었다.

대통령, 사법개혁에 나서다

연판장을 접수한 최종영 대법원장은 곤혹스러웠다. 판사들의 집단행동이 전례 없는 일은 아니었지만,* 이번에는 정치적 환경이 과거와

너무 달랐다. 과거 대법원이 궁지에 몰릴 때마다 기댈 수 있었던 청와
대가 이번에는 대법원에 싸늘한 시선을 보내고 있었던 것이다.

재야 변호사 출신인 노무현 대통령은 사법개혁에 누구보다 강한 의
지를 갖고 있었다. 특히 보수 일색인 대법원이 문제의 근원이어서,
대법원을 보다 다양한 가치관이 반영되는 명실상부한 최고 법원으로
바꾸지 않으면 사법개혁은 요원하다는 사실을 너무나 잘 알고 있었
다. 그래서 노 대통령은 정권 초기에 찾아온 대법원 권력 교체기를 맞
아 자신의 구상을 하나씩 실천할 요량이었다(노 대통령 집권 전반기에만 전
체 14명의 대법관 가운데 대법원장을 포함해 무려 12명의 대법관들이 임기 만료로 교체되
었다).

하지만 2003년 3월 이른바 '검사와의 대화'**에서 드러난, 검찰개

• 사법파동이라 불리는 판사들의 집단행동은 노무현 정부 이전까지 모두 세 차례 있었
  다. 1차 사법파동은 1971년 시국사건에서 잇따라 무죄를 선고한 판사들에게 검찰이
  뇌물 혐의를 적용해 구속영장을 청구하자 전국에서 150여 명의 판사들이 집단 사표를
  제출하면서 일어났고, 2차 사법파동은 1988년 노태우 대통령이 취임한 후 전두환 정
  권 때의 사법부 수뇌부를 재임명하자 335명의 판사들이 '새로운 대법원 구성에 즈음
  한 우리들의 견해'라는 성명서에 서명한 뒤 이를 발표하면서 불거졌다. 3차 사법파동
  은 1993년 김영삼 대통령 취임 직후 일어났는데, 서울민사지법 판사 40명이 사법부의
  반성과 개혁을 촉구하는 건의서를 대법원장에게 전달했다.
•• 2003년 3월 9일 노무현 대통령은 당시 청와대와 강금실 법무장관이 주도하는 인사
  에 검찰이 집단적으로 반발하자 일선 검사 대표들과 토론회를 가졌다. 검사들은 대통
  령이 검찰개혁을 외치면서 인사위원회도 거치지 않고 인사 개입을 하는 것은 검찰개혁
  이 아니라며 검찰 인사의 부당성을 지적했다. 반면 노 대통령은 "지금 인사위원회에 있
  는 고위 검찰 간부들이 모두 인사 대상"이라며 "이를 거부하는 것은 낡은 검찰로 남아
  있겠다는 것"이라고 반박했다. 그러자 검사들은 토론의 주제와는 상관없는 노 대통령
  의 친인척 의혹 등을 거론하며 대통령을 몰아붙였고, 노 대통령은 "이쯤 되면 막 가자
  는 거죠"라며 불쾌해했다. 당시 토론회에 참여한 검사들의 태도를 꼬집는 '검새스럽
  다'라는 신조어가 등장하는 등 검찰에 대한 부정적인 인식은 더 악화되었다.

혁에 대한 검찰의 조직적인 반발이 노 대통령의 발목을 잡았다. 노 대통령은 전국에 텔레비전으로 생중계된 한 편의 '막장 토론'을 통해 검찰에 대한 비난 여론을 일으키는 데 성공함으로써 사태를 봉합할 수 있었지만, 노 대통령과 청와대 참모들이 입은 상처는 컸다. 한 달 뒤 판사 출신인 박범계 법무비서관(현 민주통합당 의원)이 만든 사법개혁 로드맵이 문재인 민정수석이 주도한 수석비서관 회의에서 무기한 유보된 것이다. '검찰에 이어 법원까지 조직적으로 반발하는 사태가 발생하면 정권 초기의 대통령에게 너무나 부담이 된다'는 게 이유였다.

이런 처지에서 판사들의 연판장 사태는 청와대로서는 '울고 싶은데 뺨 때려주는' 소식이 아닐 수 없었다. 내부에서 불거져 나온 개혁 요구만큼 강하고 절실한 것은 없다. 아무리 외부에서 강하게 압박하더라도 내부의 지지나 동조가 없으면 개혁의 동력은 떨어지게 마련이다. 청와대는 이 사태를 사법개혁 추진의 호기로 보고 '작업'에 들어갔다.

먼저 새 대법관 임명을 위한 대통령의 대법원장 면담 일정을 차일피일 미룸으로써 대법원 수뇌부의 애를 태웠다. 그러고는 노무현 대통령이 대법관제청자문위원회의장을 박차고 나갔던 강금실 법무장관과 박재승 변협 회장을 만나기로 했다고 언론에 발표했다. 이는 대통령이 대법원장이 추천한 새 대법관 후보를 영 못마땅하게 생각하고 있음을 간접적이면서도 아주 효과적으로 전달했다. 때마침 청와대 안팎에서는 "대법원장의 (대법관) 제청권 못지않게 대통령의 임명권도 존중되어야 한다"는 의미심장한 말이 나돌기 시작했다. 사법부가 뭔가 전향적인 조처를 내놓지 않으면 노 대통령이 김용담 대법관의 임명을 거부하는 사상 초유의 사태가 벌어질 수도 있다는 분위기가 조성되었다.

실제로 그런 일이 생긴다면 최 대법원장은 사표를 쓸 수밖에 없었다. 임기 전 사퇴라는 불명예를 당할 수도 있었던 것이다. 위기감을 느낀 대법원 수뇌부는 부랴부랴 대책을 마련했다. 최 대법원장은 그해 8월 18일 사법부 역사상 처음으로 '전국 판사와의 대화'를 소집했다. 전국 고등법원과 지방법원별로 모두 70여 명의 대표를 뽑아 대법원에서 법원 수뇌부와 함께 연판장 사태와 관련해 간담회를 갖도록 했다. 그리고 이튿날에는 더 깜짝 놀랄 만한 카드를 꺼냈다. 퇴임을 앞둔 한 대연 헌법재판관의 후임으로 전효숙 서울고법 부장판사를 지명해 역사상 첫 여성 헌법재판관을 탄생시켰다.

하지만 이 조처들은 진정성을 의심받을 만했다. 우선 판사들의 사법개혁에 대한 진솔한 생각을 듣고 싶다고 했던 최 대법원장이 정작 간담회 자리에 나오지 않았다. 이로 인해 간담회가 소장 판사들의 불만을 일단 누그러뜨리고 보자는 꼼수에 불과한 것으로 외부에 비쳐질 수밖에 없었다. 또한 전효숙 새 헌법재판관은 노 대통령의 사법고시 17회 동기였다. 물론 그가 참여연대를 비롯한 시민사회단체로부터 대법관 후보로 추천될 정도로 개혁성을 인정받고 있었지만, 검찰을 비롯한 법조계 주요 요직에 유독 사시 동기들을 중용하는 노 대통령의 인사 스타일과 전혀 무관한 것이라 하지 않을 수 없었다.

청와대는 마지못해 노 대통령과 최 대법원장의 면담 일정을 잡았다. 하지만 강금실 장관과 박재승 변협 회장과의 만찬을 이보다 이틀 전에 잡음으로써 대법원에 대한 싸늘한 시선을 아직 거두지 않았음을 내비쳤다. 또한 면담 형식도 대통령과 독대가 아닌, 박관용 국회의장까지 포함한 삼부요인 회동이었다. 더욱이 면담 일정을 언론에 발표하는 윤태영 청와대 대변인은 노 대통령의 새 대법관 임명 여부를 묻는 기자들의 질문에 "아직 결정된 게 없다"고 답했다. 대법원 수뇌부는 여전히 마음을 놓을 수 없었다.

청와대가 무엇을 요구하는지는 최 대법원장도 잘 알고 있었다. 청와대는 단순히 김용담 대법관 후보자 제청 철회를 요구하는 게 아니었다. 청와대 참모들은 노 대통령의 지시로 당시 국가정보원을 비롯한 권력기관의 옛 악행을 들춰내는 '과거사 정리' 작업을 대대적으로 준비하고 있었다. 국정원과 경찰, 검찰, 법원 등 권력기관이 협조하지 않았다면 군사정권의 철권통치가 수십 년간 계속될 수 없었을 거라는 게 노 대통령의 생각이었다. 특히 인권 보호의 최후의 보루가 되어야 할 사법부가 자신들에게 주어진 사명을 다하지 못하고 인권 탄압을 방조하는 행태를 보임으로써 민주주의를 질식시키는 데 한몫했다고 생각하고 있었다. 이처럼 독재정권에 협조하면서 일신의 영달을 추구했던 사법부의 과거사를 반성하지 않고서는 진정한 사법개혁을 추진할 수 없다는 게 그의 신념이었다.

하지만 당시 고위 법관들이 과거사로부터 자유로울 수 없다는 것이 최 대법원장을 비롯한 사법부 수뇌부의 고민이었다. 군사정권 시절 국정원의 전신인 중앙정보부나 국가안전기획부(안기부)의 간첩조작 사건 재판에 재판장 또는 배석판사로 참여해 유죄 판결을 내렸던 법관들이 사법부 고위직을 차지하고 있었다. 당장 최 대법원장 자신부터 이런 굴레에서 자유롭지 않았다. 그는 1980년 중앙정보부가 조작한 '진도간첩단 사건'의 항소심 재판장을 맡아, 주범으로 기소된 김정인과 석달윤 등에게 각각 사형과 무기징역을 선고했다.

이 사건은 한 남파간첩이 북한에서 들었다는 진술을 근거로 중앙정보부가 석씨와 그 친척들을 강제 연행한 뒤 혹독한 고문을 가해 간첩단으로 만든 전형적인 간첩조작 사건이었다. 증거라고는 '남파간첩이 전해 들었다는 말 한마디'가 유일했고, 석씨 등이 재판 과정에서 중앙정보부의 살인적인 고문 때문에 간첩이라고 허위 자백했음을 줄기차게 주장했는데도 최 대법원장은 이를 외면하고 유죄 판결을 내렸다. 김정인 등은 대법원에서도 유죄가 확정되었고, 사형이 선고된 김씨는 1985년 10월 31일 형장의 이슬로 사라졌다. 이 사건은 노무현 정부 출범 후 설립된 '진실·화해를 위한 과거사 정리위원회'의 재심 권고를 법원이 받아들여 재심이 이뤄졌고, 2009년 1월 피고인 전원에게 무죄가 선고되었다. 무죄가 선고되자 석달윤은 "29년이라는 기나긴 세월 동안 웃음을 잃고 살아왔다"며 "이제는 모두를 용서하고 싶다. 그들도 독재정권 속에서 살려는 방편이었던 것으로 이해한다"고 말해 법정을 숙연케 했다.

최 대법원장은 또 1981년 전두환 신군부의 대표적 반국가단체 조작 사건인 '학림 사건'으로 기소된 이태복 보건복지부장관 등에게 무기

• 1979년 12·12 군사쿠데타로 정권을 잡은 전두환 독재정권이 1981년 전국민주노동자 연맹(민노련)과 학생운동 조직인 전국민주학생연맹(민학련)을 반국가단체로 규정해 이 태복 보건복지부장관 등 25명을 국가보안법 위반 혐의 등으로 구속한 사건. 학림(學林)은 '학생들의 조직'이라는 의미로, 서울 대학로의 학림다방에서 주로 모임을 가진 것에 착안해 수사기관이 이런 이름을 붙였다는 설도 있다. 이 장관 등 25명은 1981년 6월부터 8월까지 두 달에 걸쳐 혹독한 고문을 당한 뒤 법원에서 무기징역 등 실형을

징역 등 실형을 선고했다. 이 사건의 항소심 재판장을 맡았던 최 대법원장은 피고인들이 법정에서 "대공분실에서 고문을 당하고 허위 자백을 강요받았다"고 진술했으나 역시 이를 인정하지 않았다. 이 사건도 노무현 정부 때 재심이 시작되어 31년이 지난 2012년 6월 15일 대법원에서 사건 관련자 전원에게 무죄가 확정되었다. 그만큼 최 대법원장의 '과거'는 복잡했다. 그는 자신이 재판한 이 두 사건이 재심에서 모두 무죄가 확정된 뒤에도 피해자들에 대한 공개 사과는 일절 하지 않았다.

최 대법원장의 고민은 깊어갔다. 청와대의 요구를 받아들이지 않는다면 사표를 쓸 수밖에 없었다. 그렇다고 이미 대법관 후보자를 임명제청한 마당에 이를 취소하는 것도 모양새가 좋지 않았다. 임기를 2년여 앞두고 자신의 거취에 대해 고민을 거듭하던 최 대법원장의 마음은 점점 사표를 쓰는 쪽으로 기울어져 갔다.

그때 최 대법원장의 한 참모가 절묘한 아이디어를 냈다. 과거사 정리와 대법원 구성 다양화를 포함한 사법개혁을 받아들이되, 대법원이 이를 주도한다는 아이디어였다. 이는 대통령의 뜻을 받아들이면서 사법부가 스스로 과거사를 반성한다는 이미지를 만들어 대법원 수뇌부의 체면도 살릴 수 있고, 일선 판사들의 반발도 무마할 수 있는 '일석삼조'의 묘책이었다. 대법원이 사법개혁을 주도하게 되면 그 내용과 속도, 그리고 강약을 조절할 수 있는 실속도 차릴 수 있었다. 이 아이

선고받았으나, 이 장관을 제외한 전원은 1983년 8월까지 모두 석방되었다(이 장관은 1988년 10월 가석방되었다). 노무현 정부 때 진실·화해를 위한 과거사 정리위원회의 권고로 재심이 이뤄져 2012년 6월 대법원에서 이 장관 등 전원에게 무죄가 확정되었다.

디어는 최 대법원장의 승낙을 받은 뒤 청와대 쪽에 전달되었다.

청와대 참모들도 사법개혁을 누가 주도할 것인지를 두고 고민하고 있었다. 마음 같아서는 자신들이 주도하고 싶었지만, 이는 삼권분립주의에 어긋나기 때문에 기득권 세력의 역공을 불러올 게 뻔했다. 따라서 대법원이 주도하겠다는 속내가 의심스러웠지만, 대법원의 제안을 받아들이기로 결정했다. 대법원의 제안을 받아들이되, 청와대가 함께 참여하는 형태로 추진하면 소기의 목적을 달성할 수 있으리라 판단했다.

삼부요인 회동이 예정된 8월 22일 아침 청와대로 향하는 최 대법원장의 발걸음은 한결 가벼웠다. 이날 최 대법원장은 노 대통령과 사법개혁을 공동으로 추진하기로 합의했다. 사법개혁의 실무 작업을 할 위원회(사법개혁위원회)는 대법원 산하에 설치하기로 했다. 20여 분 동안의 면담에서 노 대통령은 최 대법원장에게 사법부 과거사 정리의 필요성을 넌지시 언급했다. 하지만 최 대법원장은 2005년 9월 23일 임기를 마치고 퇴임할 때까지 과거사 정리 작업은 시늉조차 내지 않았다.

대신 그는 2004년 8월 조무제 대법관의 후임으로 김영란 대전고법 부장판사를 지명해 대한민국 역사상 첫 여성 대법관을 탄생시키면서 청와대의 기대에 부응하는 듯했다. 김 대법관은 여성일 뿐만 아니라 사법고시 20회로 나이가 48세에 불과해 기존 대법관들과 기수와 나이 모두 8년 가까이 차이가 났다. 언론들은 "서열을 파괴한 인사"라며 "대법원 구성 다양화가 시작되었다"고 대대적으로 보도했다. 하지만 최 대법원장은 재임 마지막 제청권을 행사하면서 기존 관행대로 서열에 따라 사법고시 12회 출신의 양승태(2011년 이명박 대통령에 의해 대법원장에 임명된다) 특허법원장을 대법관 후보로 선택하는 '뒤끝'을 보여줬다.

누가 새 대법원장에 적임인가

최종영 대법원장의 퇴임을 한 달여 앞둔 2005년 8월 18일 노무현 대통령은 최 대법원장의 후임으로 이용훈 정부공직자윤리위원회 위원장을 지명했다. 대법원장이 본래 중요한 자리이지만, 노무현 정부의 대법원장은 대법원 구성 다양화를 비롯한 사법개혁을 이끌어가야 했기 때문에 더욱 중요했다. 법관으로서의 경력도 중요하지만, 무엇보다 사법개혁에 대한 노 대통령의 신념을 이해할 수 있는 인물이어야 했다.

대법관 출신인 이용훈 대법원장은 기본적으로 보수적인 법관이었다. 대법원장에 지명된 후 기자들을 만난 자리에서 "나는 진보도 보수도 아닌 중도"라고 말했지만, 법관 시절 그가 내린 판결은 보수적인 주류 법관들의 판결과 큰 차이가 없었다. 대법관이었던 1997년 7월 한 국가보안법 위반 사건에서 "이적단체 구성원 사이의 내부토론이라도 새로운 전파 가능성을 배제할 수 없기 때문에 이적단체 구성죄 외에도 찬양·고무죄를 적용할 수 있다"며 국가보안법의 남용 가능성을 높인 판결을 내린 게 대표적이다. 또한 1999년 7월에는 '민주사회를 위한 변호사 모임(민변)'이 북한 주민 접촉 신청을 불허한 국가의 처분이 부당하다며 낸 소송에서 "북한이 적화통일 노선을 포기하지 않은 상태에서 대북 접촉 창구는 일정한 범위의 단체로 제한할 필요가 있다"며 민변에 패소 판결을 내렸다. 남편의 잦은 폭행으로 '황혼이혼' 소송을 낸 70대 여성에게는 "혼인생활의 강요가 참을 수 없는 고통이 되는 경우에만 이혼할 수 있다"며 원고 패소 판결을 내려 여성계의 반발을 사기도 했다.

민변은 그가 대법원장에 지명되자, "전형적인 엘리트 법관인 그가 국민의 입장에서 사법개혁의 필요성을 절감하고 이를 강력히 추진할 것으로 기대하기는 어렵다"는 논평을 냈다. 민변의 우려대로 이 대법원장은 이후 자신의 보수성을 유감없이 드러냈다. 국가보안법 폐지 논란이 한창일 때 대법원장으로서 처음 가진 한 보수 언론과의 인터뷰에서 "국가보안법의 입법 목적은 자유민주주의의 기본 질서를 수호하기 위한 것이다. 자유민주주의 기본 질서를 방어하기 위한 최소한의 기본 장치는 어떤 입법 형식으로든지 있어야 한다"[1]고 밝혔다. 이는 국가보안법을 "독재 시대의 낡은 유물"로 규정해 "칼집에 넣어 박물관으로 보내야 한다"던 노 대통령의 신념과는 그 뿌리부터 다른 것이었다.

그럼에도 노 대통령이 이 대법원장을 지명한 것은 크게 두 가지 이유에서였다. 하나는 사법부 과거사에 대한 그의 인식이었다. 이 대법원장은 동료 고위 법관들과 달리 사법부 과거사에서 자유로웠다. 군사정권의 폭압이 기승을 부리던 1972년 유신 선포 때부터 1987년 6월 민주항쟁까지가 법원의 '부역'이 가장 심한 때였는데, 이 대법원장은 이 기간 동안 형사재판을 맡지 않았다. 나중에 문제가 된 재판에 연루될 일이 없었던 것이다.

그가 형사재판을 맡지 못하게 된 것은 1972년 의정부지원에 근무할 때의 일이 계기가 되었다. 당시는 유신을 위한 계엄령이 선포되어 대마초, 폭력, 기타 민생 범죄를 저지르면 계엄 당국과 검찰의 요구에 따라 '계엄사범'으로 엄하게 처벌하던 때였다. 하지만 이 대법원장은 검찰의 협조 요청에도 불구하고 계엄사범들에게 징역 4~5월의 가벼운 형을 선고하거나 심지어 무죄를 선고하기도 했다. 서슬 퍼런 유신 치하에서 법원 수뇌부가 발칵 뒤집어진 것은 당연했다. 이 대법원장은 그 뒤로 아예 형사재판에서 배제되었다.

이 대법원장은 이런 경력을 자랑스럽게 말하곤 했는데, 그때마다 당시 형사재판에서 나왔던 시국사건 판결들을 비난하곤 했다. 이런 일들이 입소문을 통해 법조계에 널리 알려졌고, 세월이 흘러 민주정부가 들어서면서 상대적으로 개혁적인 이미지를 갖게 된 것이다. 그는 2005년 9월 26일 대법원장 취임식에서 "잃어버린 국민의 신뢰를 되찾기 위해서는 무엇보다도 지난 잘못을 솔직히 고백하는 용기가 요구된다"며 역대 대법원장 가운데 처음으로 '과거사 청산'을 언급해 노 대통령의 기대에 화답했다.

그러나 노 대통령과 청와대 참모들의 마음을 더욱 사로잡은 것은 그의 조직 관리 능력이었다. 과거사 정리 작업을 포함한 사법개혁을 제대로 하려면 법원 내 기득권층, 즉 주류 법관들의 반발을 무마시킬 수 있는 대법원장이 필요했다. 이 대법원장은 그런 일을 할 수 있는 카리스마가 있어 보였다. 그가 1993년 서울지법 서부지원장을 지낼 때 젊은 판사들이 사법부 개혁을 요구하는 연판장을 돌리며 집단행동을 시도했다. 이 대법원장은 직권으로 서부지원 전체 법관회의를 열어 판사들의 의견을 수렴한 뒤 대법원장이 주재하는 법원장 회의에 참석해 이를 전달했다. 자칫 더 큰 사태로 이어질 수 있는 판사들의 집단행동에 처음부터 적극적으로 대응해 사법부 수뇌부의 부담을 덜어준 것이다. 이 사건을 계기로 그는 후배 판사들 사이에서는 상대적으로 말이 통하는 선배로, 동료 고위 법관들한테는 후배들을 잘 다룰 줄 아는 판사로 인식되기 시작했다.

그런데 이 대법원장에게는 강력한 경쟁자가 있었다. 진보적인 성향을 가진 판사들의 모임인 '우리법연구회'가 지지하던 이홍훈 서울중앙지방법원장이었다. 그는 다른 고위 법관들에 견줘 진보적 성향이 강했다. 특히 국가보안법 사건에서 그 차이는 하늘과 땅만큼이나 뚜렷했다. 서울지법 부장판사 시절인 1995년 사회민주주의청년연맹 사건으로 구속 기소된 최아무개 사건에서 이적표현물 제작 배포 부분에 대해 그는 "국가의 존립, 안전을 위태롭게 하거나 자유민주적 기본 질서에 위해를 줄 명백한 위험이 있을 경우에만 이 조항을 적용해야 한다"며 무죄를 선고했다. 이는 1992년 당시 대법관이었던 이회창 전 한나라당 총재가 전원합의체 판결에서 낸 소수의견이었다(이회창 총재는 대법관 시절 전향적인 소수의견을 많이 낸 대법관이었다). 이미 대법원에서 다수의견으로 채택되지 않은 소수의견을 하급심에서 인용해 판결했다는 것은 대법원에 판례 변경을 요구하는 것이기 때문에 파격적인 판결이 아닐 수 없었다.

또한 서울고법 부장판사 때인 2002년 민주노총 강원지부 간부 나아무개가 춘천시장을 상대로 낸 소송의 항소심에서 "국가보안법 철폐를 주장하는 현수막의 설치를 허가하지 않는 것은 부당하다"며 1심 판결을 깨고 나씨의 손을 들어줬다. "헌법을 포함한 법률의 개정 및 폐지에 관해 자신의 의견을 표시하는 것은 헌법에 보장된 표현의 자유이자 국민의 기본권"이라는 이유에서다. 이처럼 어느 모로 보나 이홍훈 법원장이 노무현 정부의 성향에 더 가까웠다.

그러나 노 대통령과 청와대 참모들은 고심 끝에 이용훈 대법원장을 선택했다. 이홍훈 법원장을 선택할 경우 사법부 내 기득권 세력의 반발을 무마할 수 있을 것이라는 확신이 서지 않았기 때문이다. 기득권 세력의 저항을 최소화하면서 개혁을 추진할 수 있는, 다시 말해 사법개혁을 연착륙시키는 역할에는 이용훈 대법원장이 더 적임자라고 판단한 것이다. 더욱이 이용훈 대법원장은 변호사 시절인 2004년 4월 노 대통령의 탄핵심판 사건* 때 대통령의 법률대리인단에 참여했다. 노 대통령으로서는 큰 신세를 진 셈이었다.

* 2004년 3월 12일 야당 국회의원 193명의 찬성으로 가결되어 같은 해 5월 14일 헌법재판소에서 기각된 대통령 탄핵사태. 2004년 3월 5일 새천년민주당 조순형 대표가 노무현 대통령이 선거중립의무 위반과 측근비리 등에 대해 사과하고 재발 방지를 약속하지 않을 경우, 탄핵소추안을 발의하겠다는 특별 기자회견을 하면서 본격화되었다. 노 대통령이 사과를 거부하자, 3월 9일 한나라당과 새천년민주당이 공동으로 탄핵소추안을 국회에 제출하고, 3월 12일 박관용 국회의장이 경호권을 발동해 본회의장 점거 농성을 벌이던 열린우리당 의원들을 몰아내고 표결을 강행해 대한민국 헌정사상 최초로 대통령 탄핵소추안이 가결되었다. 이 사건의 여파로 전국 각지에서 탄핵에 반대하는 촛불시위가 잇따랐고, 4월 15일 치러진 제17대 국회의원 선거에서 열린우리당이 과반이 넘는 152석을 차지하는 결과를 낳았다. 헌법재판소는 4월 30일 최후변론을 마친 뒤, 2주일 동안의 집중 평의를 거쳐 5월 14일 마침내 탄핵소추안 기각 결정을 내렸다.

독수리 5형제의 탄생

이용훈 대법원장에 대한 첫 시험대는 취임한 지 채 한 달도 안 되어 단행한 대법관 인사였다. 이 대법원장은 2005년 10월 19일 배기원 대법관 등 곧 퇴임할 3명의 대법관 후임으로 박시환 당시 변호사와 김황식 법원행정처차장(이명박 정부 들어 대법관 임기 중에 감사원장에 임명된 데 이어 국무총리까지 역임한다), 그리고 김지형 서울고법 부장판사를 노 대통령에게 임명 제청했다.

이들 가운데 박시환 대법관은 시민사회단체로부터 일찌감치 대법관 후보로 추천을 받은 진보 진영의 '기대주'였다. 박 대법관은 법원 내부에서 사법개혁을 요구하는 움직임이 보일 때마다 항상 중심에 있었다. 그가 진보적 성향을 갖게 된 데는 경기고 선배이자 대표적 인권변호사였던 고 조영래 변호사(1947~1990)의 영향이 컸다. 사법연수원을 함께 다닐 때 박 대법관은 조 변호사에게 "좋은 재판은 자신이 없지만, 나쁜 재판만큼은 하지 않겠다"는 말을 자주 했다고 한다. 1988년 김종훈(이용훈 대법원장 비서실장), 강금실(노무현 정부 첫 법무장관) 판사 등과 함께 우리법연구회를 만든 박 대법관은 1993년 사법부 개혁을 요구하는 서울민사지법 판사들의 성명을 주도했고, 2003년에는 최종영 대법원장의 서열주의 관행에 따른 대법관 제청에 항의 표시로 사표를 던졌다.

그의 소신은 혹독한 독재정권 때 빛을 발했다. 그는 1979년 사법고시(21회)에 합격한 뒤 해군 법무관을 거쳐 1985년 인천지법 판사로 부임했을 때 반정부 시위로 즉결심판에 넘겨진 11명의 대학생들에게 무죄를 선고하고 풀어줬다. 당시에는 공안사건의 경우 담당 검사나 경찰서 정보과장이 즉결심판을 담당하는 당직판사에게 엄한 처벌을 요청하는 게 관행이었다. 박 대법관도 당시 경찰로부터 이런 요청을 전달받았지만, 재판에 회부된 14명의 학생들 가운데 시위 중 돌을 던졌다고 인정할 증거가 없는 11명을 원칙대로 풀어준 것이다. 서슬 퍼런 5공화국 치하에서 정권의 눈치만 보고 있던 법원 수뇌부가 가만히 있을 리 없었다. 박 대법관은 곧바로 춘천지법 영월지원으로 좌천되었다. 판사가 된 지 3개월 만의 일이었다.

이후에도 그는 시위 단순 가담자에 대한 구속영장이나, 이적표현물 수사를 위한 대학가 사회과학서점에 대한 압수수색영장을 잇달아 기각하는 등 공안사건의 영장에 엄격한 잣대를 들이대 공안 검사들로부터 '영장 5적'으로 지목되기도 했다. 또한 국가보안법 피의자에 한해 3차례 구속 연장을 허용하는 법조항과 양심적 병역 거부를 인정하지 않는 병역법에 대해 헌법재판소에 위헌법률심판을 제청하기도 했다.

이런 경력을 가진 그가 노 대통령의 눈에 띄지 않을 리가 없었다. 노 대통령은 2003년 12월 세종문화회관에서 열린 세계인권선언 기념식에서 축사를 하면서 행사에 참석한 박시환 당시 변호사를 가리키며 "훌륭한 법조인"이라고 치켜세운 적이 있다. 이때부터 그는 대법관이나 헌법재판관 '0순위'로 거론되었고, 이듬해 노 대통령 탄핵심판 사건 때 대통령 법률대리인단에 참여하며 사실상 대법관 자리를 예약했다.

이에 반해 김지형 대법관은 무명의 판사였다. 그는 원광대를 졸업한 이른바 '비서울대 출신'이었다. 당시 대법관 진용을 보면 고려대 출신의 유지담 대법관과 영남대 출신의 배기원 대법관을 제외하고는 모두 서울대 출신이었다. 따라서 퇴임을 앞둔 이들의 후임으로 비서울대 출신을 발탁하지 않으면 안 되는 상황이었다. 서울대 출신 일색의 대법관 인선을 다양성 원칙에 충실한 인사라고 볼 수 없었기 때문이다. 이용훈 대법원장은 법원행정처에 고등법원 부장판사급 이상 법관들 가운데 대법관 후보자가 될 만한 비서울대 출신 명단을 뽑아보라고 지시했다. 150여 명의 대상자 가운데 조건을 충족하는 후보자는 고작 13명에 불과했다.

 이 가운데 이 대법원장의 눈에 띈 이가 바로 김지형 대법관이었다. 이 대법원장은 수백 쪽에 이르는 그의 판결문을 모조리 검토한 뒤 그를 낙점했다. 김 대법관은 최종영 대법원장의 비서실장에 발탁되기 전까지 언론에 전혀 노출된 적이 없을 정도로 철저한 '비주류'였다. 그가 비서실장에 발탁된 것도 2003년 8월 대법관 제청 파문의 수습책 차원에서였다. 대법원장의 심복인 비서실장 자리에 최 대법원장과 전혀 인연이 없는 비서울대 출신을 앉힘으로써 사법부 수뇌부가 변화하려고 노력한다는 모습을 보여주기 위한 것이었다. 일종의 탕평책이었던 셈이다.

 김지형 대법관이 대법관 후보로 제청되었을 때 그의 나이는 47세에 불과했다. 일러야 50대 후반에 대법관이 되었던 기존 관행에 비춰볼 때 무려 10년 가까이 앞선 것이다. 어느 모로 보나 가장 파격적인 발탁 인사였다. 특히 김지형 대법관에게는 다른 후보들에게는 찾아볼 수 없는 장점이 있었다. 그는 노동법에 관심이 많았다. 노동 분야만큼 진보적 성향을 드러내기에 좋은 게 없었다. 이용훈 대법원장은 여기에 주목했다. 노동법 전문가로 잘 홍보하면 그의 발탁은 박시환 대법관과 함께 대법원 구성 다양화를 상징하는 인사가 될 수 있었다.

김지형 대법관이 노동법에 관심을 갖기 시작한 것은 노동법 연구가 활발한 독일 괴팅겐 대학으로 연수를 갔을 때였다. 그는 애초 경제법을 전공할 생각이었다. 나중에 판사를 그만두고 변호사로 개업할 때 수임료를 많이 받을 수 있는 기업 관련 사건을 맡는 데 도움이 될 것이라는 막연한 생각이었다. 하지만 괴팅겐 대학의 수강신청용 강의 소개서를 본 뒤 마음이 확 바뀌었다. 300쪽 가까운 분량의 소개서에는 노동법 관련 강좌가 엄청나게 많이 소개되어 있었다. 마치 괴팅겐에서 노동법 강의를 듣지 않으면 뭔가 손해를 보는 것처럼 느껴질 정도였다. 더욱이 이 대학에서 노동법을 강의하는 교수들 가운데는 세계적으로 권위를 인정받은 학자들이 여럿 있었다. 김 대법관은 노동법을 공부하기로 결심했다. 그의 지도교수가 보험법 권위자였음에도 보험법은 쳐다보지도 않고 오직 노동법 연구에만 전념했다.

귀국한 뒤 1991년 헌법재판소에 파견되어서도 그는 노동법 연구를 계속했다. 당시 헌법재판소는 출범한 지 3년밖에 되지 않아 사건 수가 적었기 때문에 노동법 연구를 마음껏 할 수 있었다. 1993년 그는 그간의 연구 성과를 담아 『근로기준법 해설』을 펴냈는데, 노동법 분야의 교과서라 불릴 정도로 좋은 평가를 받았고, 사법연수원에서 교재로 사용되었다.

첫 대법관 인선에서 나름 좋은 평가를 받은 이용훈 대법원장은 이듬해 단행된 두 번째 대법관 인사에서 자신과 대법원장 자리를 놓고 경합했던 이홍훈 서울중앙지법원장과, 김영란 대법관에 이어 사상 두 번째 여성 대법관이 되는 전수안 광주지방법원장을 임명 제청하면서 청와대의 기대에 계속 부응했다.

특히 전수안 법원장의 발탁은 주목받을 만했다. 대법원에 동시에 두 명의 여성 대법관이 포진한다는 것도 획기적인 사건임에 틀림없지만, 그의 진가는 다른 데 있었다. 그는 재벌 범죄를 엄하게 처벌하는 것으로 유명했다. 전 법원장은 2005년 서울고법 부장판사로 재직할 때 임창욱 대상그룹 회장의 비자금 사건 항소심을 맡은 적이 있다. 이 사건은 2002년 인천지방검찰청이 72억 원(나중에 재수사한 결과 비자금 규모는 200억 원 이상으로 늘어났다)의 비자금을 조성한 혐의로 대상그룹 임원 두 명을 불구속 기소한 사건이다.

그런데 수사기록을 보면 임 회장의 지시에 따라 비자금이 조성되었음을 입증하는 증거가 충분한데도 검찰은 해외로 도피한 대상그룹 직원 두 명의 진술이 필요하다며 임 회장을 기소하지 않고 참고인 중지 처분을 내렸다. 해외로 도피한 참고인들이 스스로 귀국할 리가 없었기 때문에 사실상 임 회장을 기소하지 않겠다는 의도였다.

전수안 재판장은 기소된 유씨 등에게 유죄를 선고하고 법정구속하면서, 판결문에 보란 듯이 "해외로 도피한 참고인들의 진술이 없어도 임 회장의 혐의가 충분히 인정된다"고 기록했다. 이 문구를 통해 당시 수사팀의 '재벌 봐주기'를 에둘러 비판한 것이다. 이 판결은 그동안 재벌 관련 사건 재판에서 아무리 죄질이 나빠도 재벌 총수나 임원들에게 2심에서 집행유예를 선고하고 풀어주던 법원의 고질적인 관행을 깬 것이어서 더욱 주목을 받았다.

이 소식이 알려지자 천정배 법무장관은 "사회적 거악을 척결해야 하는 검찰의 본분을 망각한 사건"이라며 당시 수사팀에 대한 감찰을 지시했다. 결국 인천지검은 재수사에 착수해 임 회장을 횡령 등의 혐의로 구속 기소했다. 임 회장은 1, 2심에서 모두 실형을 선고 받고 징역을 살다가 2007년에 사면되었다.

임 회장에 대한 참고인 중지 처분을 내릴 때 최종 결재권자(인천지검장)는 바로 노 대통령의 사법고시(17회) 동기로 검찰 고위 간부 가운데 노 대통령과 가장 친분이 있는 것으로 알려진 이종백이었다. 천 장관은 이후 검찰 고위 간부 인사 때 이종백 당시 서울중앙지검장을 부산고검장으로 좌천성 발령을 내는 문제를 놓고 청와대와 마찰을 빚기도 했다.

당시 임창욱 회장은 이건희 삼성 회장과 사돈 관계였다. 임 회장의 큰딸 세령씨가 연세대 재학 중이던 1998년에 이재용 삼성전자 사장과 결혼한 것이다(둘은 2009년 이혼소송을 낸 뒤 이혼했다). 이런 이유로 임 회장에 대한 검찰의 봐주기 수사 배경에 삼성이 있다는 말이 나돌기도 했다. 실제로 임 회장의 전 경호 책임자가 임 회장이 사면된 뒤 "삼성이 이건희 회장의 사돈인 임 회장의 구속을 막기 위해 삼성 법무팀을 동원해 조직적으로 로비했다"는 폭로를 하기도 했다(이 경호 책임자는 나중에 사기 혐의로 경찰에 구속되었다).

전수안 대법관은 이 사건을 계기로 재벌 범죄를 엄단하는 법관으로 알려지게 되었고, 당시 비리를 저지른 재벌 총수들에게 법원이 집행유예를 선고하고 풀어주던 관행을 공개적으로 비판하던 이용훈 대법원장과 차기 대법관 후보를 물색하던 청와대에 뚜렷한 인상을 남겼다.

전수안 대법관과 이홍훈 대법관의 가세로 대법원 구성 다양화 원칙에 맞는 대법관은 모두 5명으로 늘었다. 이들의 등장으로 우리나라도 사법 역사상 처음으로 이념적 스펙트럼이 다양한 대법원을 갖게 되었다. 물론 보수 성향의 대법관들이 8명으로 여전히 다수를 차지했지만, 다섯이라는 숫자는 그 의미가 결코 작지 않았다. 다섯 명의 대법관이 함께하는 의견은 수적으로는 소수일지 몰라도, 내용적으로는 다수가 결코 무시할 수 없는 힘을 갖기 때문이다.

이들의 등장은 노무현 대통령과 이용훈 대법원장의 의지가 없었다면 불가능했겠지만, 사법부 내 개혁적인 판사들의 지원과 압박도 크게 한몫했다. 특히 이 대법원장의 핵심 참모였던 이광범 당시 사법정책실장과 김종훈 대법원장 비서실장의 역할이 주목할 만했다. 이들은 1988년 2차 사법파동*을 계기로 만들어진 법원 내 개혁 성향 판사들 모임인 '우리법연구회' 창립 멤버이자 법원행정처 고위 간부로서 청와대와 사법부 수뇌부 사이의 이견과 갈등을 조정했다(이광범 판사는 이명박 정부 때 변호사 개업을 한 뒤 2012년 10월 '이명박 대통령의 내곡동 사저 구입 비리 의혹' 을 수사하는 특별검사로 임명되었다).

노무현 정부의 대법관 인사가 모두 마무리된 뒤 이광범 실장은 어느 날 기자들과 만난 자리에서 이들 5명의 대법관들을 가리켜 "독수리 5형제"라고 불렀다. '독수리 5형제'는 1980년대 유행했던 만화영화로,

---

* 1988년 2월 노태우 대통령이 취임한 뒤, 5공 때의 사법부 수뇌부를 재임명하자 소장 판사 335명이 '새로운 대법원 구성에 즈음한 우리들의 견해'라는 성명서를 발표했다. 이 성명서에서 판사들은 김용철 대법원장 사퇴와 함께 정보기관원 법원 상주 반대, 법관 청와대 파견 근무 중지, 유신악법 철폐 등을 요구했다. 결국 김용철 대법원장이 사태의 책임을 지고 퇴진했고, 이후 정기승 대법관이 지명되었으나 대법원장 임명동의 안이 국회에서 부결되는 사태가 발생해, 최종적으로 이일규 대법원장이 취임했다.

평범한 5명의 청소년들이 지구가 위험에 빠지면 초능력을 가진 전사로 변신해 지구를 구한다는 내용이다.

　이 만화영화가 나왔을 때 20대였던 이광범 실장이 이를 즐겨 봤는지는 의문이나, 비유만큼은 제대로 한 셈이었다. 독수리 5형제는 1년에 3,000여 건에 이르는 엄청난 양의 사건에 치여 '판결 자판기'처럼 일하다가도, 진보적 가치가 위협받을 때는 한 치의 양보도 없이 보수 성향의 대법관들에 적극적으로 맞섰다. 이는 10년 전 대법원 청사를 지을 때 두 건축가들이 꿈꿨던 '새로운 시작'에 걸맞은 변화였다.

살펴보기   '삼세판' 좋아하는 한국인은 대법원을 좋아한다?

대법원(大法院)이라는 표현이 우리 사법사에 처음으로 등장한 시기는 1945년 해방 이후다. 일제시대에는 최고 법원을 한때 대심원(大審院)으로 부르다가 고등법원으로 낮춰 불렀다. 일본 최고 법원인 대심원보다 아래에 두려는 이유였다고 한다. 대한민국임시정부헌장에서는 최고 법원을 중앙심판원이라는 이름으로 불렀다. 해방된 뒤 미 군정은 일본인 재판관들을 내쫓고 한국 사람들로 대법원을 새로 구성했다. 당시 임명사령에 찍혀 있던 'Supreme Court'를 '大法院'으로 번역해 관보에 게재한 뒤로 우리나라 최고 법원 명칭은 대법원으로 굳었다.

"(대법원에서) 원심이 파기되는 비율은 5퍼센트에 불과하다. 상고심 사건은 연간 3,000건 정도가 적정하다." 이용훈 대법원장은 대법원장 재직 당시 대법원에서 다루는 상고심 사건이 너무 많다며 이렇게 말했다. 뒤집어 말하면 대법원에 상고하는 사건의 95퍼센트는 의미 없이 돈과 시간만 쓴다는 얘기다.

한국 사람들은 '삼세판'을 좋아한다. 가위바위보를 해도 꼭 세 번을 해야 결과에 승복한다. 1심과 항소심에서 만족한 결과를 얻지 못하면 기어이 대법원에 상고하는 이유를 삼세판에 익숙한 문화에서 찾는 이들도 있다.

그렇더라도 같은 사안에 대해 세 번까지 판단을 받아볼 수 있는 3심

46 기울어진 저울

제는 우리 재판제도의 기본틀이다. 국민의 권리를 최대한 보장하자는 취지다. 하급심 재판부의 잘못된 판단을 걸러내는 역할도 한다. 선거소송(단심제), 특허소송(2심제)처럼 특별한 경우도 있지만 민사·형사·가사·행정사건, 군사재판 등은 모두 3심제로 진행된다.

우리나라에는 대법원, 고등법원, 지방법원, 특허법원, 가정법원, 행정법원 등이 있다. 대법원-고등법원-지방법원이 3심제의 뼈대를 이룬다. 1심 법원인 지방법원은 관할구역에 사무를 나눠 처리하는 지원을 두기도 한다. 가정법원과 행정법원은 지방법원과 동급이다. 가정법원은 서울·대전·대구·광주·부산에 설치되어 있다. 행정법원은 서울 한 곳뿐이다. 항소심을 맡는 고등법원도 서울·대전·대구·광주·부산에 있다. 고등법원이 아닌 지방법원 항소부에서 항소심을 맡기도 한다. 특허법원은 고등법원과 동급이다.

무조건 대법원에 상고를 할 수 있는 것은 아니다(재판 결과에 불복해 상급 법원에 다시 판단을 구하는 것이 '상소'다. 상소 중에 1심 판결에 대한 불복을 '항소', 2심 판결에 대한 불복을 '상고'라고 한다). 형사사건에 한정해서 보면, 단순히 양형(형벌의 정도를 정하는 것)이 부당하다는 이유로는 대법원에 상고를 할 수가 없다. 예를 들어, 항소심에서 징역 2년이 선고되었는데 도저히 받아들일 수 없으니 이를 징역 1년 정도로 줄여달라는 이유로는 대법원 문턱을 넘을 수 없다는 얘기다. 민사와 마찬가지로 형사사건의 상고는 하급심 재판 결과에 영향을 주거나 전제가 된 헌법·법률·명령·규칙의 적용이 잘못되었을 때 가능하다.

대법원의 역할 가운데 하나가 하급심에서 이뤄지는 법령의 해석과 적용의 통일이다. 비슷하거나 동일한 쟁점의 사건에서 법원마다 다른 결과가 나올 수 있는데, 법적 안정성을 위해 이를 하나로 정리하는 역할이 최고 법원이자 최종 법원인 대법원에 부여된다. 이렇게 대법원은 '법률심' 기능을 하지만 사실상 '사실심' 역할도 마다하지 않는다. 사형·무기 또는 10년 이상의 징역이나 금고가 선고된 사건에 대해서는 중대한 사실오인이 있을 경우에 상고를 받아준다.

대법원은 상고이유서 등 소송 기록만을 가지고 당사자의 출석이나 변론 없이 '서면심리'를 한다. 영화나 드라마에서 검사와 변호사, 이혼 소송 당사자들이 옥신각신하는 장면이 종종 나오는데 모두 하급심에서나 가능한 얘기다. 하지만 대법원도 필요하다고 판단하는 경우에는 변론 기회를 주기도 한다.

대법원에서 원심 판단이 잘못되었다며 이를 깨고(파기) 다시 판단하라며 원심 법원으로 사건을 돌려보내는 것을 '파기환송'이라고 한다. '5퍼센트'에 들어가는 '축복' 받은 사건들이다. 때로는 파기환송을 하지 않고 대법원이 직접 판단을 내리기도 하는데, 이를 '파기자판'이라고 한다.

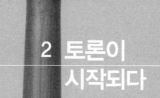

2 토론이
시작되다

오바마 케어와 브로콜리 논쟁

미국 워싱턴 D.C.에 위치한 미국 연방대법원이 세계의 이목을 집중시킨 것은 비단 어제 오늘 일이 아니지만, 2012년 6월 28일은 보기 드문 '빅 뉴스'가 예고된 날이었다. 미국 사회를 진보와 보수로 나눠 첨예하게 대립하게 했던 건강보험개혁법안(Patient Protection and Affordable Care Act)의 위헌 여부를 결정하는 날이었기 때문이다.

버락 오바마 대통령이 공화당의 강한 반대를 무릅쓰고 밀어붙여 '오바마 케어'라 불리는 이 법안에 대해 연방대법원은 5 대 4로 합헌 판결을 내렸다.[2] 그런데 이 결과는 보수 성향의 대법관들이 5 대 4로 더 많아 위헌 판결이 날 것이라는 애초 예상을 깬 것이었다. 더욱이 조지 W. 부시 대통령 때부터 미국 연방대법원의 보수화를 주도해온 존 로버츠(John Roberts) 대법원장이 진보 성향의 대법관들과 함께 합헌 의견을 내 놀라움은 더욱 컸다.

위헌 판결이 예상되었던 이유는 건강보험개혁법안의 의무가입조항(individual mandate)이 개인의 자유를 침해한다는 견해가 미국 사회에서 광범위한 지지를 받고 있었기 때문이다. 미국인들은 전통적으로 국가가 개인 간의 경제활동에 개입하는 것에 강한 반감을 갖고 있다. 이는 건국 초기에 여러 주가 연합해 느슨한 형태의 연방국가를 이룬 것에서 비롯된 특성이다. 미국 '건국의 아버지들(Founding Fathers)'은 연방정부가 개인의 자유를 침해하지 못하도록 헌법을 구성하는 데 힘썼다. 숱한 총기난사 사건에도 불구하고 국가가 개인의 총기를 규제하는 것에 반대하는 여론이 높은 것도 이런 헌법 정신 탓이다.

이런 배경에서 '연방정부나 의회가 국민들에게 의료보험에 강제로 가입하도록 하는 것은 명백한 위헌'이라는 공화당을 비롯한 보수 진영의 논리가 먹혀들고 있었다. 반면, 민주당을 비롯한 진보 진영은 개인의 경제활동에 연방의회가 개입할 수 있는 권한을 인정한 미 헌법의 '상거래 조항(commerce clause)'•에 따라 정부나 의회가 공익을 위해 의료보험에 강제로 가입하도록 할 수 있다고 반박했다.

당연히 연방대법원에서도 대법관들 사이에 치열한 논쟁이 벌어졌는데, 이것이 그 유명한 '브로콜리 논쟁(broccoli argument)'이다. 보수 성향의 대법관들은 "의회가 몸에 이롭다는 이유로 의료보험에 가입하고 싶지 않은 국민들에게까지 의료보험에 가입하도록 강제할 수 있다면, 몸에 좋지만 사람들이 별로 달가워하지 않는 브로콜리도 강제로 사먹도록 할 수 있다는 엉뚱한 논리가 성립된다"고 공격했다. 의료보험이 공익에 부합한다는 이유로 국민들에게 강제로 가입하게 한다면, 브로

• 미 의회가 외국과의 상거래와 주(洲) 사이의 상거래, 그리고 인디언 부족과의 상거래를 예외적으로 규제(To regulate Commerce with foreign Nations, and among the several States, and with the Indian Tribes)할 수 있음을 명시한 미 헌법 1장(Article I) 제8절 (Section 8)의 조항이다.

콜리는 물론 자동차나 세탁기처럼 사람들에게 효용가치가 있는 상품도 강제로 구입하도록 할 수 있지 않겠느냐는 일종의 비아냥거림이었다.

이에 맞서 진보 성향의 대법관들은 "의료보험은 개인의 자유가 아니라, 세금과 같은 의무로 봐야 한다"고 맞섰다. 의료보험은 사회 공동체를 위한 세금과 같은 개념이기 때문에 경제활동의 자유로 접근해서는 안 된다고 역설했다. 진보 성향의 대법관들은 '브로콜리는 개인적으로 먹고 싶을 때마다 돈을 내고 사먹는 것일 뿐 공동 책임과는 전혀 관계가 없기 때문'에 브로콜리를 의료보험과 비교하는 것은 어불성설이라고 반박했다. 대법관들이 한 치의 양보도 없는 논쟁을 벌인 끝에 결국 로버츠 대법원장이 진보 성향의 판사들 쪽에 가담함으로써 '오바마 케어'는 살아남게 되었다.

이처럼 미국 사회에서 큰 이슈가 된 대법원 판결은 어김없이 세간의 이목을 끈 유명한 논쟁으로 이어졌다. 1989년 미 연방대법원이 성조기 훼손을 처벌하도록 한 텍사스 주 법령을 '표현의 자유를 침해한다'는 이유로 위헌이라고 판결한 것도 이와 같은 사례이다.[3] 1984년 텍사스 주 댈러스에서 열린 공화당 전당대회를 반대하는 가두시위에서 그레고리 존슨은 "미국에 침을 뱉는다"는 구호를 외치며 라이터로 성조기에 불을 붙였다. 미국의 제국주의적 외교정책을 반대하는 일종의 퍼포먼스였다. 텍사스 주 경찰은 존슨을 국가 상징물에 대한 모독 행위를 금지하고 있는 주법에 따라 기소했고, 주법원은 존슨에게 유죄를 선고했다. 그러자 존슨은 즉각 항소했으며, 항소법원은 "국기를 불태운 행위 역시 수정헌법 제1조의 표현의 자유에 의해서 보호된다"며 하급심의 판결을 뒤집었다. 이에 반발한 텍사스 주 당국이 상고하면서, 이 사건은 발생 5년 만인 1989년 연방대법원에 올라갔고, 연방대법원은 5 대 4로 존슨의 손을 들어줬다.

연방대법원의 다수의견에 맞서 윌리엄 랜퀴스트 대법원장은 제2차 세계대전 때 일본군에 맞서 성조기를 지키려고 싸웠던 전몰군인들을 상기시키며, "미국 국민이 성조기에 대해 느끼는 깊은 경외와 존경심은 국가가 의도적으로 국민들에게 심어준 것이 아니라, 이 나라 200년의 역사가 만든 것이다"라며 "성조기 소각은 미국의 역사와 정신을 훼손한 것이며, 국기에 대한 살인"이라고 반박했다. 그는 "국기 소각에 대해 무비판적으로 헌법의 보호막을 제공하는 것은 국가가 세워진 목적 자체를 위협하는 일"이라고 반대 의견을 냈다.

그러나 5명의 대법관들은 성조기 소각 행위도 표현의 자유에 해당한다고 판결했다. 이들을 대표해 다수의견을 작성한 윌리엄 브레넌(William Brennan) 대법관은 "단지 사회적으로 어떤 사상이 불쾌하거나 무례하다고 판단된다는 이유로 국가가 그런 사상의 표현을 금지할 수 없다는 것이 수정헌법 제1조가 규정하고 있는 기본 정신"이라며 "국기와 관련된 경우라고 해서 예외로 인정해서는 안 된다"라고 반박했다. 그는 "국가 상징물이라고 성조기 훼손을 금지한다면, 대통령 도장이 찍힌 서류나 헌법 사본의 경우는 어떨까?"라고 반문한 뒤, "특정 집단이 그들의 정치적 기호에 따라 상징물을 선택한 후 그 결정 사항을 시민들에게 강요한다면 이런 행위야말로 수정헌법 제1조가 금지하는 행위"라고 역설했다. 그가 판결문을 마무리하며 쓴 마지막 문장은 지금도 손꼽히는 명문으로 회자되고 있다. "성조기 모독 행위를 처벌하는 것은 그 소중한 성조기가 상징하는 자유를 침해하는 행동이다."

이 판결은 미국 사회에 큰 파장을 일으켰다. 미 의회는 연방대법원의 판결에 발끈해 상하 양원 모두 판결에 대한 비난 결의안을 채택했고, 1990년 성조기 훼손을 처벌하는 성조기 보호법을 만들어 만장일치로 통과시켰다. 하지만 연방대법원은 이 법률에도 똑같은 논리로 위헌 판결을 내려 어떤 외압에도 굴하지 않고 헌법의 가치를 수호하겠다는 의지를 과시했다.

이처럼 사회에 큰 파장을 일으키는 법리 논쟁이 벌어지는 것은 미 연방대법원에서는 매우 익숙한 장면이다. 하지만 우리 대법원은 전혀 달랐다. 논쟁이라고 부를 만한 게 없었다고 해도 과언이 아니다. 민사소송이나 행정소송에서 법리적 논란을 단순히 정리하는 수준의 토론은 있었지만, 국가권력에 의한 인권 침해에 맞서거나 노동권 보장, 소수자 권익 보호, 사상과 양심의 자유 등 헌법이 정한 기본권을 지키기 위해 치열하게 싸운 논쟁다운 논쟁은 매우 드물었다.

오죽하면 1994년 서울시가 정도 600년 기념사업의 일환으로 타임캡슐에 들어갈 판결문을 골라달라고 대법원에 요청했을 때, 토지거래허가제에 대한 대법원 전원합의체 판결문이 선택되었을까? 당시 대법원은 1971년 국가배상법 판결과 1980년 김재규 내란음모 사건 판결 등 7건을 골라 심사한 끝에 시대상을 잘 반영한다는 이유로 이 건을 골랐다고 밝혔지만, 400년 후 이 땅에 살고 있을 후손들에게 조상들이 어떤 가치관을 지키기 위해 노력했는지 보여주기에는 초라한 느낌이 든다. 그만큼 우리 대법원 재판에서 헌법적 가치에 대한 치열한 고민을 찾아보기가 어렵다는 것이다.

이처럼 논쟁이 드문 이유로는 무엇보다 대법원에서 처리해야 할 사건이 너무 많다는 점이 거론된다. 사건 수가 너무 많다보니 논쟁을 벌일 시간이 절대적으로 부족하다는 것이다. 현재 대법원에 올라오는 사건(상고 사건) 수는 1년에 약 3만 6,000건에 이른다. 이를 대법관 1인당 사건 수로 환산해보면 1년에 약 3,000건이다(대법관 14명 가운데 전원합의체 판결에만 참여하는 대법원장과 모든 재판에서 빠지는 법원행정처장을 제외하면 실제로 12명의 대법관들이 일상적인 사건을 처리한다. 따라서 약 3만 6,000건을 12명으로 나누면 대법관 1인당 사건 수는 약 3,000건이 된다). 물론 여기에는 심리불속행(대법원에서 본안 심리 없이 상고를 기각하는 것으로, 선고 없이 간단한 기각 사유를 적은 판결문만 당사자에게 송달된다. 단 형사사건은 심리불속행 대상에서 제외된다)으로 실제 재판이 이뤄지지 않는 사건들이 꽤 있지만, 어차피 사건 내용을 검토해야 하는 것은 마찬가지이기 때문에 대법관들이 느끼는 부담은 똑같다. 따라서 산술적으로 대법관 1명이 하루에 약 10건의 사건을 처리해야 한다. 이에 반해 미국 연방대법원은 사건이 1년에 100건을 넘지 않는다. 이처럼 한 사건에 투자하는 시간이 미 연방대법원에 견줘 터무니없게 적다보니 미국처럼 수준 높은 논쟁이 나올 수 없다는 것이다.

이런 문제를 해결하기 위해 노무현 정부는 대통령 직속위원회로 설치된 사법제도개혁추진위원회에서 고등법원에 상고부를 설치해 2심 판결에 불복한 사건들을 처리하는 방안을 도입하기로 했다. 대법원은 미 연방대법원처럼 판례로서 의미 있는 소수의 사건들만 심리하도록 하겠다는 취지였다. 하지만 이 방안은 국회의 반대로 입법화되지 못했다. 여야 의원들은 고법 상고부 대신 대법관 수를 늘리는 방법으로 이 문제를 해결하는 게 더 낫다는 '엉뚱한' 해법을 제시했다.

논쟁이 빈약한 또 다른 이유는 대법관들의 성향이 비슷했기 때문이다. 대법관들의 성향이 대부분 보수적이어서 진보와 보수로 나뉘어 논쟁을 벌일 여지가 없었다. '초록은 동색'인데 굳이 얼굴을 붉혀가며 논쟁을 벌일 까닭이 없었던 것이다. 또한 경제적으로도 기득권층이 대부분이었기 때문에 경제적 약자 보호에 무관심했던 것도 비슷했다. 그러다보니, 대법관 전원이 참석하는 전원합의체에서도 치열한 논쟁이 드물었고, 따라서 의미 있는 소수의견이 많이 나오지 못했다.

1분 안에 끝나는 심리, 1시간이 넘는 심리

엄청난 양의 사건을 제때에 처리하기 위해서 대법관들은 마치 자판기처럼 기계적으로 판결할 수밖에 없다. 실제 대법원의 사건 처리 과정은 이런 상황에 최적화되어 있다. 재판연구관(대법관별로 3명씩 배속되는 전속 연구관과, 공동조라 불리는 70여 명의 공동 연구관으로 구성된다. 노동 강도가 매우 센 편이라, 이를 빗대어 전속조를 '사노비', 공동조를 '공노비'라 부르기도 한다)들이 한 사건의 하급심 재판기록과 상고이유서를 검토해서 보고서를 제출하면 주심을 맡은 대법관이 이를 살펴본 뒤 자신이 속한 소부(대법원장과 법원행정처장을 제외한 12명의 대법관이 4명씩 그룹을 지어 각각 1개씩의 소부를 구성한다)에 넘긴다. 소부는 2주에 한 차례씩 합의를 하는데, 사건 수가 많고 사건 기록 분량도 엄청나서 별도의 회의실로 기록을 옮길 수가 없기 때문에 대법관들이 주심의 집무실로 옮겨 다니며 합의를 진행한다. 가령, 첫날 소부합의를 1-2-3-4번순으로 집무실을 옮겨 다녔으면,

다음 합의 때는 2-3-4-1번 순서로 옮겨 다니는 식이다. 대법관들은 달력에 주심의 순서를 나타내는 숫자를 표시해놓고 합의 당일 해당 사건 주심의 집무실에 모여 사건을 모두 처리한 뒤, 다음 주심의 집무실로 함께 이동한다.

놀라운 건 소부에서 한 사건당 심리 시간이 1분이 채 안 걸리는 경우가 많다는 사실이다. 주심이 30초 정도 사건 내용과 판결 결과를 설명한 뒤 5초 동안 이견이 나오지 않으면 합의된 것으로 간주해 판결을 선고한다. 소송 당사자들이 대법원에 오기까지 쏟아 부은 돈과 시간을 생각하면 놀랄 만한 일이지만, 한 차례 합의 때마다 약 400건의 사건을 처리해야 하기 때문에 어쩔 수 없는 측면이 있다. 물론 중요한 사건은 합의가 10분 이상 걸리는 경우도 있지만, 그리 많지는 않다.

이렇게 하지 않으면 그 많은 사건들을 제때 처리할 수 없게 된다. 문제는 대법관이 자기가 주심을 맡은 사건이 아니면 사건 내용을 차근차근 들여다볼 시간이 없기 때문에 이견을 제시하기가 어렵다는 데 있다. 사건 내용도 완벽하게 이해하지 못하는데 법리가 어떻고, 법철학이 어떻고 등을 따질 엄두를 낼 수 있겠는가. 이런 상황에서 주심과 두 명의 대법관이 의견을 같이하면 나머지 한 명의 대법관 혼자서 자기 의견을 고수하기 어렵다. 주심이 실수로 혹은 일부러 쟁점을 제대로 설명하지 않으면 판결이 왜곡될 가능성도 배제할 수 없다.

반면, 전원합의체는 상황이 크게 다르다. 전원합의체는 소부에서 합의가 성립되지 않을 때 열리는데, 단 한 명의 대법관이라도 동의하지 않으면 주심은 사건을 대법원장과 12명(법원행정처장은 대법관이긴 하지만, 실제 재판에는 참여하지 않는다. 법원의 행정 업무를 총괄하는 법원행정처장의 부담을 덜어주기 위한 조처다. 또한 국회 등을 상대로 대외활동을 해야 하는 업무의 특성상 재판에 공정성 시비가 일 수 있기 때문에 이를 막기 위한 것이기도 하다)의 대법관 전원이 참석하는 전원합의체에 회부해야 한다. 법적으로는 대법관 전원(13명)의 3분의 2 이상인 9명이 출석하면 전원합의체를 열 수 있지만, 다양한 의견을 수렴하겠다는 취지를 살리기 위해 가급적 전원이 참석할 때 연다.

전원합의체는 한 사건에 주어지는 시간이 소부와는 비교할 수 없을 정도로 길다. 주심이 사건 내용을 설명하는 데만 30분 이상 걸린다. 주심의 설명이 끝나면 가장 최근에 임명된 대법관부터 차례대로 자신의 견해를 말하는데, 이때부터 본격적인 논쟁이 시작된다. 대법원장은 전원합의체의 재판장이긴 하지만, 합의 때는 한 명의 대법관 자격으로 토론에 참여한다. 대법원장이 제척 사유로 인해 전원합의체에 참석할 수 없을 때는 가장 선임인 대법관이 재판장을 맡는다. 대법원장은 대체로 다수의견에 가담한다. 대법원장으로서 리더십을 발휘한 결과이기도 하지만, 대법원장이 소수의견을 낼 경우 하급심에 불필요한 영향을 줄 수 있기 때문에 이를 막기 위한 이유도 있다. 이용훈 대법원장은 재임 기간 동안 전원합의체에서 예외 없이 모두 다수의견에 가담했다.

대법관 전원이 참여하는 토론을 거쳐 판결을 내리는 것은 사회가 지향해야 할 가치나 기준을 제시해야 하는 최고 법원의 소임에 충실하기 위한 것이다. 따라서 전원합의체가 대법원의 존재 이유에 가장 부합하는 재판 방식이라고 할 수 있다. 법원조직법에 대법원장과 대법관 전원이 관여하는 전원합의체 판결을 원칙으로 규정하고, 예외적으로 대법관 3인 이상으로 구성된 소부에서 판결할 수 있도록 규정한 이유도 바로 이 때문이다.

하지만 우리 대법원은 이용훈 대법원장 이전까지는 전원합의체를 오히려 예외적인 것처럼 운용해왔다. 참여연대가 최종영 대법원장과 이용훈 대법원장 재임 기간 중 대법원 판결을 비교 분석해보니, 이 대법원장의 전임자인 최 대법원장 재임 기간 동안 전원합의체 판결은 63건이었지만, 이 대법원장 때는 95건으로 대폭 늘었다. 또한 최 대법원장 때는 세부 쟁점 124건 가운데 견해가 갈린 것은 38건(30.6퍼센트)이었지만, 이 대법원장 때는 세부 쟁점도 234건으로 대폭 늘었고, 그 가운데 81건(34.6퍼센트)에서 대법관들의 견해가 갈린 것으로 나타났다.[4]

● 최종영 대법원장과 이용훈 대법원장 재임 기간 중 전원합의체 판결에 대한 의견 성향

※단위: 건

	최종영 대법원장	이용훈 대법원장
임기	1999. 9 ~ 2005. 9	2005. 9~2011. 9
전원합의체 판결	63	95
세부 쟁점	124	234
엇갈린 견해[1]	38(30.6%)	81(34.6%)

1) 세부쟁점 가운데 견해가 갈린 것은 그 만큼 소수의견(반대 또는 별개 의견)이 많이 나왔다는 것을 의미한다. 호서대 김덕준 교수의 논문 「사법판결에 관한 학제간(interdisciplinary) 연구의 필요성」에 따르면, 1963년부터 1999년까지 모두 385건의 전원합의체 판결이 있었는데, 여기에 관여한 대법관들은 평균 약 7 대 3의 비율로 다수의견 그룹과 소수의견 그룹으로 나뉘었다. 즉 소수의견 비율이 약 30퍼센트였다는 것이다. 따라서 이용훈 대법원장 재임 기간 동안 소수의견 비율은 이 기간보다도 더 높았음을 알 수 있다.

또한 소수의견이 양적으로 증가하는 데 그치지 않고, 질적인 면에서도 큰 차이가 났다. 이 대법원장 이전까지는 주로 민사소송에서 사소한 법리적 다툼에 따른 소수의견이 많았으나, 이 대법원장 재임 기간에는 국가권력에 의한 인권 침해나 소수자 권익 보호, 사상과 양심의 자유 등 헌법적 기본권을 둘러싼 것들이 많았다. 그만큼 치열한 논쟁도 많이 벌어져서 이 기간 동안 작성된 판결문은 예전에 비해 매우 두꺼웠다.

소수의견은 해당 재판 결과에는 당장 영향을 미치지 못하지만, 하급심 판사들에게 보다 폭넓은 법리 해석의 기반을 제공한다는 점에서 매우 중요하다. 일선 법원의 판사들이 대법원 판례에서 벗어나 새로운 법리 해석을 시도하는 데 영향을 주기 때문이다. 판사들이 대법원 다수의견으로 구성된 판례에 지나치게 얽매이지 않고 과감하게 판례 변경을 시도해야 시대에 뒤떨어지지 않는 법원이 될 수 있다. 소수의견은 바로 이런 판례 변경을 이끌어낼 수 있는 원동력이 된다.

판결이 내려질 당시에는 소수의견이었던 것이 시대가 바뀌면서 다수의견이 되는 경우도 있다. 이용훈 대법원장이 대법관 시절인 1997년 11월 20일 국가보안법 사건에서 낸 소수의견이 대표적이다. 이 대법원장은 캐나다 국적을 가진 교포가 북한에 입국한 혐의로 기소된 사건에서 국가보안법의 '탈출'의 의미에 대해, "국가보안법의 입법 취지와 이 법조의 문언의 취지에 비춰보면 '대한민국의 통치권이 실제로 행사되는 지역으로부터' 이탈하는 것이 당연한 전제가 되어 있다고 하여야 할 것이므로, '탈출'이라 함은 '대한민국의 통치권이 실제로 행사되는 지역으로부터 반국가단체의 지배하에 있는 지역으로 자의로 들어가는 것'을 말한다고 해석해야 한다"는 소수의견을 냈다. 대한민국 국적을 갖고 있지 않다면 북한에 간 행위를 국가보안법상의 탈출로 볼 수 없기 때문에 처벌할 수 없다고 주장한 것이다. 이 의견에는 당시 정귀호, 지창권, 신성택 대법관도 가담했다. 반면, 다수의견은 "외국인일지라도 제3국에 거주하다가 반국가단체의 지배하에 있는 지역으로 들어가는 행위는 국가보안법의 탈출에 해당한다"며 유죄를 선고했다.

하지만 이 소수의견은 2008년 4월 17일 '송두율 교수'* 사건의 대법원 전원합의체 판결에서 다수의견이 되었다. 이용훈 대법원장과 대법관 11명은 송두율 교수가 독일 국적을 취득한 이후 북한을 방문한 것은 탈출에 해당하지 않기 때문에 국가보안법 위반으로 처벌할 수 없다며 무죄를 선고했다. 이 판결로 11년 전에 이 대법원장을 '소수'로 내몰았던 판례가 역사 속으로 사라지게 되었다.

• 김대중 정부에서 노무현 정부로 이어지는 남북화해 분위기 속에서 민주화운동기념사업회는 독재정권에 의해 친북인사로 낙인찍힌 해외 교민들을 매년 국내로 초청했는데, 독일에 거주하고 있던 송두율 교수도 이 초청을 받아 2003년 9월 22일 가족과 함께 입국했다. 하지만 그는 귀국하자마자 국가정보원(국정원)에 연행되었고, 국정원과 검찰은 조선노동당 정치국 후보위원 활동 혐의 등으로 송 교수를 구속 기소했다. 2004년 3월 1심 법원은 송 교수가 노동당 정치국 후보위원이 맞고, 북한으로 잠입·탈출을 했다며 징역 7년을 선고했다. 그러나 2004년 7월 고등법원은 사건의 핵심이었던 후보위원 부분에 대해 무죄를 선고했다. 다만, 잠입·탈출과 노동당 가입 사실을 숨기고 황장엽에게 명예훼손 손해배상소송을 제기한 소송사기 혐의를 유죄로 인정해 징역 3년·집행유예 5년을 선고하고 석방했다. 풀려난 송 교수는 독일로 다시 돌아갔다. 2008년 4월 대법원은 송 교수가 독일 국적을 취득한 이후 북한을 방문한 혐의(잠입·탈출)에 대해서도 무죄를 선고했다. 이 사건은 수사와 재판이 진행되는 동안 보수와 진보 진영의 찬반집회가 여러 차례 열리는 등 우리 사회에 내재된 이념적 갈등을 극명하게 보여줬다.

이 대법원장 재임 기간 동안 이처럼 전원합의체 판결과 소수의견이 크게 증가한 데에는 대법원 구성 다양화 차원에서 대법원에 입성한 독수리 5형제의 역할이 컸다. 이들은 같은 시기에 임명된 안대희 대법관과 함께 소수의견 제시 비율이 각각 10퍼센트를 넘기며 다른 대법관들보다 많은 소수의견을 냈다.[5] 특히 주목할 만한 것은 미국 연방대법원에는 못 미치지만 독수리 형제들의 등장으로 우리 대법원에서도 치열한 논쟁과 함께 활발한 의견 조율이 이뤄졌다는 점이다.

소부합의 제도가 아예 없는 미 연방대법원은 대법관 전원이 참석하는 토론을 통해 판결을 선고한다. 하지만 대법원에 올라온 모든 사건들이 다 재판에 회부되는 것은 아니다. 대법관 9명 가운데 4명 이상이 동의해야 재판에서 다뤄진다. 그래서 '최소 4표'를 확보하기 위해 대법관들 간에 '딜(deal)'이 진행된다. 물론 미 연방대법원도 회의(conference)나 공개변론(argument) 때 말고는 대법관들이 사적으로 만나 의견을 교환하는 경우가 흔하지는 않다. 대법관들이 사적으로 만나는 일을 서로 자제하는 것이 하나의 관례처럼 여겨진다. 공개변론이나 회의가 끝난 뒤 식사를 함께하는 것이 일반적인 만남이다.

하지만 물밑에서는 대법관들 간의 접촉이 활발하다. 실제 재판에서 다섯 표를 확보하면 다수의견이 되기 때문에 대법관들은 물밑 접촉에 보다 적극적으로 나설 필요가 있다. 그래서 한 차례 회의가 끝날 때마다 자신과 비슷한 견해를 가졌거나, 의견을 조율할 필요가 있는 대법관에게 메모를 전달해 의견 조율을 시도한다. 이 메모는 주로 전속 재판연구관(law clerk)들이 대법관의 지시를 받아 작성하는데, 2000년대 초반부터 미국 대법원에서도 전자우편(e-mail)이 점차 활성화되면서

'구글 메일'이 메모를 대신하고 있다. 전자우편은 굳이 재판연구관들의 손을 빌리지 않아도 되기 때문에 보다 사적인 대화가 가능한 장점이 있다. 합헌인지 위헌인지에서부터 판결문에 구체적으로 어떤 표현을 쓸 것인지에 이르기까지 다양한 의견이 오간다. 대법관 가운데는 전화를 이용하거나 집무실을 직접 찾아가는 이도 있었으나 흔한 일은 아니다.

우리 대법원도 대법관들이 서로 집무실을 방문하거나 집을 찾아가는 등의 사적인 만남은 자제하는 게 관례였다. 점심 때 대법관 전용 식당에서 식사를 함께하거나, 식사가 끝난 뒤 대법원 청사 주변을 산책할 때 우연히 만나는 게 전부였다. 2주에 한 번씩 열리는 소부합의가 끝난 뒤 저녁식사를 함께하는 경우가 있지만, 대법관들의 취향에 따라 달랐다. 또한 집무실이 같은 층에 있는 대법관들끼리 저녁식사를 함께하는 이른바 '동층회(同層會)' 모임을 갖거나, 같은 부에 속한 대법관들끼리 석 달에 두 번 골프 라운딩을 함께하기도 했다(대법관과 헌법재판관들이 주로 이용하는 골프장은 서울시 노원구 공릉동 육군사관학교 캠퍼스 안에 있는 태릉 골프장이다). 그러나 이런 모임에서 재판 얘기를 꺼내는 것은 적절하지 않았고, 실제로 그런 대법관들도 없었다.

그런데 이런 관행에 변화를 가져온 이들이 또한 독수리 형제들이었다. 보수 성향의 대법관이 더 많은 상황에 대처하기 위해 이들에게는 일종의 '연대'가 필요했다. 그렇지 않으면 전원합의체에서 일방적으로 '소수'로 몰리는 사태를 피할 수 없었다. 그렇다고 노골적으로 따로 모임을 가질 수도 없었다. 그저 한두 명 정도에게 미리 전화를 걸어 자신이 맡은 사건을 전원합의체에 올려서 법리 다툼을 해볼 가치가 있는

지 의견을 구하는 수준이었다. 이것만으로도 '초라한' 소수로 남는 것을 어느 정도는 막을 수 있었다. 따라서 독수리 형제들의 물밑 접촉은 자구책에 가까웠을 뿐, 미 연방대법관들의 적극적인 '딜'과는 큰 차이가 있었다. 곧이어 보수 성향의 대법관들도 독수리 형제들에 맞서기 위해 미리 의견을 교환하기 시작했다.

4대강 사업에 맞서다

2011년 4월에 있었던 '4대강 사업 집행정지신청 재항고 사건'은 독수리 형제들이 보다 과감하게 연대한 사례로 기록될 만했다. 이 사건의 주심을 맡은 이홍훈 대법관은 재판이 끝날 때까지 무려 한 달여 동안 점심을 자신의 집무실에서 해결했다. 사건 기록이 워낙 방대한 탓도 있었지만, 전원합의체에서 설전을 벌였던 몇몇 보수 성향의 대법관들과 대법관 전용 식당에서 마주치기 싫은 이유도 있었다.

이홍훈 대법관은 당시 이용훈 대법원장을 제외하고는 대법관들 가운데 가장 연장자이면서 사법고시 기수도 제일 높았다. 그는 좀처럼 화를 낼 줄 몰라 법조계에서 '양반'이라는 별명을 갖고 있었다. 매일 새벽 참선을 즐기고 고전과 동양철학에 조예가 깊어 그와 대화하기를 좋아하는 동료들이 많았고, 어려움이 있을 때 조언을 구하는 후배들도 많았다. 대법원 안에서도 그의 이런 권위가 인정받고 있었다. 그런 그가 4대강 사건을 심리할 때는 여럿이 모이는 자리를 피할 정도로 매우 화가 났다.

4대강 사업은 이명박 대통령의 핵심 대선 공약 가운데 하나인 '한반도 대운하 사업'의 쌍생아였다. 이 대통령은 2007년 대선 때 공약했던 대운하 사업이 취임 초기인 2008년 5월 촛불시위를 계기로 거센 반대 여론에 부딪히자, "국민이 반대하면 안 하겠다"며 대운하를 접고 그 대신 4대강 사업을 꺼내들었다. 2008년 12월 처음 공개된 '4대강 살리기 프로젝트'는 낙동강에 높이 1~2미터의 자연형 보 2개 등 소형 보 4개와 천변 저류지 20개를 세우는 친환경적 성격을 띤 사업이었다. 하지만 2009년 5월 최종 공개된 '4대강 마스터플랜'에서는 보가 16개로 늘어나고 준설량도 많아진 반면, 저류지는 2개로 확 줄어 생태계에 막대한 영향을 미칠 수밖에 없는 대규모 토목공사로 변했다.

강에 설치될 보를 늘리고 준설 규모를 대폭 키운 것은 대운하를 겨냥한 꼼수라는 지적이 제기되었다. 보에다 갑문을 달고 준설 규모를 늘려 수심 6미터 이상을 확보하면 화물선을 띄울 수 있는 사실상의 운하가 되기 때문이다. 하지만 이명박 정부는 "죽어가는 4대강을 살리기 위한 사업"이라며 공사를 강행했고, 이 대통령의 임기 안에 보 설치를 끝내기 위해 4대강 유역에서 동시에 초고속으로 공사를 진행했다. 그러자 여기에 반대하는 지역 주민과 야당, 시민단체 들은 대규모 국민소송단을 조직해 4대강 공사가 벌어지는 지역의 관할 법원인 서울행정법원과 부산·대전·전주지법에 행정소송을 냈고, 동시에 "소송 결과가 나올 때까지 공사를 중지시켜달라"며 집행정지 신청을 냈다. 그러나 서울행정법원을 비롯한 4개 법원은 "공사를 중지시켜야 할 시급한 이유가 없다"며 집행정지 신청을 모두 기각했다.

이홍훈 대법관이 주심을 맡게 된 사건은 이 신청 사건들이 2심을 거쳐 올라온 재항고 사건(판결 이외의 재판인 결정, 명령에 불복해 상급 법원에 내는 일종의 상소로, 항고를 거쳐 대법원에 올라온 사건)이었다. 이 대법관은 신청인들이 제출한 재항고이유서를 비롯해 사건 기록을 꼼꼼히 들여다본 뒤 4대강 사업이 생태계 등 환경에 미칠 영향에 주목했다. 특히 우리의 환경부에 해당하는 독일연방자연보호청에서 30년 이상 근무한 하천 전문가 알폰스 헨리히프라이제(Alfons Henrichfreise) 박사의 감정 결과가 인상적이었다. 헨리히프라이제 박사는 국민소송단 초청으로 2010년 9월 3일부터 17일까지 한국을 방문해 4대강 공사현장을 조사한 뒤, "4대강 공사는 '돌이킬 수 없는' 수질 악화와 홍수의 증가, 그리고 농경지 황폐화 등의 폐해를 일으키게 될 것"이라는 내용의 감정서를 제출했다.

감정서에 담긴 그의 설명은 다음과 같았다. 보로 강물을 막은 뒤 처음 몇 년 동안은 보에 막힌 구간에서 강변을 따라 개간해놓은 지대로 스며드는 물의 양이 증가한다. 이로 인해 주변 경작지들은 습해지고, 지대가 낮은 경우 비가 내리면 빈번히 물에 잠길 뿐만 아니라 그 기간도 길어진다. 그 후 미세입자의 퇴적과 다양한 화학적 작용(중금속 산화물·황화물의 박막 형성 등)에 의해 강바닥에서 점차 불투수층이 형성되어간다. 이에 따라 주변 지하수위도 서서히 낮아져서 높은 지대의 지표면은 지하수가 이르지 못해 점점 말라버린다. 또 보를 세워서 물을 가둬놓으면 건기 때 수질이 악화되어서 식수 수급의 어려움과 함께 농업용수 공급량도 부족해진다. 이는 기후 변화가 점점 심해지는 상황과 맞물려서 매우 심각한 결과를 초래한다는 것이 그의 결론이었다.[•]

• 알폰스 헨리히프라이제 박사의 예측은 적중했다. 4대강 사업이 막바지에 이른 2012년 8월 초 4대강에서 일제히 녹조현상이 발생했다. 또한 낙동강 칠곡보 주변 농경지를 비롯해 4대강 주변의 논과 밭이 평균적인 강수량에도 침수되는 피해가 발생했다. 하지만

이 대법관은 이명박 대통령의 지시에 따라 4대강 사업을 밀어붙이는 과정에서 환경영향평가와 예비타당성조사 등을 제대로 하지 않은 사실에 주목했다. 예비타당성조사는 총사업비 500억 원 이상, 국가 재정지원 규모가 300억 원 이상인 국책사업의 경우 예산 낭비를 막기 위해 실시해야 한다. 하지만 4대강 사업은 총사업비가 무려 22조 2,000억 원에 이르는데도, 윤증현 당시 기획재정부장관은 '재해예방 지원으로 시급한 추진이 필요한 사업'이라는 예외 규정을 이용해 4대강 사업의 주요 구간에 대해 예비타당성조사를 실시하지 않았다. 보 설치와 준설은 시급한 '재해예방'과는 전혀 관계가 없는데도 불구하고 예외 규정을 무리하게 적용해 반드시 실시해야 할 예비조사를 생략한 것이다.

환경영향가는 더욱 문제가 컸다. 전례 없는 대규모 보 설치와 준설이 이뤄지는 대형 공사임에도 불구하고 현장조사를 새로 하지 않고 무려 5년 전인 2004년 2월에 했던 자료를 환경영향평가의 근거 자료로 갖다 썼다. 특히 보 설치에 따른 수질오염 가능성이 큰데도 이에 대한 조사가 매우 부실했다. 환경영향평가서 초안 검토 과정에서 한강유역환경청장과 여주군수 등이 '보 설치에 따른 물 흐름의 정체로 토사 퇴적과 부영양화에 대비해 수질관리방안을 마련해야 한다'는 의견을 제시할 정도였다. 이명박 정부는 4대강 사업과는 전혀 내용이 다른 노무현 정부의 물환경관리기본계획 때 조사한 내용을 그대로 사용하

정부는 "녹조는 폭염 탓이고 침수 피해는 배수 시설의 결함이 원인일 뿐, 4대강 사업과는 무관하다"라고 반박했다.

기도 했다.

이홍훈 대법관은 전원합의체 합의 첫날 이런 문제점을 조목조목 지적한 뒤, 후대에 막대한 영향을 미치는 사업인 만큼 환경영향평가라도 제대로 시행한 뒤 사업을 진행하는 게 옳다고 주장했다. 하지만 그의 의견은 곧 반론에 부딪혔다. 예상대로 보수 성향의 대법관들이 반박에 나섰다. 이들은 '4대강 사업은 국민의 권리, 의무에 직접 영향을 미치는 행정처분에 해당하지 않고, 또 신청인들에게 회복하기 어려운 손해를 준다고 볼 수 없다'며 공사를 정지해야 할 이유가 없다고 주장했다.

이 대법관은 차분히 재반론을 폈다. 그는 환경권이 헌법적 권리임을 강조했다. 그는 '모든 국민은 건강하고 쾌적한 환경에서 생활할 권리를 가지며 국가와 국민은 환경보전을 위해 노력해야 한다'는 조항(헌법 제35조 제1항)을 언급하며, 4대강 사업이 헌법적 기본권을 침해하고 있음을 주지시켰다. 환경문제는 문제의 발생과 이로 인한 영향이 현실로 나타나기까지 상당한 시차가 존재하고, 자연의 자체 정화 능력을 초과할 경우 원상회복이 불가능하기 때문에 미래 세대를 위해 매우 신중하게 접근해야 한다고 역설했다.

하지만 보수 성향의 대법관들도 물러서지 않았다. 이들은 (4대강 공사) 집행정지 요건인 '회복하기 어려운 손해'는 금전으로 보상할 수 없거나 금전 보상으로는 행정처분을 받은 당사자가 참고 견딜 수 없는 손해를 뜻하는데, 4대강 사업으로 인한 손해는 주로 강 둔치의 농지 손실로 이는 토지 보상에 관한 법률에 따라 금전적으로 보상이 가능하기 때문에 집행정지 요건에 해당하지 않는다는 이유를 댔다. 또한

'4대강 사업으로 수질오염, 침수, 생태계 파괴 등의 손해가 발생할 우려가 있는지 여부는 사실인정의 문제로 사실심의 전권사항'이라며 본안소송에서 다룰 일이라고 못 박았다.

이 대법관에게 이들이 제시한 반론은 '반대를 위한 반대'로 들렸다. 대통령이 나서서 추진하는 사업에 사법부가 제동을 거는 것을 부담스러워하는 모습이 역력했다. 도대체 미래 세대에 영향을 주는 자연 환경을 훼손하는 것만큼 '회복하기 어려운 손해'가 또 어디 있다는 말인가. 본안소송이 결말날 때까지는 오랜 시간이 걸릴 텐데, 이대로 공사가 계속되면 본안소송에서 정부가 패소하더라도 이미 그 피해는 돌이킬 수 없을 게 아닌가. 이 대법관은 작심한 듯 쓴 소리를 했다. "대법관들이 정치권력을 의식해서야 되겠는가. 4대강 사업이 옳은지 그른지를 판단하자는 게 아니라, 논란이 있으니까 일단 공사 중지하고 충분히 시간을 갖고 검토해보라는 건데, 그게 잘못된 것인가." 그의 말에 공사 강행을 앞장서서 주장하던 몇몇 대법관들의 얼굴이 붉게 달아올랐다. 결국 합의는 다음 기일로 연기되었다.

이 대법관은 이튿날 점심때부터 대법관 전용 식당에 가지 않았다. 집무실에서 집에서 싸온 떡과 과일 또는 죽으로 점심을 해결하면서 사건 관련 기록을 읽고 또 읽었다. 정년퇴임을 한 달 앞둔 이 대법관은 지난 5년여 동안의 대법관 생활을 돌아봤다. 그동안 단 한 번도 동료 대법관들과 얼굴을 붉힌 적이 없었고, 화를 낸 적도 없었다. 자신과 다른 의견을 갖고 있다고 해서 그 대법관을 멀리하지도 않았다. 하지만 이번에는 화를 다스리기가 어려웠다. 새벽 참선으로 마음을 다스리려고도 했지만 마음이 편치 못했다.

그러던 어느 날 부속실 직원으로부터 손님들이 찾아왔다는 연락이 왔다. 손님을 맞이하기 위해 사무실 문을 연 이 대법관은 깜짝 놀랐다. 손님들은 다름 아닌 독수리 형제들이었다. 이미 퇴임한 김영란 대법관을 제외한 박시환, 김지형, 전수안 대법관이 문 앞에서 환한 미소를 짓고 있었다. 이 대법관은 손님들이 몹시 반가웠다.

"아니, 어쩐 일로 이런 누추한 곳까지……"

"식당에 통 안 오시고 해서…… 점심은 잘 드시는지 궁금해서 왔습니다."

독수리 형제들은 이 대법관의 불편한 심기를 달래주는 한편, 4대강 재판에 대한 의견도 심도 있게 나눴다. 이홍훈 대법관은 이 뜻밖의 모임을 계기로 심기일전할 수 있었다. 독수리 형제들을 포함해 다른 대법관이 그의 방을 찾아온 것은 이때가 처음이자 마지막이었다.

결국 9 대 4로 4대강 사업 집행정지 신청은 기각되었지만, 이홍훈, 박시환, 김지형, 전수안 대법관이 낸 소수의견(반대의견)은 판결문에 다수의견보다 훨씬 더 길게 서술될 정도로 논리정연했다. 판결 이유만 읽어보면 마치 다수의견으로 착각할 정도였다. 특히 1년여 뒤인 2012년 8월 4대강에 대규모로 발생한 녹조 현상을 마치 예상이라도 한 듯, 수질오염 가능성을 적시한 부분은 압권이었다.

이홍훈 대법관은 경기개발연구원의 연구 결과를 인용해, "보가 건설되면 수심이 3미터 정도 깊어지면서 유속은 4분의 1, 확산계수는 6분의 1 수준으로 낮아져, 같은 양의 오염물질이 여주보 예정지에 주입되면 생화학적 산소요구량(BOD)이 0.5mg/l 정도 증가해 수질이 악화될 것이라고 예측하고 있다. 정부는 수량이 증가하면 오염물질이 희석되어 수질이 개선될 것이라고 주장하지만, 이는 오염물질의 양이 일정하다는 것을 전제로 한 주장으로서 타당성이 없다"고 밝혔다. 4대강 주변에서 벌어질 각종 개발사업으로 오히려 강에 흘러들어갈 오염물질의 양이 증가할 것이 확실한데도 이를 부정하는 정부의 해명이 궤변에 가깝다는 것을 적나라하게 지적했다.

소수의견의 탄탄한 논리를 의식한 듯 김능환, 안대희, 민일영 대법관은 다수의견에 대한 보충의견을 냈다. "집행정지제도의 목적은 본안소송에서 승소판결을 얻기까지 사이에 신청인의 지위를 잠정적으로 보호하려는 데 있으므로 본안에서 신청인이 승소할 가망이 전혀 없음에도 불구하고 집행정지 신청을 이용하는 것은 제도의 취지와 이념에 반한다." 마치 본안소송에서 정부가 패소할 리가 없다는 것을 확신하는 듯한 의견이었다. 그러나 본안소송에 대한 대법원의 최종 결론이 아직 내려지지 않은 상태에서 언급하기에는 생뚱맞은 감이 없지 않았다.

대법관은 대법원장의 제청으로 국회의 동의를 얻어 대통령이 임명한다. 1987년에 개정된 헌법에 따른 것이다. 우리나라에 대법원장·대법관 인사청문회가 도입된 것은 2000년 6월이다. 대법원장이 대법관 후보자를 대통령에게 추천하면 대통령이 낙점하고, 후보자에 대한 인사청문회가 며칠 사이에 콩 볶듯이 진행된다. 익숙한 풍경이다. 미국은 어떨까. 미국 의회조사국(CRS) 보고서를 보면, 미국 연방대법관 지명에서 상원 인준까지 걸리는 시간은 평균 111.5일이다(1981~2009). 후보자 1명에 대해 과거 판결부터 가족 사항, 자산, 채무, 세금까지 무려 석 달 동안 탈탈 털어낸다.

　대법원장과 대법관을 선거로 뽑을 뻔한 경우도 있었다. 제2공화국 헌법 제78조는 대법원장과 대법관을 법관 자격을 가진 이들로 구성된 선거인단이 뽑도록 했다. 1961년 4월 대법원장 및 대법관 선거법과 시행령까지 공포되었지만 5·16 군사쿠데타로 제2공화국이 무너지면서 대법관 선출제는 없던 일이 되었다.

　현재 대법관 수는 대법원장과 법원행정처장을 포함해 14명이다. 대법관 증원 문제는 민감한 사안이다. 상고 사건 수를 감안할 때 대법관을 지금보다 늘려야 한다는 주장도 있지만 사법부에서는 대법원 전원합의체 운영 등이 어려워진다며 난색을 표한다. 대신 상고 기준을 지금보다 엄격하게 만들어 상고 사건 수를 줄이는 방안을 주장한다.

대법관 정원도 시대에 따라 변한다. 처음에는 대법원장 포함 9명 이내였던 대법관 수는 1969년 16명까지 늘었다가 1981년에 13명, 1987년 14명, 2005년 13명으로 증감을 반복했다. 2007년 법원행정처장을 대법관이 맡기로 하면서 다시 14명으로 늘어 지금까지 이어지고 있다.

사법행정을 담당하는 법원행정처장은 대법원 재판에는 일절 간여하지 않는다. 대법원장은 대법관 전원이 참여하는 극소수의 전원합의체 사건 심리에만 참여한다. 사실상 대법원에 올라오는 모든 사건을 나머지 대법관 12명이 처리하는 셈이다. 미 연방대법원은 연간 80~90건 정도의 사건을 연방대법관 9명 전원이 참여해 합의·처리한다. 연간 3만 6,000건이 넘는 사건이 쏟아지는 우리 대법원에는 꿈같은 얘기다.

대법관들은 4명씩 짝을 지어 3개의 소부(대법원 1부·2부·3부)를 이룬다. 소부에 속한 4명의 대법관 각자에게는 자신이 '주심'이 되는 사건들이 배당된다. 주심 대법관과 나머지 3명의 대법관이 하나의 사건을 함께 심리하고 판단을 내리는 것이 원칙이다. 하지만 워낙 사건이 많은 탓에 사실상 주심 대법관이 사건 내용을 짧게 설명하고, 이견이 없으면 그대로 결정되는 것이 현실이다. 주심 대법관 혼자서 하는 '주심재판'이라는 말이 나오는 이유다. 소부에서 대법관들 사이에 합의를 이루지 못한 사건이나 대법원 판례를 변경할 필요가 있을 때는 전원합의체로 넘겨 사건을 심리하게 된다.

대법원에는 대법관만 있는 것이 아니다. 대법관을 돕는 110여 명의 재판연구관들이 있다. 1963년 재판연구원제도가 도입된 뒤 1975년 재판연구관으로 명칭이 바뀌었다. 상고 사건이 빠르게 늘어나자 '대법관 서포터즈'가 필요했던 탓이다. 대법관마다 3명의 전속 재판연구관이 있다. 지방법원 부장판사 1명, 고등법원 판사 2명이 배속된다. 이들은 대법관에게 배당된 사건 심리, 재판 관련 조사·연구 등을 담당한다. 단순한 보조가 아니라 대법원에 올라오는 모든 사건의 기록 검토는 물론 판결 방향 결정, 판결문 초고 작성 등의 일까지 하는 셈이다. 대법관 전속 재판연구관들 외에 공동 재판연구관들도 있다. 공동조는 민사조·형사조·상사조·조세조·행정조·지적재산권조 등으로 나뉘어 전속 재판연구관들과 동일한 업무를 한다. 전속조와 공동조를 오가는 재판연구관들도 있지만 판사들의 업무 스타일에 따라 '전공'이 정해지기도 한다. 주심 대법관을 보필하는 전속조 재판연구관에게는 빠른 시간 안에 많은 사건을 처리하는 능력이 필요하다. 반면 사건을 깊게 들여다보거나 독특하고 개성적인 관점을 추구하는 이들은 전속조보다 공동조에 적합하다고 한다.

대법원 선고는 매달 둘째 주, 넷째 주 목요일에 이뤄진다. 한 번에 1,000건 이상씩 판결이 쏟아지다보니 정치·경제·사회적으로 이목을 끌었던 몇몇 주요 사건들을 제외하고는 의미 있는 판결이라고 해도 묻히기 일쑤다. 이 때문에 대법원을 출입하는 각 언론사 법조 기자들은 선고가 있을 때마다 조를 짜서 '기사가 되는' 사건들을 일일이 추려내는 작업을 한다. 기자의 성실도나 판결문을 보는 안목에 따라 추려내는 판결문의 질이 결정된다. 때로는 자기가 속한 언론사나 언론사 주의 비위 행위가 드러난 판결문을 덮어버리는 경우도 있다.

3 소수의견

독수리 5형제의 활약, 강의석 사건

국내 첫 여성 대법관이 된 김영란 대법관은 2004년 한국여성단체연합과 녹색연합, 환경운동연합, 참여연대 등 4개 시민사회단체에 의해 대법관 후보로 추천되었다. 그가 추천된 이유는 그동안 여러 판결을 통해 '여성, 노동, 환경 등 사회경제적인 약자의 입장을 대변하고 인권을 옹호하고자 하는 의지'를 보여줬기 때문이었다. 김 대법관은 대법원에서도 이런 의지를 관철시키려고 노력했고, 그 결과 퇴임 때 자신을 추천한 단체들을 실망시키지 않을 수 있었다.

특히 퇴임을 넉 달 앞둔 2010년 4월 22일 선고된 대광고 종교 교육 사건(일명 강의석 사건)은 그가 주심을 맡아 다수의견을 이끌어낸 사건으로, 인권운동단체 등으로부터 '헌법에 보장된 종교의 자유를 구현한 판결'이라는 호평을 받은 재판이다. 김 대법관 스스로도 이 사건을 '딸들의 반란'이라 불렸던 2005년 여성 종중원 인정 판결[•]과 함께 가장

● 종중재산인 땅이 국가에 수용되어 보상금이 나오자 남자 종중원들끼리만 보상금을 분배하기로 한 것에 반발해, 여자 후손들이 종중토지보상금을 분배해달라며 낸 소송. 종중의 재산을 분배받으려면 여성도 종중원으로 인정되어야 하지만, 기존의 대법원 판

기억에 남는 판결로 꼽았다.

하지만 이 사건은 비단 김 대법관뿐 아니라 독수리 형제들에게도 의미 있는 판결로 남을 만했다. 전원합의체에서 5명의 대법관들이 같은 의견을 낸 사건 가운데 이들이 합의를 주도해 '다수'가 된 유일한 사건이기 때문이다.

2004년 서울 대광고 3학년에 재학 중이던 강의석은 학내 종교 자유를 주장하며 1인 시위를 벌이다 퇴학 처분을 당했다. 강의석은 기독교재단이 설립한 대광고가 모든 재학생들에게 기독교 예배에 참가하도록 강요함으로써 헌법에 보장된 종교의 자유를 침해한다고 주장했다. 본인의 선택이 아니라 추첨을 통해 배정된 학교에서 학생들에게 일방적으로 종교를 강요하는 것은 부당하다는 주장이었다. 학생회장이었던 그는 퇴학 처분을 당한 뒤에도 46일 동안 단식을 벌이는 등 저항을 계속했다.

대광고의 종교 의식은 미션스쿨 가운데서도 좀 유별났다. 매일 아침 담임교사의 입회 아래 5분 정도 찬송과 기도 등을 하는 경건회 시간을 가졌는데, 여기에 빠지면 지각으로 처리했다. 또 매주 수요일에는 정규 교과 시간에 강당 등에서 1시간가량 찬송과 목사의 설교, 기도 등을 하는 수요예배를 진행했다. 학생들은 1년에 3박 4일 동안 합숙하면서 각종 기도와 성경 읽기 등을 하는 생활관 교육을 받아야 했고, 부

결은 남성들만 종중원으로 인정하던 관행을 관습법으로 인정해왔다. 그러나 2005년 7월 21일 대법원은 '공동선조와 성과 본을 같이하는 후손은 성별의 구별 없이 성년이 되면 당연히 그 구성원이 된다고 보는 것이 합당하다'는 판결을 내려 여성의 종중원으로서의 지위를 인정했다. 이 소송은 당시 '딸들의 반란'이라고 불렸고, 대법원 판결은 유림의 강한 반발을 샀다.

활절에는 정규 교과 시간에 부활절 예배를, 그 후 3일 동안 정규 수업 시간의 일부로 심령수양회라는 시간을 편성해 역시 설교 및 기도 등을 진행했다. 매년 반별 성가대회를 개최했고, 추수감사절에는 감사 예배를 진행했으며, 크리스마스에는 학생들을 교회에 나가도록 했다.

학교 쪽은 이런 종교 행사에 학생들이 자율적으로 참여할 권리를 보장하지 않았고, 동의를 구하지도 않았다. 오히려 행사에 빠지면 청소를 시키는 등의 불이익을 줬다. 또한 학생회 회칙에는 회장, 부회장의 출마 자격으로 '교회에 1년 이상 다녀야 한다'는 조항도 뒀다.

대광고는 또한 주당 1시간씩 정규 수업으로 종교 과목을 개설해 수업시간에 성경을 읽고 토론하도록 했다. 사도신경이나 십계명을 쓰는 과제를 내기도 하면서, 학생의 생활기록부에 종교 과목 이수에 대한 교사의 평가를 기재하도록 했다. 그러나 비기독교 학생들을 위한 대체 과목은 편성하지 않았다.

강의석은 이듬해 학교와 서울시교육감을 상대로 손해배상 소송을 냈고, 2007년 1심 재판부는 강의석의 기본권이 침해된 만큼 학교와 서울시교육청이 1,500만 원을 배상하라고 판결했다. 하지만 2심 재판부는 학교의 손을 들어줬다. 대광고는 기독교 재단이 설립한 사립학교이기 때문에 국공립학교와 달리 종교적 대안교육을 할 수 있다는 점을 인정해야 한다는 취지였다. 재판부는 "강씨가 입학 때 기독교 교육과 함께 모든 교과교육을 충실히 받겠다고 선서한 점, 종교 의식 등에 거부의사를 표시하지 않고 오히려 적극적으로 참여해온 점 등을 고려하면 기독교 의식이 포함된 각종 행사 참가가 강씨의 의사에 반해 강제로 이뤄진 것이라고 단정하기 어렵다"고 밝혔다.

1, 2심의 결과가 엇갈리자 이 사건에 대한 사회적 관심은 커졌고, 불교계와 기독교계의 대립 양상까지 나타나기 시작했다. 강의석의 변호인단에 불교 단체에서 활동하는 유명 로펌의 대표 변호사가 합류하자, 대광고 쪽은 기독교 성향이 강한 법무법인 로고스에 변호를 맡겼다. 사회적 약자의 기본권 보호 차원에서 시작된 소송이 종교 간 대립 양상으로 번진 것이다. 또 항소심 재판장이 개신교 장로인 것으로 드러나 강의석 쪽이 재판의 공정성에 의문을 제기하는 등 잡음도 컸다. 이런 이유로 대법원에서 어떤 판단을 내릴지에 많은 관심이 쏠렸다.

미국에서는 이미 오래전에 이와 비슷한 사건에 대한 사법적 판단이

■ 2004년 6월 18일 서울시교육청 앞에서 서울 대광고 3학년에 재학 중이던 강의석이 '헌법에 보장된 종교의 자유를 학교에서도 보장하라'며 1인 시위를 벌이고 있다.

내려진 바 있다. 1963년 펜실베이니아에 사는 에드워드 쉠프는 자녀가 다니는 고등학교가 학생들에게 기독교 의식을 강요하는 것을 매우 못마땅하게 생각했다. 이 학교는 아침마다 성경 구절과 주기도문을 교내에 방송한 뒤 수업을 시작했다. 공립학교에서 성경 구절을 낭독하는 것을 의무화했던 주 법령에 근거한 의식이었다. 쉠프는 국민의 세금으로 운영되는 공립학교가 특정 종교 의식을 학생들에게 강요하는 것은 국가의 종교적 중립을 규정한 수정헌법 제1조에 어긋난다고 주장하며 학교가 속한 애빙턴 학군을 상대로 소송을 냈다.

비슷한 시기에 메릴랜드 주에 사는 매들린 머레이도 이와 비슷한 이유로 볼티모어 시교육위원회를 상대로 소송을 진행하고 있었는데, 두 사건은 연방대법원에서 병합되어 연방대법관들의 심리를 받게 되었다. 결과는 8 대 1로 쉠프와 머레이의 승소였다.[6]

다수를 대표해 톰 C. 클라크(Tom C. Clark) 대법관은 "의회가 자유로운 종교 활동을 금지하는 어떤 법률도 만들 수 없다고 규정한 수정헌법 제1조는, 특정 종교를 지지하거나 한 종교를 다른 종교보다 선호하는 것을 허용하는 법률을 통과시키지 못하도록 한 것"이라며 "국민의 세금으로 운영되는 교육기관이 종교적 색채가 강한 행사를 장려하는 것은 이런 헌법 정신에 어긋난다"고 밝혔다. 그는 미합중국의 '건국의 아버지들'로부터 비롯된, 신의 존재에 대한 미국인들의 확고한 믿음은 인정되지만, 그런 종교적 유산의 보전이 종교적 자유 자체보다 더 중요한 것은 아니라고 역설했다. 그는 "애빙턴 학교에서 벌어지고 있는 종교적 중립성의 훼손을 조그만 실개천 정도에 불과한 것으로 보고 이를 그대로 방치할 경우 조만간 정부가 개인의 종교적 취향을 적극적으로 통제하는 성난 급류로 변할 위험이 있기 때문에 자유에 변화를 가하려는 시도에 대해서는 시작부터 경계심을 가져야 한다"고 글을 맺었다.

이 판결은 당시 미국에서 엄청난 파장을 일으켰다. 종교계와 보수파 정치인들은 종교가 사회의 공적 영역에서 설 자리를 빼앗기게 될 것을 우려했다. 미 의회에서는 학교에서 기도를 하고 성경책을 읽도록 하는 것을 학교의 권리로 인정하는 내용의 개헌을 시도하려는 움직임도 있었다. 그러나 전반적으로는 판결을 지지하는 여론이 우세했다. 그래서 일부 개신교 교파를 제외하고는 조직적인 반발로 이어지지 않았다. 이 판례를 계기로 종교를 공적 영역에서 분리하는 것이 미국 사회의 중요한 원칙 가운데 하나로 자리 잡게 되었다.

기독교의 위세가 미국 못지않은 우리나라에서도 강의석 사건에 대한 재판 결과가 어떤 파장을 낳을지 예상하기는 그리 어렵지 않았다. 김영란 대법관은 사학재단을 운영하고 있는 대형 교회들이 대법원의 결정에 민감하게 반응하리라는 것을 잘 알고 있었다. 대형 교회들은 보수 성향이 강한 반면, 강의석을 지지하는 인권단체들은 대체로 진보 성향이라서 자칫 이념적 갈등을 일으킬 수도 있었다.

고민 끝에 김 대법관은 공개변론을 제안했는데, 상당히 시의적절한 아이디어였다. 공개된 법정에서 양쪽이 법리 논쟁을 벌인다면 어느쪽의 주장이 더 설득력이 있는지 공개되기 때문에 그만큼 판결에 따른 부담이 줄어든다. 재판 일정이 길어질 우려가 있었지만, 민감한 사건인 만큼 신중하게 처리할 필요가 있었다.

종교의 자유 vs 종교 교육의 자유

2010년 1월 21일 대법원 대법정에서 열린 공개변론에는 예상대로 많은 인파가 몰렸다. '종교의 자유'와 '종교 교육의 자유'가 맞붙은 역사적인 현장을 직접 목격하러 온 이들로 법정은 가득 찼다. 강의석과 대광고의 변론을 맡은 변호인들은 학교 강제배정제도를 시행하고 있는 우리나라에서 선교 목적으로 세워진 사립학교의 종교 교육을 어느 범위까지 허용할 수 있는지를 두고 날선 공방을 벌였다.

원고인 강의석 쪽 변호인은 "학교 쪽이 별도의 대체 과목 편성 없이 일방적으로 특정 종교 수업을 편성하고, 학생들에게 종교 의식에 참여하도록 하는 것은 학생의 기본권을 침해한 것"이라고 주장했다. 참고인으로 나온 임지봉 서강대 교수는 "종교 교육의 자유는 존재하며 이는 사립학교 설립의 전제가 된다"면서도, "그러나 학생의 신앙의 자유라는 내심의 자유는 어떠한 이유로도 통제할 수 없는 절대적인 기본권"이라고 강조했다.

이에 맞서 학교 쪽 변호인은 "사립학교 교육에 대한 국가의 간섭은 사립학교가 공교육을 담당하고 있는 한도, 즉 학력 인정에 필요한 교육의 충실을 도모하는 한도에 그쳐야 한다"며 "종립학교의 종교 교육을 제한하는 것은 헌법상 과잉금지의 원칙에 어긋난다"고 주장했다. 학교 쪽 참고인으로 나온 박종보 한양대 교수는 "교육의 중립성은 정치적 중립성을 말하는 것일 뿐 종교적 중립까지 제한할 수 없으며 사립학교는 국공립학교와 본질적으로 다르다"고 지적했다.

양쪽의 팽팽한 기 싸움이 끝난 뒤 대법관들의 질문이 이어졌다. 김영란 대법관은 원고 쪽에 "사립학교가 종교 교육을 하면서도 학생들의 신앙의 자유를 침해하지 않도록 하는 방안을 생각해봤나"고 물었다. 그러자 변호인은 "하고 싶은 사람은 하게 하고, 하기 싫은 사람은 하지 않게 하는 것이 최선"이라며 "대체 과목을 신설하고 정규시간 외의 종교 수업은 강제하지 않아야 한다"고 답했다.

이용훈 대법원장은 사립학교의 재정자립도 문제를 지적했다. 이 대법원장은 "사립학교가 국가보조금을 받는 것은 자율권의 일부를 포기하겠다는 것으로 볼 수 있지 않느냐"고 물었다. 학교 재정을 국가보조금과 학생들의 등록금에 전적으로 의존하면서 건학이념과 학교 운영의 자율성을 지나치게 강조하는 국내 사학의 모순된 행태를 꼬집은 것이었다. 이에 대해 학교 쪽은 "재정 지원을 받는다는 이유만으로 건학이념이 평가절하된다고 볼 수는 없다"고 답했다.

공개변론만 놓고 본다면 원고인 강의석 쪽의 판정승처럼 보였다. 하지만 실제 전원합의체 합의에서는 대법관들 간에 강의석과 학교 쪽을 옹호하는 견해가 서로 팽팽하게 맞섰다. 양쪽을 지지하는 견해 안에서도 세부 쟁점에 따라 또 견해가 갈렸다. 그 결과 강의석 사건에 대한 대법원 판결은 한 사건에서 대법관들의 견해가 가장 많이 엇갈린 판결이라는 기록을 세우게 되었다.

대법원 전원합의체는 "대광고가 헌법적 기본권인 학생들의 종교의 자유를 침해했다"며 8 대 5로 2심 판결을 깨고 강의석의 손을 들어줬다. 비기독교 학생들을 위한 대체 과목을 편성하는 등의 조처도 없이 종교 교육을 강요한 것은 위법하다는 판결이었다. 다수의견에는 이용훈 대법원장을 비롯해 이홍훈, 김영란, 박시환, 김지형, 전수안, 김능환, 민일영 대법관이 가담했다. 다수의견은 김영란 대법관이 주도한 것으로 자유와 인권 수호의 보루로서 최고 법원의 역할에 충실한 것이었다. 따라서 독수리 형제들뿐만 아니라 보수 성향의 대법관들도 흔쾌히 동의할 만했다.

다수의견은 국내 사립학교가 공교육 기관으로서의 특성을 갖고 있음을 지적했다. 공교육 기관으로서의 역할을 하는 대가로 국가로부터 재정지원을 받고 있기 때문에 사립학교로서 누릴 수 있는 자유에 일부 제한이 가해질 수 있다고 밝혔다. 특히 "종교재단이 세운 학교의 경우 종교 교육을 할 자유는 독립한 기본권의 주체인 학생들에게 영향을 미치기 위한 것인 반면, 학생이 종교 교육을 거부할 자유는 소극적으로 자신의 권리를 지키기 위한 것이라는 점, 종교 교육이 비판의식이 성숙되지 않은 학생에게 일방적으로 주입되는 방식으로 행해진다면 그 자체로 교육 본연의 목적을 벗어났다고 볼 수 있는 점, 이로 인해 학생이 입게 되는 피해는 지속적이고 치유되기 어려울 것이라는 점들을 고려한다면 종립학교와 학생 사이의 관계에서 학생의 법익이 보다 두텁게 보호될 필요가 있다"고 역설했다.

따라서 "학교에 대한 선택권 없이 강제배정으로 입학한 학생들에게 건전한 상식의 한계를 벗어난 특정 종교의 의식과 종교 교육을 강요하는 것은 헌법상 기본권인 종교의 자유를 침해한 것으로 위법하다"고 결론 내렸다.

이처럼 대광고의 종교 의식과 종교 교육에 위법성이 있기 때문에 강의석에 대한 퇴학 처분도 부당하다고 설명했다. "강씨의 퇴학 사유인 담임교사에 대한 불손한 행동은 결코 가벼운 것이라고 볼 수는 없으나, 퇴학 처분의 근본 원인은 학교가 학생들에게 종교 교육을 위법하게 강행한 데 있고, 학생이 학교의 부당한 행위를 시정하기 위해 취할 수 있는 수단은 교사에 대한 의견 표현 이외에 달리 마땅한 수단이 없다는 점을 고려할 때 퇴학 처분은 지나치다"고 밝혔다.

그러나 양승태, 안대희, 차한성, 양창수, 신영철 대법관은 이 의견에 동의하지 않았다. 이들에게 다수의견은 지나치게 학생의 처지를 편든 것으로 보였다. 양승태 대법관 등은 "스승에게 취할 행동으로 도저히 보기 어려운 불손한 행동을 한 강씨를 퇴학시킨 것은 과하다고 할 수 없다"는 반대 의견을 냈다. 종교의 자유 침해 여부를 떠나 강의석이 퇴학당할 만한 짓을 했다는 판단이었다.

양 대법관 등이 지적한 강의석의 불손한 행동은 다음과 같았다. 강의석이 학교 방송실에서 '매주 수요일마다 예배를 강요하는데 이는 잘못된 것이다. 수요예배를 거부하겠다. 학교를 떠나게 되는 상황이 되더라도 그때까지 할 수 있는 일은 무엇이든지 할 것이다'라는 취지의 교내방송을 해서, 담임교사가 방송실을 무단으로 사용한 것에 대해 잘못을 시인하고 학교 쪽에 사과하라고 권유했다. 그러자 강의석은 교사 앞에서 벽을 주먹으로 치면서 잘못이 없다고 항변했고, 같은 날 학교를 마친 후 약 1시간 동안 서울시교육청 앞에서 '대광고에서는 종교의 자유가 인정되지 않는다'는 내용의 피켓을 목에 걸고 1인 시위를 벌였다는 것이다. 또 담임교사가 "선도위원회가 예정되어 있으니, 학교에 부모님을 모시고 오라"는 말을 하자, "아무런 잘못도 없는데, 부모님이 왜 학교에 오셔야 하나"라며 큰 소리로 항의하기도 했다.

양 대법관 등은 "원고가 무단으로 교내방송을 한 것을 대광고의 학칙에 정한 징계사유로 보기는 어렵다 하더라도, 이런 원고의 행동은 종교의 자유를 내세워 의도적으로 돌출적인 행동을 하려고 한 것으로 볼 수 있고, 정상적인 절차와 방법으로 학교에 대해 종교 교육에 대한 시정을 요구하지 않고 곧바로 과격한 행동으로 나아간 것으로 학교의 공공시설인 방송실을 정당하지 못한 목적으로 사용한 것으로 볼 수 있다"고 설명했다. 강의석의 이런 행위는 "학생회장의 지위를 남용한 것으로 볼 수 있고, 객관적으로 보아 학생들의 동참을 선동한 것으로 보일 여지도 있다"고 밝혔다.

특히 반대 의견을 낸 대법관들은 강의석이 학교 일에 외부 세력을 끌어들인 것을 못마땅하게 여겼다. 강의석이 '학생회 부회장으로 있을 때 외부 단체로부터 지원을 받아 급식의 개선을 요구하는 배지와 학생의 날 행사 관련 유인물을 만들어 등교 시간에 학생들에게 배포하고 생활지도부장의 인증 없이 대자보를 교실에 부착했는데, 이런 행위는 (강의석이) 학생회 간부의 지위에 있으면서 학교 내부의 문제를 합리적인 절차를 통해 해결하려고 하지 않고 외부의 도움을 받아 다수 학생들의 의사 표현인 것처럼 공론화시킴으로써 학교 내부의 갈등을 조장한 것'으로 퇴학 처분의 참작 자료가 될 수 있다고 강조했다.

이들 가운데 안대희, 양창수, 신영철 대법관은 대광고의 종교 교육에 대해서도 "위법성이 인정되지 않는다"며 학교 쪽을 확실하게 편들었다. 이들은 "종교 선택이나 개종은 지속적인 선교와 그에 따른 내면에서의 진지한 성찰과 반성, 심지어는 내적 갈등을 통해 이뤄진다는 특성이 있다. 그런 내적 갈등이나 혼란은 학생이 원하는 것이 아닐 수도 있으나, 종교적 정체성을 비롯한 자신의 정체성과 가치관을 정립하려면 이미 자신이 가진 것과는 다른 세계관, 가치관, 종교관 등과 부딪히며 숱한 내면적 갈등과 심적인 고민의 과정 등을 겪어야 한다. 특히 고등학생은 아직 성년에 이르지 못해 자신의 종교적 정체성을 탐색해가는 중요한 성장기라는 점을 감안하면, 어느 정도의 내면적 갈등과 혼란을 겪는 것은 오히려 정신적으로 건강한 성인으로 성장하기 위해서 반드시 거쳐야 할 과정으로 볼 수도 있다. 따라서 종립학교의 종교 교육에 대해 학생이 다소간 불만을 표시한 것만으로 섣불리 이를 제한할 것은 아니다"라고 주장했다. 그렇게 되면 "학생들이 다양한 종교적 자극을 받고 이를 통해 자신이 신앙할 종교를 선택할 기회를 제한받게 되는 결과를 낳아 바람직하지 않다"고 덧붙였다.

다수의견이 고등학생들을 상대로 한 일방적인 종교 교육을 '비판의식이 성숙되지 않은 학생에게 치유되기 어려운 피해'를 입힐 수 있는 위험한 것으로 간주한 반면, 안대희 대법관 등 3명의 소수의견은 '건강한 성인으로 성장하기 위해' 필요한 하나의 통과의례로 판단한 것이다. 그러나 안 대법관 등은 학교 강제배정제도에 따라 학생들의 선택권이 애초에 배제된 상태에서 종립학교의 종교 교육이 오히려 '다양한 종교적 자극과 종교를 선택할 기회를 제한'하는 모순에 대해서는 명확한 설명을 내놓지 못했다. 이 의견에 따르면 학생의 선택권을 배제한 어떠한 강제 교육도 합리화될 수 있는 딜레마에 빠질 우려도 있었다.

반대 의견은 학생을 자율성을 가진 인격체라기보다 통제와 훈육의 대상으로 바라보는 전형적인 보수의 시각을 반영한 것이었다. 이명박 정부 출범 이후 급격하게 보수화되는 사회 분위기와도 잘 맞았고, 보수색이 강한 대형 교회와 사학재단들의 환영을 받을 만했다. 반면 다수의견은 사회의 보수화 흐름 속에서도 종교의 자유라는 헌법적 기본 권을 지켜냄으로써 최고 법원이 왜 필요한지를 입증해 보였다는 평가를 받았다.

'검찰 몫'의 대법관

대법원에서 소수로서의 고통은 독수리 형제들에게 공통된 운명과도 같은 것이었다. 반세기 동안 보수 일색이었던 대법원에서 진보적 가치를 뿌리 내리는 일은 여간 어려운 일이 아니었다. 그것은 필연적으로 '주류'와의 갈등을 일으켰다. 더욱이 수적으로 열세였기 때문에 항상 소수의 아픔을 인내할 각오를 하지 않으면 안 되었다.

박시환 대법관은 더욱 외로운 싸움을 해야 했다. 독수리 형제들 가운데 박 대법관을 제외한 다른 대법관들은 소부에서 각각 2명씩 짝을 이룰 수 있었지만, 박 대법관은 혼자 배치되었다. 그의 '전투력'을 높이 산 이용훈 대법원장의 뜻이 반영된 것이었다. 이홍훈 대법관은 김영란 대법관과, 전수안 대법관은 김지형 대법관과 짝을 이뤄 소부에서 보수 성향의 대법관들과 2 대 2로 대등하게 논쟁을 벌일 수 있었지만, 박 대법관은 6년 내내 1 대 3으로 맞섰다. 박 대법관은 자신의 퇴임 기념 세미나에서 이러한 울분을 토로하기도 했다.

특히 그가 속한 부에는 검찰 출신인 안대회 대법관이 있었는데, 그는 박 대법관의 퇴임 때까지 줄곧 그의 발목을 잡았다. 검찰 수사 과정 곳곳에 숨어 있는 인권 침해 요소에 제동을 걸려는 박 대법관에 맞서 검찰의 이해를 대변하는 역할에 충실했던 것이다.

안 대법관은 대한민국 검찰 역사에 이름을 남길 만한 인물이었다. 그가 대검찰청 중앙수사부장으로서 2003년 노무현 정부 초기에 벌인 대선자금 수사는 그에게 '국민검사'와 '안짱'이라는 호칭을 붙여줬고, 검찰 역사상 전무후무한 팬클럽까지 생겨나게 했다. 이처럼 '혁혁한 전과' 이면에는 언제나 강압수사 논란이 있게 마련인데, 정통 특수부 검사 출신인 그는 수사기관의 인권 침해를 좀처럼 인정하지 않았다.

안 대법관은 검찰 재직 시절 영장 기각 문제로 법원과 크게 다툰 적도 있다. 2003년 5월 법원이 '노무현의 오른팔'이라 불렸던 안희정 충남도지사에 대한 구속영장을 두 차례 기각하자, 대검 중수부장이던 안 대법관은 "법원 결정은 깨끗한 정치를 바라는 국민의 여망과 대통령 측근이 연루된 의혹에 대한 엄정한 수사 의지를 이해하지 못한 것"이라고 격렬히 비판하는 성명서를 냈다. 검찰이 법원의 결정에 보도자료까지 내가며 이의를 제기한 것은 전례가 없었다.

노무현 대통령과 사법고시 17회 동기인 안대회 대법관은 참여정부 출범 이후 대검 중수부장에 발탁되었음에도 불구하고 노 대통령의 측근들도 예외 없이 수사했다. 이를 계기로 안 대법관은 정치권력의 눈치를 보지 않는 강골 검사의 이미지를 갖게 되었고, 검찰이 정치권력으로부터 독립되기를 바라는 평검사들의 우상으로 떠올랐다(그러나 2012년 8월 대법관 임기를 마친 지 불과 40여 일 만에 박근혜 당시 새누리당 대선후보의 제안을 받고 새누리당 정치쇄신특별위원장을 맡은 일로 입길에 올랐다).

하지만 그는 검찰총장에 오르지는 못했다. 대선자금 수사로 '차떼기당'이라는 오명을 뒤집어쓰고 당이 초토화되다시피 한 한나라당의 강력한 반발과, 안희정 구속에 대한 노무현 대통령 측근들의 반감을 산게 원인이었다. 결국 사시 동기 가운데 가장 나이가 많은 정상명이 검찰총장에 임명된 뒤 안 대법관은 부산고검장을 거쳐 서울고검장으로 자리를 옮겼다. 검찰 수뇌부는 당시 대법관 교체기를 맞아 안대희 고검장을 검찰 몫으로 대법원에 입성시키기 위해 노력했다.

이 대법원장도 '안대희 카드'를 흔쾌히 받아들였다. 이 대법원장은 대법원의 다양성을 구현하기 위해서는 검찰 출신 대법관도 필요하다고 생각했다. 특히 안 고검장이 검찰 조직에서 차지하는 위상을 감안할 때 더할 나위 없는 선택이었다. 그는 검찰 출신 가운데 '베스트 오브 더 베스트'일 뿐 아니라, 국민에게 널리 알려진 유명 인사였다.

이 대법원장을 비롯한 사법부 수뇌부는 안 고검장의 상징성에 주목했다. 이 대법원장은 판사들에게 구속영장을 보다 엄격하게 심사하고, 재판 때 검찰의 수사기록에 지나치게 의존하지 말라고 독려했다. 수사 과정에서의 인권 침해를 막기 위한 당연한 조처였다. 이런 분위기에서 대법원 재판도 검찰이 수사 과정에서 적법한 절차를 거쳤는지 깐깐하게 따졌고, 검찰은 강하게 반발했다. 그래서 이 대법원장은 안 고검장의 대법관 임명이 검찰의 불만을 누그러뜨리는 계기가 될 것으로 내심 기대했다. 대표적인 '칼잡이'로 알려진 안 대법관을 대법원 재판에 참여시키면 그 결론에 대해 검찰이 마지못해서라도 따를 것으로 봤다. 일선 검사들이, 자신이 존경하는 선배가 참여한 대법원 판결에 노골적으로 불만을 나타내지는 못할 것이라는 계산이었다.

그런데 정작 대법관 임명권을 갖고 있는 청와대는 시큰둥했다. 노무현 대통령은 애초부터 검찰 출신 인사가 대법관이 되는 것을 탐탁지 않게 여기고 있었다. 법조인 출신인 노 대통령은 검찰 출신 인사를 대법관으로 임명하는 관행이 박정희 정권 때 법원과 검찰을 길들이기 위한 목적으로 만든 것임을 잘 알고 있었다. 민주적 정통성이 취약한 5공화국 때는 검찰 몫을 두 자리로 늘리기도 했으나, 6·29 선언 이후 개헌 과정에서 한 자리로 줄인 것에서 알 수 있듯이 '검찰 몫 대법관'의 정당성은 매우 취약했다.

한편으로 노무현 대통령은 안 대법관에 대해 서운한 감정을 갖고 있었다. 자신을 향해 대선자금 수사의 칼을 겨눈 탓도 있겠지만, 자신이 아끼는 안희정을 비롯한 측근들을 수사 과정에서 지나치게 험하게 다룬 사실을 알고 매우 화가 나 있었다. 그럼에도 이 대법원장은 청와대를 설득했고, 노 대통령도 사법부 과거사 정리 작업을 추진하고 있는 이 대법원장에게 힘을 실어주기 위해 이를 받아들였다.

그러나 안 대법관은 이 대법원장의 바람과는 달리 철저하게 검찰의 이해를 대변하려고 노력했다. 수사 과정의 절차적 합법성을 엄격하게 해석하려는 시도에 맞서 검찰의 권한을 확보하기 위해 무던히도 애를 썼다. 대표적인 게 2007년 11월에 선고된 김태환 제주도지사의 선거법위반 사건이다.

제주지검은 2006년 지방선거를 앞두고 제주도 소속 공무원들이 김태환 당시 제주도지사의 방송사 토론회 대담 자료를 작성하고 예행연습을 하는 등 공직선거법 위반 혐의로 선관위로부터 고발당한 사건을 수사하기 위해, 법원으로부터 압수수색영장을 발부받아 도지사 비서실장의 사무실을 수색했다. 그때 한 비서관이 도지사 집무실에 있던 각종 문서 꾸러미를 들고 나가다 검사와 마주쳐 이를 몽땅 빼앗겼다. 검찰은 이 문서를 토대로 김 지사의 혐의를 보강하는 다른 증거물을 확보해 그를 기소할 수 있었다.

그러자 김 지사의 변호인들은 1, 2심 재판에서 검사가 비서관으로부터 압수한 문서는 압수수색영장에 압수할 물건으로 기재되지 않은 것일 뿐만 아니라, 비서관에게 압수수색영장을 보여주지도 않고 문서를 압수해서 '압수수색영장은 처분을 받는 자에게 반드시 제시해야 한다(형사소송법 제118조)'는 등의 규정에 어긋나기 때문에 위법하다고 반박했다. 따라서 이 문서를 토대로 수집한 증거는 증거 능력이 없다고 주장했다. 하지만 1, 2심은 "압수수색 절차가 위법하더라도 물건 자체의 성질, 형태에 변경을 가져오는 것은 아니므로 증거 능력을 부정할 수 없다"며 김 지사의 유죄를 인정했다.

그러나 대법원 전원합의체(주심 박일환 대법관)에서 9명의 대법관들은 "헌법과 형사소송법이 정한 절차에 따르지 않고 수집된 증거는 유죄 인정의 증거로 삼을 수 없다"며 무죄 취지로 이 사건을 파기환송했다. 다수의견은 "압수수색영장에 기재한 문언은 엄격하게 해석해야 하고, 피압수자에게 불리한 내용으로 유추 해석하는 것을 허용할 수 없다"고 밝혔다. 특히 비서관에게 압수수색영장을 보여주지도 않은 채 서류 뭉치를 빼앗은 것은 명백한 위법이라고 지적했다.

이 판결은 수사의 절차적 정당성보다 결과에만 초점을 맞춰왔던 수사기관에 헌법과 형사소송법의 원칙을 분명히 확인시켜준 첫 판례라는 평가를 받았다.[7] 그동안 검찰은 '저인망식' 압수수색으로 피내사자나 피의자에 대해 광범위한 정보를 수집한 뒤 이를 수사에 활용하는 경우가 적지 않았다. 애초 수사 대상이 아닌 별건으로 수사를 확대해서 피내사자를 압박하는 경우도 있었는데, 이 판결은 이런 수사기관의 구태에 경종을 울린 의미가 있었다.

그런데 안대희 대법관은 다수의견과 별개로 "지나치게 엄격한 기준으로 위법수집증거의 배제원칙을 선언함으로써 자칫 실체적 진실 규명을 통한 형벌권의 적정한 행사를 불가능하게 하거나 어렵게 만들 수 있다"[8]는 별개 의견을 냈다. 법원이 압수수색을 비롯한 수사기관의 증거수집에 엄격한 제한을 가해 검찰의 행동반경이 좁아지는 것을 경계한 것이었다. 이 의견에는 양승태, 김능환 대법관이 가담했다.

안 대법관은 또 문국현 전 창조한국당 대표의 공직선거법위반 사건에서 독수리 형제들과 치열한 법리 논쟁을 벌였다. 이 사건은 2008년 18대 총선에서 이명박 정권의 실세로 꼽혔던 이재오 의원을 꺾고 당선되어 기염을 토했던 문 전 대표가 1년 반 만에 의원직을 상실해 야당 탄압 논란을 일으킨 사건이다. 창조한국당은 당시 총선 출마를 원하는 비례대표 후보한테서 6억 원을 빌리면서 연 1퍼센트 이율의 당채를 발행해줬다. 그런데 검찰은 1퍼센트가 시중금리보다 낮아 그 차이만큼 창조한국당이 이득을 얻었기 때문에 사실상의 공천헌금이라며 당 대표인 문 전 대표를 공직선거법위반 혐의로 기소했다. 문 전 대표는 1, 2심에서 모두 당선 무효형인 징역 8월이 선고되자 상고했고, 대법원은 전원합의체(주심 신영철 대법관)에서 이 사건을 심리했다.

문 전 대표의 변호인들은 검찰이 법원에 제출한 공소장에 공소사실 외에 창조한국당의 당직자들이 주고받은 전자우편과, 비례대표 후보자와 문 전 대표 사이의 전화통화 내용 등 문 전 대표의 혐의를 입증하는 데 도움이 될 만한 온갖 잡다한 것들을 덧붙인 것에 주목했다. 변호인들은 재판부가 예단을 갖는 것을 막기 위해 공판이 시작되기 전에는 공소장만 제출하도록 한 '공소장일본주의' 원칙을 검찰이 위반했기 때문에 공소기각 결정을 내려야 한다고 주장했다.

공소장일본주의는 형사재판에서 무죄추정의 원칙과 공판중심주의를 구현하는 데 토대가 되는 원칙이다. 공판중심주의는 피고인의 유무죄에 대한 판단을 법정에서 검사와 피고인의 진술을 들어본 뒤 결정하자는 것이다. 그래야 피고인의 방어권이 충분하게 보장되기 때문이다. 이를 위해서는 재판부나 배심원단이 공판이 시작되기 전에 피고인의 유무죄에 대한 어떤 예단도 갖지 않도록 해야 한다.

그런데 종전까지는 검찰이 공판이 시작되기 전에 공소장뿐 아니라 수사기록 일체를 법원에 제출하는 것이 오랜 관행이었다. 따라서 재판부가 수사기록을 보고 피고인의 혐의에 대해 어떤 예단을 갖게 될 우려가 있었다. 특히 공판이 시작된 뒤에서야 비로소 재판부 앞에서 진술할 기회를 갖게 되는 피고인에게는 일방적으로 불리한 관행이었다. 이는 형사재판의 대원칙인 무죄추정의 원칙에 어긋나기 때문에 이를 개선해야 한다는 지적이 많았다.

이에 따라 대법원은 2006년 4월 1일부터 재판에 증거분리제출제도를 도입했다. 이는 공소장일본주의와 짝을 이루는 것으로, 기소할 때는 공소사실만 기록한 공소장을 법원에 제출한 뒤 증거서류를 포함한 수사기록은 공판이 시작된 뒤 제출하도록 한 것이다. 이듬해 6월 배심원제인 국민참여재판제도가 시행되면서 이는 더할 나위 없이 중요한 원칙이 되었다. 비법조인들의 경우 피고인에 관한 사소한 팩트에도 예단을 갖기가 쉽기 때문이다.

공판중심주의는 검찰 처지에서는 자존심이 상하는 측면이 있다. 검찰은 스스로를 법과 정의를 구현하는 '준사법기관'으로 여기고 있다. 법원처럼 피고인의 유무죄를 최종 판단하는 기관은 아니지만, 정당하게 부여된 수사권을 통해 범죄를 처벌함으로써 사회 정의를 구현하는 막중한 소임을 갖고 있다고 생각한다. 이런 맥락에서 공소장을 비롯한 수사기록은 단순한 공판 서류가 아니라, 신성한 수사권을 행사한 결과물이다. 검사의 눈에 법의 허점을 교묘하게 이용한 것으로 보이는 변호인의 기록과는 차원이 다른 것이다.

하지만 공판중심주의는 검찰을 피고인과 마찬가지로 철저하게 재판의 한 당사자로 취급한다. 따라서 검찰의 수사기록을 변호인의 기록과 달리 취급해야 할 이유가 없다. 검사는 법정에서 피고인을 상대로 싸움을 벌여 재판부에 자신의 논리가 더 그럴듯하다는 것을 입증해야 한다. 이는 검사의 처지에서 볼 때 똑같은 시험(사법고시)과 똑같은 교육(사법연수원)을 받고 임용된 '동료' 법조인에게 일종의 평가를 받는 셈이라 마뜩찮은 것이었다. 그래서 이 대법원장 체제에서 법원이 공판중심주의를 강하게 밀어붙이는 것에 강한 불만을 나타냈다. 이런 점에서 공소장일본주의는 법원과 검찰의 자존심이 걸린 문제이기도 했다. 따라서 문 대표 사건은 정치권뿐만 아니라 법조계도 큰 관심을 보였고, 대법원이 과연 어떤 결론을 내릴지 촉각을 곤두세우고 있었다.

대법원의 결론은 절묘한 타협이었다. 대법원 전원합의체는 9 대 4로 문 전 대표의 상고를 기각했다. 다수의견은 "공소장일본주의를 어기면 공소기각 결정을 내려야 한다"며 공소장일본주의에 대한 확고한 신념을 밝히면서도, "그러나 피고인이 아무런 이의를 제기하지 않고, 법원 역시 범죄 사실의 실체를 파악하는 데 지장이 없다고 판단해서 공판이 진행되어 법관의 심증형성이 이미 이뤄졌다면, 공소장일본주의를 어겼다고 주장해 이미 진행된 소송 절차의 효력을 다툴 수 없다"며 검찰의 체면을 살려줬다. 실제로 문 전 대표 쪽이 1심에서 공소장일본주의를 문제 삼지 않긴 했지만, 그렇다고 재판부의 예단 가능성이 아예 없어지는 것은 아니라는 점에서 다분히 검찰을 의식한 판결이라 하지 않을 수 없었다.

그러니 독수리 형제들이 가만히 있을 리 없었다. 이홍훈 대법관을 제외한 김영란, 박시환, 김지형, 전수안 대법관은 다수의견을 반박하는 반대 의견을 냈다. 이들은 "공소장일본주의는 재판제도의 생명이라 할 수 있는 재판의 공정성을 보장하기 위한 필수적인 원칙으로, 그 원칙에 위배된 재판은 이미 생명을 잃어버린 것이나 다름없다"고 못 박았다. "재판의 공정은 재판 시작부터 끝날 때까지 시종일관 보장되어야 하는 원칙"이고, "공정성에 흠이 있는 상태로 재판이 시작되면 그 이후의 모든 재판 과정에 첫 단계의 불공정성이 영향을 미쳐 전체 재판 과정에 심각한 흠이 생기게 되기 때문"에 변호인의 문제 제기가 언제 있었는지, 재판부가 그냥 넘어갔는지, 재판이 얼마나 진행되었는지 등과 무관하게 "공소기각 결정을 내려야 한다"는 것이었다.

이 반대 의견은 검찰의 처지에서는 날벼락과도 같았다. 공소장 하나 잘못 썼다고 해서 이미 2심까지 유죄가 선고된 사건을 공소기각 결정해야 한다는 것은 도저히 납득할 수가 없었다. 아니나 다를까, 검찰 출신인 안대희 대법관이 반박에 나섰다. 그는 "반대 의견은 공소장일본주의가 형사소송법상 다른 이념들과 조화를 이루는 한도 안에서 보장될 수 있다는 점을 전혀 고려하지 않아 타당하지 않다"고 비판했다.

그는 그 근거로 구속적부심을 예로 들었다. 구속적부심을 맡은 판사는 검찰이 제출한 수사기록을 보기 때문에 첫 공판이 시작되기도 전에 예단을 갖게 되는데, 이 판사가 같은 사건의 공판에 관여하는 것을 배제하는 규정은 형사소송법이나 규칙 어디에도 없다는 것이다. 이는 공소장일본주의가 형사소송법의 다른 가치나 이념을 초월하는 것이 아니라는 반증이라고 주장했다.

안 대법관은 반대 의견이 여러 이념 가운데 하나에 불과한 공소장일본주의를 형사재판에서 "절대적으로 지켜야 할 이념"으로 승화시킴으로써 "전체를 보지 못한 부분적인 성찰"에 그쳤고, "엄정하고 객관적인 형사사법의 실현을 책임져야 하는 법원의 궁극적 임무를 도외시하는" 결과를 낳게 된다고 역설했다. 공소장일본주의에 매몰되면 형사재판의 가장 중요한 목적인 실체적 진실 발견에 소홀하게 된다는 검찰 출신다운 의견이었다.

그러자 김영란, 김지형 대법관이 재반박에 나섰다. 이들은 안 대법관이 예를 든 구속적부심 논란에 대해, '법관의 제척, 기피, 회피제도'가 바로 그런 논란을 막기 위한 것이라는 점을 강조했다. 재판장이 이미 구속적부심에 참여했던 판사라서 예단을 갖고 있을 것이라 의심되면 재판부 기피신청을 내면 된다는 것이다.

또한 이미 발생한 유죄의 예단 위험은 사후에 제거되거나 치유될 수 없기 때문에 공소장일본주의에 어긋난 공판을 계속 진행한 끝에 나온 결론이 과연 실체적 진실에 부합하는지 의문이라고 반박했다. 공소장일본주의는 단순히 형사재판의 규정에 그치는 게 아니라, 무죄추정의 원칙이라는 헌법적 이념을 구현하기 위해 반드시 지켜야 할 원칙이라고 강조했다.

이렇듯 검찰의 방패막이 역할에 충실한 안 대법관은 형사재판 절차에 매우 엄격한 박시환 대법관의 천적이 될 수밖에 없었다. 박 대법관은 소장 판사 시절부터 이미 검찰이 가장 경계하는 인물이었다. 그가 국가보안법 사건에서 보여준 여러 전향적인 판결은 그를 일찌감치 공안검사의 '공적 1호'로 만들었다. 하지만 박 대법관의 검찰권 견제는 공안사건에 그치지 않았다.

박 대법관은 전주지법 부장판사였던 1998년 수사기관으로부터 영장실질심사를 받을 권리를 박탈당한 피의자를 구속적부심에서 풀어줘 검찰을 긴장시킨 적이 있다. 검찰은 1997년에 도입된 영장실질심사제도로 피의자 구속률이 현저하게 떨어져 수사에 지장을 받게 되자, 인력난 등을 이유로 피의자가 원할 경우에만 실질심사를 받도록 하자고 주장해 이를 관철시켰다. 그런데 일선 경찰과 검찰에서 영장실질심사 없이 구속 수사를 하기 위해 이를 악용하는 사례가 비일비재했다. 박 대법관의 결정은 이런 관행을 견제한 것이었다. 그는 2000년 서울남부지원 부장판사 시절에도 비슷한 사건에서 "피의자의 방어권과 인권보호를 위해 마련된 중요한 권리가 침해되었거나 권리의 행사에 부당한 제한을 받았으므로, 경찰이 피의자를 구속한 것은 그의 죄와는 상관없이 그 자체가 위법한 행위"라며 구속된 피고인을 풀어줬다. 이를 계기로 검찰은 박 대법관을 '요주의 인물'로 간주했다.

박 대법관은 대법원에서도 검찰권 견제를 게을리 하지 않았다. 그는 형사재판 절차와 관련된 사건을 한꺼번에 처리하기 위해 유형별로 차곡차곡 모아뒀다. 비슷한 사건을 모아서 한꺼번에 처리하면 다른 대법관들이 짧은 시간에도 쟁점을 보다 명확하게 이해할 수 있어 판결하기가 쉬울 것으로 생각했다. 그러다보니 임기 말이 되어서야 이 사건들을 처리할 수 있었다. 하지만 안 대법관의 철저한 견제로 애초 목표를 이루지는 못했다.

안 대법관은 대법관 임명 직후 자신을 보수 성향으로 분류한 《한겨레》의 기사[9]에 불만을 표시한 적이 있다. 자신은 검찰 고위 간부 가운데 가장 개혁적인 마인드를 갖고 있어 검찰 안에서는 진보 성향으로 분류된다는 항변이었다. 실제로 그는 대법관 재임 기간 동안 국가보안법 사건에서는 기존의 공안검사 출신 대법관과는 확연하게 구분되는 전향적인 의견을 내놓기도 했다. 그러나 피의자 인권과 검찰의 수사 관행이 부딪히는 사건에서는 어김없이 '친정' 편에 섰다.

청와대의 시큰둥한 반응에도 불구하고 안 대법관을 천거했던 이용훈 대법원장은 후에 안 대법관에 대해 큰 실망감을 나타낸 것으로 전해진다. 안 대법관의 가세로 대법원에서 보다 다양한 의견이 논의되기를 기대했지만, 형사재판절차와 증거 능력에 관련된 재판에서는 결과적으로 검찰의 기존 태도에서 한 발자국도 앞으로 나아가지 못했기 때문이다. 이는 이후 대법원에서 '검찰 몫' 대법관에 대한 강한 회의가 일어나는 계기가 되기도 했다.

소수의 한계, 양심적 병역 거부 사건

박시환 대법관에게 소수로서의 한계를 뼈저리게 느끼도록 만든 것은 무엇보다 양심적 병역 거부 사건이었다. 그는 일선 판사 시절 양심적 병역 거부를 처벌하도록 한 병역법에 대해 위헌법률심판제청을 신청할 정도로 확고한 소신을 갖고 있었다. 하지만 어찌 된 일인지 자신이 주심을 맡은 이 사건들에 대해 대법관 퇴임을 앞두고 한꺼번에 처리하면서 모두 유죄를 선고해 주변을 깜짝 놀라게 했다. 그의 행동은 이율배반적인 것으로 보였는데, 사실은 소수의 한계에서 비롯된 것이었다.

양심적 병역 거부는 종교 교리나 자신의 양심적 가치관에 따라 병역을 거부하는 것을 말하는 것으로, 이에 관한 법리 논쟁 역시 미국에서 활발하게 이뤄져왔다. 모병제 국가인 미국은 1973년 베트남전쟁 이전까지 징병제를 실시했는데, 병역을 이행할 수 없는 이들을 위한 대체복무제도 함께 시행했다. 남북전쟁 중이던 1862년 제정된 연방군사법은 징병제를 처음 도입하면서 면제자를 위한 대체복무제를 마련했다. 2년 뒤인 1864년에 제정된 병역법은 무기를 드는 것에 반대하는 기독교 종파의 구성원이거나 양심적 반전론자에게까지 병역 면제 범위를 확장했고, 이들이 대체복무를 할 수 있도록 했다. 이후 국가적으로 징집이 필요할 때마다 관련법이 개정되어왔는데, 양심적 반전권과 병역 거부는 종교 가입 여부와 상관없이 개인적 신념에 따른 것이면 이를 인정했다.

심지어 미 연방대법원은 양심에 따른 병역 거부를 미국 시민권을 원하는 외국인한테도 보장해야 한다고 판결했다. 제2차 세계대전이 한창이던 1943년 캐나다 국적의 제임스 기로워드는 전쟁이나 폭력 행위를 금지하는 제7일 안식일 예수 재림교 신도였다. 그는 미국 시민권을 원했으나, 시민권을 얻기 위한 충성서약 가운데 '미합중국을 위해 무기를 들어야 한다'는 조항이 종교적 신념과 충돌한다는 이유로 충성서약을 거부했다. 이로 인해 시민권을 받을 수 없게 되자 기로워드는 소송을 냈다. 1심에서 매사추세츠 주 지방법원은 기로워드의 손을 들어준 반면, 항소법원은 지방법원의 판결을 뒤집고 이민국의 편을 들었다. 기로워드는 연방대법원에 상고했다.

이 사건을 심리한 연방대법원은 1946년 5월 5 대 3으로 기로워드의 손을 들어줬다.[10] 다수의견을 대표 집필한 윌리엄 더글러스(William O. Douglas) 대법관은 "무기를 들지 않는 것이 반드시 애국심이 부족한 것을 의미하지는 않는다. 비록 종교적 양심에 따라 소총을 들지 않는다 할지라도 충성스럽고 헌신적으로 국가에 대한 의무를 이행할 방법은 다양하다"고 밝혔다. 그는 "헌법이 그 어떤 원칙보다 단호하게 준수해야 할 원칙이 있다면 그것은 사상의 자유이다. 특히 우리가 동의하는 사상보다는 혐오하는 사상의 자유 말이다. 그러한 원칙은 이 나라의 국민들은 물론 이 나라로 이주하려는 이들한테도 보장되어야 한다"며 기로워드에게 시민권을 줘야 한다고 판결했다.

2011년까지 징병제를 실시했던 독일의 경우 양심적 병역 거부는 헌법적 기본권에 해당했다. 1948년 제정된 독일기본법(독일의 헌법)은 제4조 제3항에서 '누구도 양심에 반하여 집총복무를 강제 받지 아니한다'고 규정하고, 제12a조 제2항은 '양심상의 이유로 집총복무를 거부하는 자에게는 대체복무의 의무를 지울 수 있다. 그 기간은 병역복무의 기간을 초과할 수 없다'고 못 박았다. 특히 대체복무자에게 직업 선택에서 불이익을 주거나, 소방이나 폭발물 취급 등 위험성이 더 큰 직무에 종사하게 함으로써, 결과적으로 양심적 병역 거부 결정을 주저하게 만드는 일이 없도록 법으로 보장했다. 이에 따라 대체복무는 주로 병원이나 양로원에서 하는 경우가 많았다. 또 양심적 병역 거부권을 '국민의 권리'가 아닌 '인간의 권리'로 규정함으로써 외국인이나 무국적자에게도 적용되도록 했다.

독일에서도 냉전이 한창이던 1970년대에 국방에 대한 위기의식이 팽배한 틈을 타 양심적 병역 거부에 제한을 가하려는 움직임이 한때 있었다. 하지만 연방헌법재판소는 양심적 병역 거부권이 양심의 자유로부터 도출되는 헌법상의 기본권이라는 점, 그리고 양심적 병역 거부권의 핵심 내용인 전시의 집총거부권은 어떤 경우에도 제한될 수 없다는 점을 판례를 통해 확고히 정립했다.

그러나 양심적 병역 거부를 바라보는 우리 대법원과 헌법재판소의 시각은 이와 달랐다. 대법원 전원합의체는 2004년 7월 15일 양심에 따라 병역을 거부해 1, 2심 모두 실형을 선고 받은 시민단체 활동가와 몇몇 종교인들이 상고한 사건에서 11 대 1로 유죄를 확정했다. 다수의견은 "병역의무가 제대로 이행되지 않아 국가의 안전보장이 이뤄지지 않는다면 국민의 인간으로서의 존엄과 가치도 보장될 수 없음은 불을 보듯 명확한 일이므로, 병역의무는 궁극적으로는 국민 전체의 인간으로서의 존엄과 가치를 보장하기 위한 것이라 할 것이고, 양심적 병역 거부자의 양심의 자유가 위와 같은 헌법적 법익보다 우월한 가치라고는 할 수 없다"고 밝혔다. 신성한 병역의무를 위해 양심의 자유를 일부 제한하는 것은 위법하지 않다는 주장이었다.

양심의 자유를 제한할 수 있는 이유는 "헌법상 기본권의 행사가 국가공동체 안에서 타인과의 공동생활을 가능하게 하고 다른 헌법적 가치 및 국가의 법질서를 위태롭게 하지 않는 범위 안에서 이루어져야 하기 때문"이라고 밝혔다. 이는 '양심의 자유를 포함한 모든 기본권 행사의 원칙적인 한계'라는 설명이었다.

하지만 이강국 대법관은 다수의견에 동조한 11명의 대법관들과 생각이 달랐다(그는 나중에 노무현 대통령에 의해 4대 헌법재판소장에 임명된다). 독일 연수 때 괴팅겐 대학에서 헌법재판이론을 연구한 그는 국민의 헌법적 기본권을 더 무겁게 여기는 소수의견을 냈다. 이 대법관은 "헌법상 기본권이 서로 충돌하거나 국민의 의무를 비롯한 다른 헌법적 가치와 상충될 때, 국가로서는 양자택일 식으로 어느 하나의 가치만을 쉽게 선택하지 말고 충돌하는 가치나 법익이 모두 최대한 실현될 수 있는 조화점이나 경계를 찾도록 노력해야 한다"고 밝혔다. 국가는 "모든 기본권의 가치를 존중하고 이를 보장해야 할 헌법적 의무를 지고 있기" 때문에 당연히 그런 노력을 해야 한다는 것이었다.

따라서 "진지한 양심의 결정에 따라 병역의무를 거부한 이들에게 국가의 가장 강력한 제재 수단인 형벌을 가하는 것"은, 무엇보다 "인간으로서의 존엄성을 심각하게 침해하는 결과가 될 것"이고, "범죄에 대한 응징과 예방, 피고인의 교육 등 어떤 관점에서도 형벌의 본래 목적을 충족할 수 없기 때문"에 결코 바람직하지 않다는 설명이었다. 결국 양심적 병역 거부는 "국가의 형벌권이 한 발 양보함으로써 개인의 양심의 자유가 더 존중되고 보장되도록 해야 한다"고 역설했다.

이 대법관은 양심적 병역 거부 문제를 해결하기 위해 대체복무제 도입의 필요성을 강조했다. 그는 유엔인권위원회와 유럽의회가 이미 1980년대부터 여러 차례 대체복무제 도입을 권고했고, 징병제를 실시하고 있는 독일, 프랑스, 이탈리아 등 서구 선진국뿐만 아니라 불가리아, 우크라이나, 폴란드, 체코, 헝가리 등 상대적으로 민주주의와 인권의 개념이 덜 성숙한 나라들도 이를 실시하고 있음을 주지시켰다. 특히 우리와 마찬가지로 국가안보의 위협에 노출된 대만도 양심적 병역 거부자를 위한 대체복무제를 인정하는 법을 만들어 성공적으로 시행하고 있음을 지적했다. 이 대법관은 "대체복무제의 도입은 대다수 사회 구성원과는 생각과 가치관을 달리하는 소수에 대해 국가의 동화적 통합을 위한 관용의 원칙을 실현하는 것이고, 이로써 자유민주주의의 이념적 정당성과 우월성이 더욱 제고될 것"이라고 밝혔다.

이 대법관의 소수의견은 미국과 독일을 비롯한 선진국의 기준에서는 당연한 것이었지만, 우리 대법원에서는 그렇지 않았다. 그런데 그가 독일 헌법재판소 판례 전문가라는 사실은 양심적 병역 거부자들이 낸 헌법소원에 대해 일말의 기대를 갖게 만들었다. 우리 헌법재판소가 독일 헌법재판소를 모델로 한 것이기 때문에 독일의 판례를 많이 참조하는 특성상 대법원과 다른 판단을 내릴지도 모른다는 기대였다.

하지만 이런 기대는 헛된 것이었다. 헌법재판소는 대법원 판결이 내려진 지 석 달 뒤인 2004년 10월 28일에 7 대 2로 양심적 병역 거부를 처벌하도록 한 병역법 조항에 대해 합헌 결정을 내렸다. 전효숙 재판관과 김경일 재판관이 이강국 대법관과 같은 취지로 위헌 의견을 냈을 뿐, 윤영철 헌법재판소장을 비롯한 7명의 재판관들은 양심적 병역 거부를 처벌하는 것은 당연하다는 결론을 내렸다.

특히 다수의견은 분단국가로서의 특수성을 유달리 강조했다. '남북이 분단되어 여전히 서로 군사적으로 대치하고 있기 때문에 국방의

의무는 더욱 강조되어도 지나치지 않다'는 주장이었다. 이는 독일 연방헌법재판소가 동독과 옛 소련의 군사적 위협이 극심했던 냉전 시기에도 양심적 병역 거부를 폭넓게 인정했던 것과 크게 달랐다.

박시환 대법관은 대법원 판결과 헌법재판소의 결정에도 불구하고 양심적 병역 거부는 죄가 되지 않는다는 생각에 변함이 없었다. 그는 서울남부지법 판사 시절인 2002년에 직접 헌법재판소에 위헌법률심판제청을 낼 정도로 소신이 확고했다. 박 대법관은 이강국 대법관의 소수의견에 고무되어 2005년 대법원에 입성한 뒤 이 문제를 다시 전원합의체에 넘겨 법리 논쟁을 해보고 싶었다. 양심적 병역 거부가 사회적으로 공감대를 얻기 시작하면서 국회와 정부에서 대체복무제 도입이 논의되기 시작했고, 2004년에 견줘 대법원 구성이 다양화된 만큼 충분히 해볼 만하다고 생각했다.

그러나 대법원과 헌법재판소의 판단이 나온 지 불과 1년 정도 지난 상태에서 다시 전원합의체 회부를 주장하는 것은 판결에 승복하지 않는 모습으로 비쳐질 수 있었다. 그래서 박 대법관은 적당한 때를 기다리기로 했다. 그는 양심적 병역 거부 가운데 1, 2심에서 벌금형이나 집행유예가 선고되어 피고인이 실형을 살고 있지 않은 사건들을 바로 처리하지 않고 모아두면서 적당한 때를 기다리기로 했다. 시간이 좀 더 지나서 여론의 변화가 뚜렷할 때 전원합의체에 회부해 본격적으로 논의할 계획이었다.

그러나 이명박 정부가 들어선 뒤 대체복무제 도입 논의가 감쪽같이 사라지고, 대법원도 이홍훈, 김영란 대법관 퇴임 후 급격하게 보수화되면서 적절한 기회를 잡지 못했다. 결국 박 대법관은 임기에 쫓겨 양심적 병역 거부 사건 처리를 서두를 수밖에 없었다. 그는 전수안, 김지형 대법관과 상의했으나, '지금 분위기에서는 전원합의체에 가더라도 무죄 의견이 다수를 구성하지 못할 것'이라는 대답을 들었다.

박 대법관은 안타까웠다. 그는 전원합의체에서 소수의견을 내서라도 양심적 병역 거부에 대한 형사처벌의 부당성을 논증해보고 싶었다. 하지만 그럴 경우 장차 여건이 조성되었을 때 대법원 판례를 변경하는 데 걸림돌이 될 우려가 있었다. 2004년에 이어 또다시 양심적 병역 거부는 유죄라는 결론이 내려진다면 이후 판례를 변경하는 것은 거의 불가능에 가깝기 때문이다.

박 대법관은 하는 수 없이 종전 대법원 판례에 따라 소부에서 모두 유죄를 선고하는 것으로 이 사건들을 처리하고 말았다. 오랜 기간 양심적 병역 거부에 대한 판례 변경을 준비해왔던 그로서는 가슴 아픈 일이 아닐 수 없었다. 박 대법관은 퇴임 후 한 언론과의 인터뷰에서 "양심적 병역 거부가 무죄라는 결론을 이끌어내지 못했을 뿐만 아니라 내 의견을 개진하는 것마저 접을 수밖에 없어 매우 아쉽고 안타까웠다"라고 아픔을 토로했다. 그는 자신의 퇴임 기념 세미나에서도 "만약 다시 대법관이 된다면 소수가 아닌, 다수가 되고 싶다"는 말을 남겼다. 이는 대법원에서 6년 내내 소수로 지냈던 아픔을 진솔하게 고백한 말이었다.

지난 10년간 누가 대법관이 되었나

1948년 8월 정부수립 이후부터 2012년 11월까지 임명된 대법관은 136명에 불과하다. 지난 10년, 그러니까 노무현 정부 5년과 이명박 정부 5년 동안 임명된 대법관들을 임명 순서대로 일별해봤다. 출신 대학, 사법시험 합격 연도, 임명 직전 직책, 대법관 임명 연도, 대법관 퇴임 뒤 이력 등을 비교해보면 차이점을 발견할 수 있다.

● 노무현 정부(2002년 2월 ~ 2008년 2월)

이용훈 대법원장	임기: 2005년 9월 ~ 2011년 9월
	1942년 전남 보성 출생. 광주일고·서울대 법대 졸업. 1962년 고등고시 (15회) 합격. 1968년 법관 임용. 대법관(1994), 중앙선거관리위원회 위원장 (1998), 정부공직자윤리위원회 위원장(2004). 2000년 대법관 퇴임 뒤 변호사 개업. 2011년 대법원장 퇴임 뒤 고려대 법학전문대학원 석좌교수
고현철 대법관	임기: 2003년 2월 ~ 2009년 2월
	1947년 대전 출생. 대전고·서울대 법대 졸업. 1969년 사법시험(10회) 합격. 1974년 법관 임용. 서울중앙지법원장(2001), 대법관(2003), 중앙선거관리위원회 위원장(2006). 대법관 퇴임 뒤 법무법인 태평양 고문(2009년 3월)
김용담 대법관	임기: 2003년 9월 ~ 2009년 9월
	1947년 서울 출생. 서울고·서울대 법대 졸업. 1970년 사법시험(11회) 합격. 1972년 법관 임용. 광주고법원장(2003), 대법관(2003), 법원행정처장

	(2008). 대법관 퇴임 뒤 법무법인 세종 대표변호사(2010년 7월)
김영란 대법관	임기: 2004년 8월 ~ 2010년 8월
	1956년 11월 부산 출생. 경기여고·서울대 법대 졸업. 1978년 사법시험 (20회) 합격. 1981년 법관 임용. 대전고법 부장판사(2003), 첫 여성 대법관 (2004). 대법관 퇴임 뒤 국민권익위원회 위원장(2011년 1월~2012년 11월)
양승태 대법관	임기: 2005년 2월 ~ 2011년 2월
	1948년 부산 출생. 경남고·서울대 법대 졸업. 1970년 사법시험(12회) 합 격. 1975년 법관 임용. 특허법원장(2003), 대법관(2005), 중앙선거관리위 원회 위원장(2009), 대법원장(2011)
김황식 대법관	임기: 2005년 11월 ~ 2008년 7월
	1948년 전남 장성 출생. 광주일고·서울대 법대 졸업. 1972년 사법시험 (14회) 합격. 1974년 법관 임용. 법원행정처 차장(2005), 대법관(2005). 대 법관 임기가 절반 이상 남은 시점에 이명박 정부 감사원장 임명(2008), 감사원장 임명 2년여 만에 국무총리 임명(2010)
김지형 대법관	임기: 2005년 11월 ~ 2011년 11월
	1958년 전북 부안 출생. 전주고·원광대 법대 졸업. 1979년 사법시험 (21회) 합격. 1984년 법관 임용. 서울고법 부장판사(2003), 대법관(2005). 대법관 퇴임 뒤 법무법인 지평지성 고문변호사(2012년 12월)
박시환 대법관	임기: 2005년 11월 ~ 2011년 11월
	1953년 경남 김해 출생. 경기고·서울대 법대 졸업. 1979년 사법시험(21회) 합격. 1985년 법관 임용. 2003년 대법관 제청 파문 당시 사법개혁을 요 구하며 사표. 변호사(2003~2005). 대법관(2005). 대법관 퇴임 뒤 인하대 법학전문대학원 석좌·전임교수(2012년 1월)
이홍훈 대법관	임기: 2006년 7월 ~ 2011년 5월(정년 퇴임)
	1946년 전북 고창 출생. 경기고·서울대 법대 졸업. 1972년 사법시험(14회) 합격. 1977년 법관 임용. 서울중앙지법원장(2005), 대법관(2006). 정년으

	로 대법관 퇴임 뒤 한양대 법학전문대학원 석좌교수(2011년 8월), 법무법인 화우 고문변호사(2012년 5월)
박일환 대법관	임기: 2006년 7월 ~ 2012년 7월
	1951년 경북 군위 출생. 경북고·서울대 법대 졸업. 1973년 사법시험(15회) 합격. 1978년 법관 임용. 서울서부지방법원장(2005), 대법관(2006), 법원행정처장(2009)
김능환 대법관	임기: 2006년 7월 ~ 2012년 7월
	1951년 충북 진천 출생. 경기고·서울대 법대 졸업. 1975년 사법시험(17회) 합격. 1980년 법관 임용. 울산지방법원장(2005), 대법관(2005), 중앙선거관리위원회 위원장(2011년 2월~2013년 3월)
전수안 대법관	임기: 2006년 7월 ~ 2012년 7월
	1952년 부산 출생. 경기여고·서울대 법대 졸업. 1976년 사법시험(18회) 합격. 1978년 법관 임용. 광주지방법원장(2006), 두 번째 여성 대법관(2006)
안대희 대법관	임기: 2006년 7월 ~ 2012년 7월
	1955년 경남 함안 출생. 경기고·서울대 법대 졸업. 1975년 사법시험(17회) 합격. 1980년 검사 임용. 서울고등검찰청 검사장(2005), '검찰 몫' 대법관(2006). 대법관 퇴임 뒤 변호사 개업(2012년 8월), 새누리당 정치쇄신특별위원회 위원장(2012년 8월)

● 이명박 정부(2008년 2월 ~ 2013년 2월)

양승태 대법원장	임기: 2011년 9월 ~
	1948년 부산 출생. 경남고·서울대 법대 졸업. 1970년 사법시험(12회) 합격. 1975년 법관 임용. 특허법원장(2003), 대법관(2005), 중앙선거관리위원회 위원장(2009), 대법원장(2011)

차한성 대법관	임기: 2008년 3월 ~
	1954년 대구 출생. 경북고·서울대 법대 졸업. 1975년 사법시험(17회) 합격. 1980년 법관 임용. 법원행정처 차장(2006), 대법관(2008)
양창수 대법관	임기: 2008년 9월 ~
	1952년 제주 출생. 서울고·서울대 법대 졸업. 1974년 사법시험(16회) 합격. 1979년 법관 임용. 청와대 비서실 파견(1984), 서울대 법대 교수 채용(1985), 대법관(2008)
신영철 대법관	임기: 2009년 2월 ~
	1954년 충남 공주 출생. 대전고·서울대 법대 졸업. 1976년 사법시험(18회) 합격. 1981년 법관 임용. 서울중앙지법원장(2008), 대법관(2009)
민일영 대법관	임기: 2009년 9월 ~
	1955년 경기 여주 출생. 경복고·서울대 법대 졸업. 1978년 사법시험(20회) 합격. 1983년 법관 임용. 청주지방법원장(2009), 대법관(2009)
이인복 대법관	임기: 2010년 9월 ~
	1956년 충남 논산 출생. 대전고·서울대 법대 졸업. 1979년 사법시험(21회) 합격. 1984년 법관 임용. 춘천지방법원장(2010), 대법관(2010).
이상훈 대법관	임기: 2011년 2월 ~
	1956년 광주 출생. 광주일고·서울대 법대 졸업. 1977년 사법시험(19회) 합격. 1983년 법관 임용. 법원행정처 차장(2010), 대법관(2011)
박병대 대법관	임기: 2011년 6월 ~
	1957년 경북 영주 출생. 환일고·서울대 법대 졸업. 1979년 사법시험(21회) 합격. 1985년 법관 임용. 대전지방법원장(2011), 대법관(2011)
김용덕 대법관	임기: 2012년 1월 ~
	1957년 서울 출생. 경기고·서울대 법대 졸업. 1979년 사법시험(21회) 합격. 1985년 법관 임용. 법원행정처 차장(2011), 대법관(2012)

박보영 대법관	임기: 2012년 1월 ~
	1961년 3월 전남 순천 출생. 전주여고·한양대 법대 졸업. 1984년 사법시험(26회) 합격. 1987년 법관 임용. 법관 사직 뒤 변호사(2004), 세 번째 여성 대법관(2012)
고영한 대법관	임기: 2012년 8월 ~
	1955년 광주 출생. 광주일고·서울대 법대 졸업. 1979년 사법시험(21회) 합격. 1984년 법관 임용. 법원행정처 차장(2011), 대법관(2012)
김신 대법관	임기: 2012년 8월 ~
	1957년 부산 출생. 부산고·서울대 법대 졸업. 1980년 사법시험(22회) 합격. 1983년 법관 임용. 울산지방법원장(2012), 대법관(2012)
김창석 대법관	임기: 2012년 8월 ~
	1956년 충남 보령 출생. 휘문고·고려대 법대 졸업. 1981년 사법시험(23회) 합격. 1986년 법관 임용. 법원도서관장(2012), 대법관(2012)
김소영 대법관	임기: 2012년 11월 ~
	1965년 경남 창원 출생. 정신여고·서울대 법대 졸업. 1987년 사법시험(29회) 합격. 1990년 법관 임용. 대전고법 부장판사(2012), 국회 인사청문회에서 낙마한 '검찰 몫' 김병화 후보자에 이어 네 번째 여성 대법관으로 임명(2012)

4 삼성왕국과의
전쟁

삼성 공화국을 위한 면죄부

2009년 5월 29일 서울 시청 앞 광장에 이른 아침부터 많은 시민들이 몰려들었다. 검찰 수사를 받던 중 스스로 목숨을 끊은 고 노무현 대통령의 노제에 참석하려는 인파였다. 정치적 견해 차이를 떠나 전직 대통령의 비극적인 죽음에 많은 시민들이 슬퍼하며 그를 추모했다.

노 대통령의 시신을 실은 영구차가 시청 앞 광장을 지나면서 노제는 절정을 맞았다. 파란만장했던 그의 생전 모습이 대형 스크린에 나타나고, 해바라기의 히트곡 〈사랑으로〉를 부르는 그의 구성진 육성이 스피커를 통해 흘러나오자 시청 앞 광장을 가득 메운 수십만 명의 시민들은 눈물을 흘리며 그의 노래를 따라 불렀다. 마침내 노제를 마치고 노 대통령의 영구차가 경기도 수원의 화장장으로 향하는 순간 여기저기서 오열이 터져 나왔다.

온 나라가 슬픔에 잠겨 있던 그 시각, 시청 앞 광장으로부터 남쪽으로 10여 킬로미터 떨어진 대법원에서는 세계적 기업가 이건희 삼성 회장에 대한 상고심 선고 공판이 열리고 있었다. 대법원은 이날 삼성 에버랜드 전환사채를 헐값에 발행해 이 회장의 아들 이재용에게 넘겨

■ 2009년 5월 29일 서울 시청 앞 광장에 노무현 대통령의 노제가 열린 가운데, 서울 서초동 대법원 대법정에서는 삼성 이건희 회장에 대한 상고심 선고 공판이 열리고 있었다.

그가 그룹 경영권을 이어받을 수 있도록 한 것에 면죄부를 줬다. 이로써 이 회장 부자는 13년 동안 족쇄처럼 따라다녔던 지긋지긋한 '경영권 불법 세습'의 굴레에서 벗어나게 되었다. 시청 앞 광장에 모인 이들에게 이날은 슬픈 날이었지만, 이 회장 부자에게는 생애 최고로 기쁜 날이 아닐 수 없었다.

이 사건이 검찰 수사를 거쳐 대법원 확정 판결이 날 때까지의 과정은 대한민국을 왜 '삼성 공화국'이라 부르는지를 잘 보여준다. 삼성에버랜드는 1996년 10월 30일 이사회를 열어 99억여 원 규모의 무보증 전환사채를 1주당 7,700원의 전환가격으로 발행하기로 결의했다. 이 사채의 소유주는 에버랜드의 주식 시세가 1주당 7,700원을 넘으면 주식으로 전환해서 그만큼 차익을 낼 수 있고, 그렇지 않으면 사채로 계속 보유해서 만기 때 이자와 원금을 돌려받을 수 있다. 당시 에버랜드 주식의 시가는 7,700원보다 높았기 때문에 '꿩 먹고 알 먹는' 투자였다.

에버랜드는 비상장회사이기 때문에 주식시장에서 거래되는 주가 같은 것은 없었다. 그래서 에버랜드 주식의 시가가 정확하게 얼마인지에 대해서는 이견이 많았다. 하지만 1993년 한솔제지가 한국오미야에 에버랜드 주식을 매각한 가격이 1주당 8만 5,000원이었고, 1998년 중앙일보가 삼성과의 계열 분리 차원에서 삼성할부금융 등에 에버랜드 주식을 넘길 때도 주당 10만 원이었다. 또한 1999년 삼성에버랜드가 유상증자를 할 때의 신주발행가격도 주당 10만 원이었다.[11] 따라서 1주당 7,700원이라는 전환가격이 시가보다 현저하게 낮다는 것에 대해서는 아무도 토를 달 수 없었다.

이처럼 '대박'이 보장된 전환사채였기 때문에 이를 누구한테 어떤 방식으로 넘기느냐가 당연히 중요할 수밖에 없었다. 삼성에버랜드 이사회는 1996년 11월 14일을 기준으로 주주 명부에 기록된 주주들에게 우선 배정하되, 이들이 인수를 포기하면 다시 이사회를 열어 '제3자'에게 배정하도록 결정했다.

당시 삼성에버랜드의 법인 주주들은 에버랜드와 마찬가지로 삼성그룹 계열사이거나, 계열사였다가 분리된 회사들이었다(제일제당, 중앙일보, 제일모직, 삼성물산, 신세계, 한솔제지, 한솔건설, 한솔화학, 삼성문화재단). 또 개인 주주들은 이 회장을 비롯해 삼성그룹 계열사의 전·현직 임원들이었다(이들이 보유한 주식은 사실상 이 회장 소유인 차명주식이었다). 하지만 어찌 된 일인지 이들 가운데 전환사채 인수청약을 한 주주는 제일제당(지분율 2.94퍼센트)뿐이었고, 나머지 주주들은 모두 전환사채 인수를 포기했다. 이들은 "에버랜드가 2년 연속 적자를 냈고, 단 한 번도 배당이 이루어진 적이 없을 뿐만 아니라 환금성도 없어 투자가치가 없다"는 터무니없는 이유를 댔다(법원은 나중에 법인 주주들이 내세운 이 실권 사유가 타당성이 없다고 판단한다).

그러자 삼성에버랜드는 청약 만기일인 1996년 12월 3일 오후 4시 이후에 이사회를 다시 소집해, 주주들이 포기한 전환사채(전체 물량의 97.06퍼센트)를 이 회장의 장남 이재용과 부진, 서현, 윤형(2005년 사망) 등 세 딸에게 각각 3 대 1 대 1 대 1의 비율로 배정하기로 결의했다. 이재용 남매는 이사회 결의 내용을 통보받자마자 마치 기다렸다는 듯 수십억 원에 이르는 전환사채 인수 대금을 즉시 완납했다. 이재용은 삼성 계열사인 에스원과 삼성엔지니어링의 주식을 팔아 48억여 원을 마련했고, 부진 등 세 딸들은 아빠한테서 청약 만기일 당일에 나란히 16억여 원씩 증여받아 인수 대금을 마련했다.

삼성에버랜드 전환사채가 주주들의 실권 과정을 거쳐 이재용 남매 소유가 되기까지 걸린 시간은 두 시간이 채 안 되었다. 이처럼 일사불란하게 일이 진행될 수 있었던 것은 삼성그룹 비서실이 미리 치밀하게 시나리오를 짠 덕분이었다. 비서실 재무팀은 에버랜드 전환사채 청약 만기일 2~3일 전에 이미 주주들이 실권한 전환사채를 이재용 4남매에게 배정하기로 결정하고, 이를 에버랜드 경영진에 통보했다 (검찰은 후에 이를 근거로 제일제당을 제외한 계열사 주주들이 실권한 이유가 삼성 비서실의 지시 때문이었다는 결론을 내린다). 이재용은 그해 12월 17일 에버랜드 전환사채를 1주당 7,700원에 주식으로 전환해서 단숨에 에버랜드 지분 64퍼센트를 가진 최대 주주가 되었다.

결국 삼성에버랜드가 전환사채를 발행한 것은 이전까지 에버랜드 주식을 단 한 주도 갖고 있지 않던 이재용을 최대 주주로 만들기 위한 것이었다. 당시 삼성이 여론의 따가운 눈총을 무릅쓰고 이런 무리수를 둔 이유가 있었다. 김영삼 정부는 1996년 1월부터 기업들이 전환사채를 이용해 변칙으로 증여하는 것을 막기 위해 상속세법 개정을 추진하고 있었다. 전환사채를 발행해 정상적인 거래가 아닌 방법으로 오너의 친인척에게 넘길 경우 이로 인해 발생한 이익을 증여로 간주해 세금을 물리겠다는 것이었다. 정부는 그해 6월 공청회를 개최한 뒤, 10월 2일 상속세법 개정안을 국회에 제출했다. 따라서 이건희 회장으로서는 이 법이 통과되어서 거액의 증여세를 물기 전에 아들에게 그룹 경영권을 물려줄 수 있는 기반을 신속하게 마련할 필요가 있었던 것이다.

삼성그룹은 이재용이 에버랜드의 지분을 보유하기 전에는 이건희 삼성 회장→삼성생명→삼성전자 및 삼성물산의 소유구조를 가지고 있었다. 그러나 이재용이 최대 주주가 된 지 2년 뒤인 1998년에 삼성에버랜드가 삼성생명의 지분을 20.67퍼센트까지 확대해서 삼성그룹의 소유구조는 이재용→삼성에버랜드→삼성생명→삼성전자 및 삼성물산→기타 계열사로 변경되었다. 결국 이재용은 고작 48억여 원으로 시가 총액이 수백조 원에 이르는 삼성그룹을 지배하게 된 것이다.

이건희 회장을 긴장시킨 유죄 선고

이 사건이 대법원에 올라오기까지는 많은 우여곡절이 있었다. 검찰 수사는 2000년 6월 30일 당시 방송통신대 법학 교수였던 곽노현 서울시교육감(2010년 7월~2012년 9월)을 비롯한 43명의 전국 대학 법학 교수들의 고발로 시작되었다. 이들은 에버랜드 전환사채 발행과 관련해 이건희 회장 등 삼성그룹 관계자 33명을 특정범죄가중처벌법상 배임 혐의로 검찰에 고발했다. 하지만 어찌 된 일인지 검찰은 고발장을 접수한 지 3년이 다 된 2003년 4월에서야 수사를 시작했다.

당시 검찰수사 지휘 라인은 송광수 검찰총장-김종빈 대검차장(노무현 대통령에 의해 송광수 총장 후임으로 임명되었지만, 곧이어 터진 강정구 교수의 국가보안법 위반 사건 때 강 교수를 불구속 수사하라는 천정배 법무장관과 갈등을 빛다가 수사지휘권을 수용한 뒤 사퇴했다)-서영제 서울지검장-신상규 서울지검 3차장-채동욱 서울지검 특수 2부장이었다. 신상규 차장과 채동욱 부장은 그

동안 '폭탄 돌리기' 식으로 이 사건 수사를 미뤘던 전임자들과 달리 수사를 적극적으로 진행했다. 수사팀은 삼성에버랜드 전·현직 사장인 허태학, 박노빈을 비롯한 임원들을 소환 조사해 이들의 배임 혐의를 확인한 뒤 대검에 기소 의견과 함께 수사 내용을 보고했다. 하지만 송광수 총장의 반응은 시큰둥했다. 특히 송 총장은 당시 '성역 없는 수사'로 찬사를 받은 대선자금 수사로 안대희 대검중앙수사부장과 함께 국민적 지지를 받고 있었던 점을 감안하면 뜻밖의 태도였다.

대검 수뇌부의 명목상 논리는 공소시효가 충분히 남았기 때문에 더욱 완벽하게 수사해야 한다는 것이었다. 삼성에버랜드가 전환사채를 주당 7,700원에 발행해 회사에 970억 원의 손실을 끼쳤다면 배임액이 50억 원이 넘기 때문에 특정경제범죄가중처벌법(특경가법)의 배임죄를 적용할 수 있다. 이는 공소시효가 10년이기 때문에 전환사채 발행이 1996년에 이뤄진 것을 감안하면 아직 공소시효 만료까지 3년의 시간이 남았다는 것이었다.

하지만 수사팀은 법원이 공소시효가 7년인 형법의 업무상 배임죄를 적용할 가능성에 대비해야 한다고 맞섰다. 전환사채가 비상장 유가증권이라는 이유로 '적정한 값을 산정할 평가 방법이 없다'고 판단할 수 있기 때문이었다. 실제로 그해 6월 서울지법이 최태원 SK그룹 회장에게 유죄를 인정하면서도 "비상장 주식은 피해액을 구체적으로 산정하기 어렵다"며 특경가법이 아닌 업무상 배임죄를 적용한 사례가 있었다. 에버랜드 사건도 이 사례를 따르면 공소시효가 2003년에 만료되기 때문에 더 이상 기소를 미룰 수 없다는 게 수사팀의 논리였다.

수사팀의 저항이 계속되자 송 총장은 대검 연구관들로 구성된 팀을 만들어 수사기록을 검토하도록 지시했다. 검토 후 문제가 없으면 결재하겠다는 것이었지만, 이는 검찰 안에서도 뒷말이 많았다. 기록을 검토하는 팀이 이 사건의 실질적인 지휘자였던 신상규 서울지검 3차장보다 아래 기수인 후배들인데다, 특수수사 경험도 별로 없는 이들이었기 때문이다. 신상규 차장은 발끈했다. 그는 '기소 의견을 받아들이지 않을 경우 옷을 벗을 수밖에 없다'는 뜻을 대검 수뇌부에 전달했다.

송 총장과 신 차장이 대립하는 모양새로 치닫자 부담을 느낀 수사팀은 전환사채 헐값 발행에 가장 직접적으로 관여한 두 전직 사장들을 먼저 기소하는 분리기소안을 내놓았다. 대검 수뇌부는 이 안을 검토한 뒤 업무상 배임죄의 공소시효(7년) 만료를 하루 앞둔 2003년 12월 1일 기소지휘를 내렸다. 이런 우여곡절 끝에 수사팀은 이건희 회장을 포함한 피고발인 33명 가운데 삼성에버랜드 전·현직 사장 허태학, 박노빈을 먼저 기소할 수 있었다.

3년 동안 수사를 미루다가 공소시효 만료를 코앞에 두고 고작 2명만 기소한 것에 대해 비난 여론이 들끓었다. 천정배 법무장관은 2005년 취임 직후 에버랜드 사건의 수사기록을 직접 검토한 뒤 "분리기소안은 대단히 잘못된 일"이라고 당시 검찰 수뇌부를 강하게 비난했다. 천 장관 취임 전에 이미 퇴임한 송광수 총장은 이에 대해 "천 장관의 발언은 수사를 모르고 하는 말"이라며 "당시 공소시효는 다가오는데 수사가 다 안 되어 있어 우선 2명을 기소하자는 의견을 서울지검에서 냈고, 대검 연구관들을 시켜 검토하게 한 뒤 참모들의 의견을 듣고 기소하게 되었다"고 반박했다.[12]

이와 관련해 2007년 삼성 비자금 의혹을 폭로한 김용철 변호사는 삼성이 당시 검찰 수사를 무마하기 위해 집요한 로비를 펼쳤다고 주장했다. 그는 삼성이 검찰 주요 간부들을 상대로 정기적으로 '떡값'을 돌렸다며 떡값을 받은 검찰 고위 간부의 실명을 직접 공개하기도 했다. 그는 송광수 총장도 삼성의 관리 대상이었다고 폭로했다(그러나 나중에 이 사건을 수사한 조준웅 특별검사는 '증거가 없다'며 실명이 공개된 검찰 고위 간부들을 모두 무혐의 처리했다). 그런데 분리기소는 엄청난 비난을 받긴 했지만, 공범격인 나머지 피고발인들의 공소시효를 정지시키기 위한 수사팀의 고육책인 측면도 있었다. 공범 가운데 한 명이라도 기소될 경우 나머지 공범들의 공소시효는 모두 정지되는 규정을 이용한 것이다.

무죄를 간절히 바랐던 이건희 회장 쪽의 염원과는 달리 1, 2심 재판부는 모두 피고인들에게 유죄를 선고했다. 2005년 10월 4일 서울중앙지법 형사합의 25부(재판장 이혜광 부장판사)는 피고인들의 배임죄를 인정해 허태학, 박노빈에게 각각 징역 3년에 집행유예 5년, 징역 2년에 집행유예 3년을 선고했다. 항소심 재판부인 서울고등법원 형사 5부(재판장 조희대 부장판사)도 2007년 5월 29일 두 피고인에게 나란히 징역 3년, 집행유예 5년 및 벌금 30억 원을 선고했다. 당연히 삼성 쪽은 이에 불복해 대법원에 상고했다.

1, 2심에서 모두 유죄가 선고되자 이건희 회장과 삼성 비서실은 긴장했다. 검찰의 공소 내용에 따르면, 허태학, 박노빈 두 피고인은 이 사건의 종범에 해당할 뿐 주범은 따로 있었다. 삼성에버랜드 전환사채 헐값 발행으로 가장 큰 이득을 본 이건희 회장과 그의 아들 이재용이었다. 이 회장 부자는 천문학적인 액수의 세금을 내지 않고도 회사

경영권 승계 작업을 완성함으로써 어마어마한 이득을 챙겼다. 실제로 전환사채가 시가보다 낮은 전환가격으로 발행되어 기존 주주들의 실권을 거쳐 이재용에게 배정되는 일사불란한 과정은 이 회장 부자가 주범임을 입증하기에 충분했다.

종범인 에버랜드 전직 사장들이 집행유예로서는 최고형을 선고 받았기 때문에 주범들은 실형 선고가 불가피했다. 즉 두 전직 사장들의 형량이 대법원에서 확정된 뒤 검찰이 이 회장 부자를 기소하기만 하면 이들은 감옥살이를 피할 수 없게 되는 것이다. 그러니 이 회장 부자가 긴장하지 않을 수 없었다. 이 회장 부자의 운명을 가를 상고심 재판부는 김용담, 박시환, 박일환, 김능환 대법관으로 구성된 대법원 2부였다. 그리고 주심은 김능환 대법관으로 결정되었다.

그런데 대법원 심리 과정에서 뜻밖의 변수가 발생했다. 이용훈 대법원장이 변호사 시절 이 사건의 삼성에버랜드 쪽 변호인으로 참여한 경력이 문제가 된 것이다. 이 대법원장은 1심 재판이 진행 중이던 2004년 3월 삼성 쪽 변호인으로 선임되어 노무현 대통령에 의해 대법원장으로 지명되기 전까지 약 1년 7개월간 활동했다. 따라서 이 사건이 대법원 2부에서 합의를 보지 못하고 대법관 13명 전원이 심리에 참여하는 대법원 전원합의체에 회부될 경우 심리에 참여할 수 없는 제척(공정한 재판이 이루어질 수 있도록 특정 사건의 당사자 또는 사건의 내용과 특수한 관계를 가진 법관 등을 그 직무의 집행에서 배제하는 것) 사유를 갖게 된 것이다. 대법원 전원합의체에서 대법원장이 빠지는 것은 전례가 없는 일로, 이 대법원장으로서는 불명예가 아닐 수 없었다.

그 무렵 이 대법원장이 변호사로서 삼성 쪽의 무죄를 주장하며 펼친 논리를 그대로 인정한 하급심 판결이 나와 그의 제척 사유가 더욱 확실해졌다. 삼성에버랜드 사건이 대법원에 올라온 지 4개월 뒤인 2007년 10월 삼성그룹 법무팀장 김용철 변호사는 세상을 발칵 뒤집어놓는 양심선언을 했다. 이건희 회장의 지시로 삼성이 천문학적인 규모의 비자금을 조성해 임직원 명의의 차명주식 형태로 숨기고, 이로 인해 발생할 수 있는 여러 '잡음'을 미연에 방지하기 위해 검찰과 국세청 등 권력기관을 상대로 오랫동안 로비를 해왔다는 것이었다. 특히 삼성에버랜드 전환사채 발행이 경영권 세습을 원했던 이건희 회장의 의도에 따라 철저하게 기획된 것이었다는 김 변호사의 증언은 이 회장에 대한 수사를 더 이상 미룰 수 없게 만들었다.

김용철 변호사의 폭로와 삼성 특검

우여곡절 끝에 수사에 착수한 조준웅 특별검사수사팀은 이건희 회장을 배임 혐의 등으로 기소했다. 이 사건의 주범이 비로소 기소된 것이다. 하지만 이 회장은 1, 2심에서 모두 무죄를 선고 받았다. 1년 전 이와 똑같은 삼성 에버랜드 사건의 재판에서 종범들에게 1, 2심 모두 유죄가 선고되었는데, 1년 뒤에 이용훈 대법원장의 무죄 논리를 받아들여 주범에게 무죄를 선고한 정반대의 판결이 나온 것이다.

　김용철 변호사의 폭로가 수사로 이어지는 과정도 순탄치 않았다. 김 변호사의 기자회견 후에도 수사 착수에 머뭇거리던 검찰은 검찰 고위 간부들의 삼성 떡값 수수 의혹이 불거지자 부랴부랴 별도의 특별수사팀을 꾸려 수사에 착수했다. 하지만 삼성으로부터 정기적으로 떡값을

■ 삼성 이건희 회장이 2008년 4월 4일 오후, 피의자 신분으로 서울 한남동 삼성특검 사무실에 출석했다. 이날 이완수 변호사와 함께 출석한 이 회장은 에버랜드 전환사채 발행을 직접 지시했냐는 기자들의 질문에 '기억에 없다'고 답했다.

받았다는 의혹의 당사자들이 검찰 고위 간부로 있는 한 수사가 제대로 진행될 수 없을 것이라는 주장이 제기되었고, 결국 특별검사를 임명해 수사를 진행하기로 최종 결정되었다.

조준웅 특별검사수사팀은 2008년 4월 4일 드디어 이건희 회장을 소환했다. 이 회장으로서는 지난 1995년 전두환, 노태우 두 전직 대통령의 비자금 사건 이후 13년 만의 '외도'였다. 노태우 대통령에게 250억여 원을 뇌물로 제공한 혐의로 소환되었던 이 회장은 검사의 취조를 받는 과정에서 심한 모욕감을 느꼈다고 전해진다(이 회장은 이때 뇌물 공여 혐의로 기소되어 징역 2년, 집행유예 2년을 선고 받고 1년 뒤 사면되었다). 모욕감이 어찌나 심했던지 그의 가신들에게 "내가 검찰에 다시 불려나갈

일이 절대로 없도록 하라"는 지시를 내릴 정도였다고 한다.

하지만 이날 아침 서울 한남동 특검 사무실에 나타난 이 회장의 표정에는 여유가 넘쳐 보였다. 이번에는 잘못한 일이 전혀 없다는 듯 오히려 당당하기까지 했다. 포토라인에서 기자들의 질문을 받을 때 그는 매우 언짢은 표정을 지었고 답변에는 날이 서 있었다.

기자: 정관계 로비나 경영권 승계 작업을 지시하거나 보고 받았나?

이건희: 기억에 없다.

기자: 삼성생명의 차명주식이 이병철 회장한테 물려받은 거라던데 사실인가?

이건희: 잘 모르겠는데.

기자: 글로벌 기업 삼성이 범죄 집단처럼 인식되고 있는데, 그 책임이 누구한테 있다고 생각하나?

이건희: (질문하는 기자를 노려보며) 범죄 집단이라고 생각해본 적도 없고, 그것을 옮긴 여러분들한테 난 문제가 있지 않나, 그렇게 생각한다.

이 회장이 이날 당당했던 데는 그럴 만한 이유가 있었다. 이날은 삼성의 정관계 로비 의혹에 대해 조사하는 날이었다. 로비 사건은 증거를 확보하기가 매우 어려운 특징이 있다. 자금 추적이 거의 불가능한 현금을 주고받고, 이를 주고받으면서 각서 같은 것을 교환할 리도 없기 때문이다. 그래서 돈을 건넨 쪽의 진술이 유일한 증거인 경우가 많다. 다시 말해, 돈을 건넨 쪽이 불지 않으면 혐의를 입증하기가 매우 어렵다. 이 회장은 변호인단의 코치를 잘 받은 듯 조대환 특검보의 추궁에 모르쇠로 일관했다.

그러나 일주일 뒤인 11일 이 회장이 특검에 두 번째 소환되었을 때는 상황이 달랐다. 이날은 조세포탈과 횡령, 경영권 불법승계, 비자금 조성 등을 조사하는 날이었다. 조사 결과에 따라서는 이 회장의 혐의가 충분히 입증될 수 있었다. 더구나 이 회장의 조사를 맡은 이는 삼성에버랜드 전환사채 사건의 주임검사였던 강찬우 부장검사였다. 그는 이 사건의 내용을 속속들이 다 알고 있는 위치에 있었다. 이 회장이 잔뜩 긴장할 수밖에 없었던 것이다. 이날 아침 이 회장은 또다시 포토라인에서 기자들의 질문 공세를 받았지만, 굳은 표정으로 한 마디의 답변도 없이 조사실로 올라갔다.

이 회장은 첫날과 마찬가지로 의미 있는 진술은 거의 하지 않았다. 말투는 전체적으로 어눌했지만, 약점을 잡힐 만한 민감한 질문에 대해서는 동석한 조준형 변호사의 도움을 받아 답변하는 치밀함을 보여줬다. 궁지에 몰릴 때는 수사 검사를 치켜세우는 멘트를 날리는 여유도 부렸다. "강 부장님 같은 우수한 인력이 이런 데만 있으면 안 되고, 이공계 쪽으로 많이 진출해야 합니다. 그래야 나라가 발전해요. 삼성은 이공계 출신을 우대하려고 합니다. 지금도 사장단 가운데 상당수가 이공계 출신이에요." 수사팀은 이 회장한테서 쉽게 무너뜨릴 수 없는 내공을 느꼈다.

반면, 이재용은 달랐다. 아버지보다 한 달여 전에 특검에 소환된 그는 '삼성이라는 세계적 기업을 제대로 이끌어갈 수 있을까'라는 의문이 들 정도로 검사들의 눈에 어수룩하게 보였다. 그는 자기 명의로 된 재산에 대해 잘 모르고 있었다. 그 이유에 대해 '비서실 관재팀으로부터 월급 형태로 다달이 송금을 받는 돈으로 생활하기 때문'이라고 그는 설명했다. 자기 앞으로 엄청난 규모의 주식이 있지만 그것이 얼마나 되는지는 정확히 모르고, 주식 배당금도 관재팀에 보관되어 있을 뿐, 마음대로 쓸 수 있는 게 아니라고 설명했다.

계열사 사장들이나 고위 임원들은 한술 더 떴다. 삼성을 세계적 기업으로 만든 능력 있는 전문경영인의 이미지는 온데간데없이 오직 오너를 보호하기 위해 앞뒤가 맞지 않는 진술로 일관했다. 뻔한 거짓말도 서슴지 않았다. 특히 수사팀을 실망시킨 것은 세계적인 반도체 권위자로 알려진 황창규 삼성전자 사장의 태도였다. 그는 '메모리반도체 집적도는 1년에 두 배씩 늘어난다'는 이른바 '황의 법칙'을 발표하면서 유명해진 과학자이자 전문경영인이었다. 그는 특검의 출석 요구에 대해 "스티브 잡스 애플 최고경영자(CEO)와 계약과 관련된 미팅이 잡혀 있어 소환되는 장면이 방송에 노출되면 계약에 안 좋은 영향을 끼친다"며 응하지 않았다. 급기야 조준웅 특검이 "삼성이 수사 받는 것은 세계가 다 아는 일인데 자기 얼굴 하나 나가는 게 뭐가 대수라고 이미지 운운하는지 모르겠다"고 공개적으로 비판하자, 그제야 조사에 응했다.

특검에 소환된 임원들은 이 회장의 차명주식에 대해 처음에는 자기 재산이라고 주장했다. 그러나 특검팀은 이미 이들의 진술을 뒤집는 증거를 확보하고 있었다. 2007년 11월 30일 삼성증권을 압수수색했을 때, 당시 감사팀장의 책상 서랍에서 삼성증권 삼성동지점 과장이었던 박아무개가 '삼성그룹 임원 명의의 차명계좌를 관리했었다. 금품을 제공하지 않으면 이를 폭로하겠다'는 취지로 보낸 이메일 출력물과

첨부된 삼성그룹 임원 122명 명단 및 수백 개의 차명계좌 리스트를 확보한 것이다. 수사팀이 이들 계좌를 추적한 결과, 비밀번호가 '0000'인 계좌가 무려 421개에 이르고, '1111'은 17개, '1122'는 4개인 것이 확인되었다. 임원들의 말대로 그들의 개인 재산이 맞다면 비밀번호가 이처럼 똑같을 리가 없었다. 수사팀은 보강 조사를 통해 이들의 차명계좌가 삼성 구조조정본부 재무팀 관재파트에서 '실무 담당자-재무팀장-구조조정본부 차장-구조조정본부장-회장'으로 이어지는 결재 라인에 따라 조직적으로 관리되어왔음을 확인했다.

수사팀이 이 증거를 들이대자 임원들은 '내 명의를 빌려주는 것에 동의했다'고 말을 바꿨다. 하지만 이 진술도 믿을 수 없었다. 삼성 쪽은 임원들의 차명계좌에 들어 있는 돈은 이건희 회장이 선대 회장으로부터 물려받은 상속 재산이라고 주장했다. 거액의 상속세를 물더라도, 실형 선고가 불가피한 비자금 조성과 횡령 혐의는 피하겠다는 꼼수였다. 하지만 조준웅 특검은 속내가 뻔히 드러나는 이 꼼수를 받아들여 비자금은 없다고 결론을 냈다.

엉성한 수사 결과로 여론의 거센 비난을 받긴 했지만, 조준웅 특검은 이건희 회장을 삼성에버랜드 전환사채 헐값 발행의 주범으로 법정에 세웠다(김용철 변호사가 제기한 정관계 로비 의혹 등은 제대로 밝혀내지 못하고 무혐의 처분했다). 조 특검을 비롯한 수사팀은 삼성이라는 거대 기업의 온갖 로비와 방해 공작에 맞서 최선을 다한 수사였다고 자평했다.

그러나 2012년 여름, 조준웅 특검의 아들이 대법원 확정 판결이 난 이듬해인 2010년 1월 삼성전자 과장으로 특채된 사실이 알려져 무성한 뒷말을 낳았다.[13] 삼성전자는 사원 4년, 대리 4년을 지나 과장으로 진급하는 게 기본 원칙이지만, 조 특검의 아들은 중국 삼성전자(삼성전자 중국법인)에 처음부터 과장으로 경력 입사한 것이다. 그것도 입사지원서를 접수기간이 끝난 뒤 삼성 쪽의 요구로 제출하는 등 매우 이례적인 채용이었던 것으로 드러났다. 삼성은 조 특검의 아들이 서울대 법대를 졸업하고 중국 칭화대에서 어학연수를 한 경력을 높이 사서 특채한 것이라고 해명했지만 뒷말을 잠재우지는 못했다. 조 특검은 이 기사를 보도한《한겨레》기자에게 "내가 해명할 일이 아니다. 삼성에 물어보라"며 불쾌한 감정을 숨기지 않았다.

삼성 특검이 기소한 사건을 무죄 판결한 재판부가 근거로 내세운 법리는 바로 이용훈 대법원장이 주장했던 '전환사채 주주배정 무죄론'이었다. 즉 전환사채가 주주배정 방식으로 발행되면 전환가격이 시가보다 낮더라도 이는 주주의 손해일 뿐 회사에 손실을 끼치지 않기 때문에 배임죄가 성립되지 않는다는 것이었다.

조준웅 특검의 상고로 이 사건도 2008년 10월 대법원에 올라왔다. 담당 재판부는 고현철, 양승태, 김지형, 전수안 대법관이 포진한 대법원 1부였고, 주심은 김지형 대법관이 맡았다.

삼성은 이건희 회장이 경영 일선에서 물러나고 문제가 된 차명재산은 사회에 기부하겠다고 약속하는 등 배수진을 쳤다. 특검 조사 결과 이 회장의 차명재산은 약 4조 5,000억 원에 이르는 것으로 드러났다 (하지만 이 회장은 대법원에서 삼성에버랜드 사건 무죄가 확정되고 이명박 대통령으로부터 특별사면을 받은 뒤, 삼성그룹 회장으로 복귀했을 뿐만 아니라 사회기부 약속도 제대로 지키지 않았다). 때마침 2008년 가을에 터진 미국발 금융위기로 환율이 급등하고 주가가 폭락하는 등 위기감이 고조되자, 전국경제인연합회 등 재계와 한나라당을 비롯한 정치권을 중심으로 이 회장에 대한 선처 여론이 일기 시작했다. 이 회장이 대법원에서 유죄가 확정되어 경영 일선에서 완전히 물러나면 한국 경제가 그만큼 타격을 받는다는 것이었다. 그러자 법원 안팎에서 이 회장에 대한 무죄 판결 가능성을 높게 점치는 이들이 점점 늘기 시작했다.

이런 상황에서 법조계의 시선은 자연스레 독수리 5형제에 속하는 대법원 1부의 김지형, 전수안 대법관과 2부의 박시환 대법관에 쏠렸다. 이들이 평소 판결로 보여준 진보적 성향에 비춰볼 때 재벌 범죄를 매우 엄하게 처벌할 것으로 예상되었기 때문이다. 이들 가운데 한 명의 대법관이라도 소부에서 이건희 회장에 대한 유죄를 주장할 경우, 다른 대법관들이 무죄를 주장하더라도 전원합의체에 회부될 수밖에 없었다. 그렇게 되면 대법관들 사이의 치열한 법리 논쟁이 불가피한데, 전환사채를 시가보다 낮게 발행한 행위를 유죄로 판결한 대법원 판례*가 있기 때문에 독수리 5형제에게 결코 불리한 상황이 아니었다. 더욱이 이들과는 성향이 약간 다르지만, 재벌 범죄에는 매우 엄한

---

* 비상장기업인 맥소프트뱅크는 2000년 총 6억 원어치의 전환사채를 전환가격 3,000원에 발행해 당시 대표이사였던 정아무개에게 넘겼다. 그런데 전환사채 발행 당시 장외시장에서 맥소프트 주식은 1만~2만 7,000원에 거래되었고, 인터넷 주식시세정보 사이트 등에서는 1만 5,750~5만 원으로 가격이 형성되었다. 검찰은 이를 근거로 정씨를 배임 혐의로 기소했고, 부산지법은 2001년 2월 '전환사채를 적정한 가격에 발행해야 함에도 불구하고 당시 장외거래가의 8분의 1 수준으로 전환사채를 발행해 이를 인수한 대표이사가 이익을 취하고, 회사에 손해를 가했다'는 이유로 정씨에게 배임죄를 인정해 징역형을 선고했다. 정씨는 "증여 및 상속세법에 따라 주식가액을 산정했다"며 항소했지만, 항소심은 물론 대법원에서도 "상장되지 않은 주식도 객관적 교환가치가 적정하게 반영된 정상적인 거래가 있었을 경우에는 그 거래가격을 시가로 봐야 한다"며 정씨의 유죄를 인정했다.

판결을 내리는 대법관들도 일부 있었기 때문에 오히려 더 승산이 있어 보였다.

박시환 대법관은 삼성에버랜드 사건이 자신이 속한 대법원 2부에 배당되었다는 소식을 듣고서 가장 먼저 이용훈 대법원장을 머릿속에 떠올렸다. 이 대법원장은 변호사 시절 삼성 쪽의 변론을 맡은 전력 때문에 이 사건이 전원합의체에 회부될 경우 심리에서 빠져야 하는 제척 사유를 갖고 있었다. 대법원장이 이로 인해 전원합의체에서 배제되는 것은 사법사상 초유의 일이다. 따라서 자존심이 강하고 법관으로서의 명예를 누구보다 소중하게 여기는 이 대법원장으로서는 이를 충격으로 받아들일 게 뻔했다.

그는 또한 박시환 대법관을 노무현 대통령에게 임명 제청한 대법원장이기도 했다. 당시 대법원장이 '판사 박시환'을 대법관에 천거한 것은 기존 관행에 비춰볼 때 결코 간단치 않았다. 박 대법관은 2003년 최종영 대법원장이 대법원 구성 다양화 여론을 외면하고 기존 관행대로 대법관을 제청한 것에 대한 항의 표시로 사표를 제출했다. 그의 사직은 당시 소장 판사들의 서명운동에 기름을 부어 사법부 수뇌부를 곤혹스럽게 했다. 또 이보다 10년 전인 1993년에는 문민정부를 표방한 김영삼 정부 출범을 계기로 사법부 독립과 개혁을 요구하는 판사들의 서명운동을 주도하기도 했다. 이런 이유로 박 대법관은 사법부 수뇌부에게 매우 껄끄러운 존재였다.

게다가 김승규 법무장관의 후임으로 막 임명된 천정배 장관이 사석에서 박시환 당시 변호사와 김지형 대법원장 비서실장을 '대법관이 될 만한 훌륭한 법조인'으로 언급한 사실이 알려지면서, '정부가 대법원장의 고유권한을 침해한다'는 보수 진영의 공격도 있었다. 이런 분위기에서 대법원장이 그를 대법관으로 임명 제청하기란 결코 쉬운 일이 아니었다. 무엇보다 기존 서열에 따라 대법관에 지명될 것을 당연하게 여기고 있던 고위 법관들을 비롯해 법원 수뇌부를 설득하는 작업이 필요했다. 이 대법원장은 특유의 카리스마로 이를 무난하게 해냈다. 어찌 보면 박 대법관한테 이용훈 대법원장은 '은인'인 셈이었다.

이 대법원장도 박 대법관에게 큰 '신세'를 진 적이 있다. 박 대법관이 항의성 사직을 한 후 변호사로 활동하고 있을 때 노무현 대통령으로부터 한번 만나자는 연락이 왔다. 당시 청와대는 주요 법조계 인사들로부터 사법개혁에 대한 의견을 듣는 중이었다. 노 대통령은 차기 대법원장 후보에 대한 하마평을 부탁했고, 박 대법관은 이용훈 대법원장을 포함한 몇몇 인사를 추천했다. 이 대법원장은 보수 성향의 정통 엘리트 법관 출신이지만, 동년배의 다른 고위 법관들보다 상대적으로 개혁적인 마인드를 갖췄다는 평가도 받고 있었다(하지만 참여연대와 민변은 그가 대법원장에 지명되었을 때 '사법개혁의 과제를 제대로 수행할지 의문'이라는 매우 부정적인 논평을 냈다). 이처럼 이 대법원장과 박 대법관의 관계는 단순한 법조계 선후배 사이를 뛰어넘는 것이었다.

하지만 박 대법관은 결국 전원합의체 회부를 주장하기로 결심했다. 대법원 2부에서 박 대법관을 제외하고는 대체로 무죄 취지의 의견을 냈는데, 그는 도저히 여기에 수긍할 수가 없었다. 그래서 이 사건을 전원합의체에 올려서 한번 제대로 논쟁을 해보고 싶었다. 박 대법관은 자신의 유죄 의견에 나름 자신이 있었다. 그는 사적인 인맥을 통해 회사법을 전공한 법학자들을 소개받아 이들로부터 학문적인 도움을 받기도 했다.

다른 대법관들이 주장하는 무죄 의견은 이용훈 대법원장이 삼성 쪽 변호인으로 활동할 때 주장한 논리와 같았다. 삼성에버랜드가 전환사채를 발행하면서 주주(우선)배정 방식을 따랐다면, 시가보다 싼 가격에 발행한 것은 주주들에게 손해를 입혔을지언정 회사에게 손해를 끼친 것은 아니라는 것이다. 더욱이 기존 주주들에게 주주배정 방식에 따라 지분비율대로 전환사채를 인수할 기회를 줬는데도 주주들이 이를 포기했기 때문에 그로 인한 불이익은 주주들의 선택에 의한 것이지 삼성에버랜드 경영진의 잘못으로 볼 수 없다는 것이다. 다시 말해, 에버랜드 주식을 단 한 주도 갖고 있지 않던 이재용이 전환사채를 매입해 최대 주주가 된 것은 기존 주주들의 선택에 따른 것이기 때문에 경영진이 책임져야 할 문제가 아니라는 주장이다. 따라서 1, 2심이 에버랜드 경영진에게 업무상 배임죄를 적용한 것은 잘못이라는 논리였다.

박 대법관은 이런 논리에 동의할 수 없었다. 주주들이 용인했다고 해서, 분명히 회사로 들어와야 할 돈이 제대로 들어오지 않았는데도 회사에 손해가 발생하지 않았다는 논리를 결코 받아들일 수 없었다. 그렇다면 회사는 주주들이 마음대로 좌지우지할 수 있는 하나의 껍데기에 불과하다는 말인가. 실제로 이런 논리는 회사에 법인격을 부여해서 주주 등으로부터 독립된 하나의 실체로 보고 각종 법적 책임을 묻는 기존 판례와 충돌하는 측면도 있다.

박 대법관의 문제의식은 '회사의 주인은 누구인가'라는 보다 근본적인 논쟁과 닿아 있었다. 다른 대법관들의 의견은 '회사의 주인은 주주'라는 논리를 바탕에 깔고 있었다. 회사가 경영을 잘못해서 청산 절차를 밟을 때 채권자나 경영진, 노동자에게 지불해야 할 돈을 다 지불하고 남은 '잔존가치(residual value)'를 비로소 나눠 갖는 주주들이야말로 회사의 최후의 청구인(residual claimant)으로서 진정한 주인이라는 논리였다. 따라서 주주에게 회사 경영에 관한 의사 결정권을 주는 것은 당연하다는 결론에 이르게 된다.

하지만 학계에선 이에 대한 반론도 만만치 않다. 과연 주주들만이 최후의 청구인일까? 회사가 청산하면 하루아침에 생계의 터전을 잃는 노동자들이야말로 생존의 문제가 걸려 있기 때문에 주주 못지않게 회사와 운명을 함께한다. 또한 채권자(은행)도 회사가 망하면 대출해준 돈을 회수할 수 없기 때문에 타격을 입기는 마찬가지다. 이처럼 회사와 밀접한 이해관계를 맺고 있는 '이해관계자(stakeholder)'를 간과한 채 오직 주주들에게만 회사의 운명을 결정하는 권한을 주는 것은 이치에 맞지 않다는 것이다. 박 대법관의 유죄 의견은 이 논리에 바탕을 둔 것이었다.

삼성에버랜드 사건은 이처럼 법리뿐만 아니라 학문적으로도 치열한 논쟁이 벌어진 사건이었다. 더군다나 다수의견은, 하급심에서 유죄 판결이 났을 뿐만 아니라 이를 뒷받침하는 대법원 판례도 있는 사건을 뒤집으려는 것이었다. '이런 사건을 심리하지 않는다면 대체 대법원 전원합의체는 무엇 때문에 만든 제도란 말인가.' 박 대법관은 소부합의 첫날에 이런 뜻을 명확하게 밝혔다. 그의 뜻이 확고함을 확인한 뒤 주심인 김능환 대법관을 비롯한 나머지 3명의 대법관들은 굳은 표정으로 각자의 방으로 돌아갔다.

박 대법관의 이런 단호한 태도에는 전원합의체로 갈 경우 다른 독수리 형제들의 지원을 받을 수 있다는 계산도 깔려 있었다. 그동안 독수리 5형제가 여러 사건에서 보여준 성향을 감안할 때 충분히 해볼 수 있는 셈법이었다. 김영란 대법관이 국가보안법 사건에서, 이홍훈 대법관이 노동 사건에서 나머지 3명의 독수리들과 약간 다른 태도를 보이긴 했지만, 재벌 범죄에 대해서만큼은 이들도 엄격한 잣대를 적용했다.

그러나 삼성 특검 사건을 심리하고 있는 대법원 1부에서 들려온 소식은 박 대법관의 이런 기대를 여지없이 무너뜨렸다. 믿었던 김지형, 전수안 대법관이 다른 두 명의 대법관과 함께 무죄 의견에 합의했다는 소식이 들려왔기 때문이다. 박 대법관으로서는 충격이 아닐 수 없었다. 두 대법관들은 평소 주요 사건을 심리할 때 박 대법관과 자주 의견을 교환할 정도로 말이 잘 통하는 사이였기 때문이다.

특히 김지형 대법관이 준 충격은 컸다. 그는 이 사건의 쟁점을 잘 알고 있는 주심이었다. 노동 사건에서 박 대법관이 감탄할 정도로 진보적인 의견을 많이 냈던 그가 노동 사건과 대척 관계에 있는 기업 범죄에는 전혀 다른 잣대를 들이댄 것이었다. 재벌 총수 일가의 경영권 불법세습과 횡령 범죄는 노동자의 정당한 이익을 침해하는 게 아닌가. 그렇다면 기업 범죄를 엄단해야 맞을 텐데 어째서 무죄라고 주장하는 걸까? 박 대법관은 도무지 이해가 되지 않았다. 김지형 대법관의 무죄 의견에 양창수, 양승태 대법관이 가세했고 전수안 대법관도 설득되어, 대법원 1부(나중에 대법원 2부로 개편됨)는 단 한 차례의 합의를 끝으로 이건희 회장에게 무죄를 선고하기로 결정했다.

닮은 듯 닮지 않은 두 대법관

박시환 대법관과 김지형 대법관은 매우 절친한 사이였다. 성장 배경은 달랐지만, 서로 뜻이 잘 통했다. 박 대법관은 변호사였던 아버지의 영향을 받아 일찌감치 법조인의 꿈을 키울 수 있었지만, 김 대법관은 4년 장학금이 보장된 고향의 원광대로 진학할 정도로 경제적 형편이 어려웠다. 그가 법관의 길을 선택한 것은 생계 문제와도 연관이 있었다. 판사 임용 뒤 사법파동을 주동하는 등 항상 중심에 있었던 박 대법관과 달리, 김 대법관이 조용한 '무명의' 법관 생활을 해온 이유도 이와 무관치 않았다.

두 대법관은 1980년대 초 해군 법무관으로 함께 근무하기 전에는 친분을 쌓을 기회가 별로 없었다. 1979년 제21회 사법고시에 나란히 합격했지만, 박 대법관이 그전에 군법무관 임용시험에 합격해 먼저 군에 입대하는 바람에 사법연수원에서 함께 공부하지 못한 것이다. 김 대법관이 사법연수원을 마치고 군복무를 위해 서울 대방동 해군본부에 갔을 때 그를 맞이한 것은 소령 계급장을 달고 있던 박 대법관이었다. 당시 김 대법관은 막 대위로 진급한 상태였다. 계급사회인 군대에서 대위와 소령은 '하늘과 땅 차이'다. 계급 상으로는 불과 한 단계 밑이지만, 영관급 장교와 위관급 장교의 실질적 지위 차이는 그 이상이다. 더구나 박 대법관이 나이도 다섯 살이나 더 많아서 김 대법관은 그를 깍듯이 예우했다.

그런데 박 대법관이 당시 달고 있던 소령 계급장은 가짜였다. 진급을 앞두고 미리 다는 이른바 '가라 계급장'이었던 것이다. 김 대법관은 박 대법관의 이런 '엉뚱함'에 끌렸다. 총각이었던 김 대법관은 이미 결혼해 가정을 꾸리고 있던 박 대법관의 관사에 자주 찾아갈 정도로 허물없이 지냈다.

당시 이들의 상관이었던 법무감(대령)은 좀 유별난 사람이었다. 당시 한 방위병이 자신의 선임인 현역병을 구타한 사건이 있었다. 예하부대에서 방위병에게 실형이 선고된 이 사건이 항소심 재판부격인 법무감실로 넘어왔다. 사건 기록을 보니 일종의 쌍방과실이었다. 박 대법관과 김 대법관은 고민 끝에 이 방위병에게 집행유예를 선고하고 풀어줬다. 그러자 법무감실로부터 법무감이 급히 찾는다는 연락이 왔다. 법무감은 화가 단단히 나 있었다. 군대에서 하극상이 얼마나 심각한 사건인데 집행유예를 선고했냐고 몰아붙였다. 그러다 갑자기 부속실에 있던 한 방위병을 불렀다.

"야, 방위병! 너 이 법무관들 귀싸대기 한 대씩 날려라! 직접 맞아봐야 하극상이 얼마나 심각한지 알겠지?"

옆에 있던 부관이 보다 못해 법무감을 말렸다. 착잡한 심정으로 법무감실을 나선 박 대법관과 김 대법관은 곧바로 단골 술집을 찾아가 밤새도록 술을 마셨다. 이처럼 산전수전을 함께 겪으면서 둘은 더욱 친해졌다.

박 대법관은 김 대법관을 만나 이건희 회장의 무죄를 주장하는 이유를 물었다. 김 대법관은 "법리적으로 무죄가 맞다"고 조용하면서도 단호하게 답했다. 그런데 그가 주장하는 무죄 이유는 다른 대법관들과 좀 달랐다. 김 대법관은 '의심스러울 땐 피고인의 이익에 서야 한다'는 형사법의 대원칙을 거론했다. 형사처벌은 본질적으로 국가권력에 의한 개인의 권리 침해이기 때문에 국가권력에 견줘 약자인 개인이 억울한 피해를 당하는 것을 막기 위해서는 죄가 되는지를 매우 엄격하게 따져야 한다고 주장했다. 이른바 '죄형법정주의'였다. 삼성에버랜드가 전환사채를 발행해 이재용에게 넘긴 것이 배임죄에 해당하는지 여부를 놓고 치열한 논쟁이 벌어진다는 것은 그만큼 이 사안이 죄가 되는지 의심스럽다는 반증이라는 것이다. 따라서 형사법의 대원칙에 따라 피고인인 이 회장의 이익에 서야 한다는 논리였다.

김 대법관은 "삼성이라고 해서 이런 원칙을 느슨하게 적용해서는 안 된다"고 말했다. 삼성 사건에서는 죄형법정주의를 느슨하게 적용하고, 국가보안법 사건이나 노동 사건에서는 이를 엄격하게 적용한다면 논리가 일관되지 않다는 비판을 받을 게 아닌가. 그것은 법관으로서 가장 치욕스런 비판이라고 김 대법관은 생각했다.

그러나 박 대법관도 물러서지 않았다. 그는 오히려 "삼성이기 때문에 무죄 의견이 나오는 것"이라고 반박했다. 만약 삼성이 아닌 다른 기업이라고 가정해보면, 세금을 내지 않고 경영권을 승계하기 위해 전환사채를 헐값에 발행하고 이를 오너의 2세에게 넘긴 행위를 과연 죄가 안 된다고 주장할 수 있을까? 삼성이 우리 경제에서 차지하는 무게감 때문에 이중 잣대를 들이대고 있는 건 아닐까? 박 대법관은 무죄 의견이 재벌의 불법상속을 눈감아주려는 의도를 갖고 있다고 지적했다.

김 대법관도 반론을 폈다. "재벌의 불법상속을 용인해주자는 게 아니다. 검찰이 기소한 대로라면 처벌할 수 없다는 것이다. 만약 에버랜드 전환사채 인수를 포기한 삼성 계열사(에버랜드의 법인 주주)의 대표이사들과 함께, 이건희 회장을 이들의 공범으로 기소했다면 배임죄로 충분히 처벌 가능하다. 시가보다 싼 값에 발행된 전환사채를 인수했더라면 계열사로서는 분명히 이득이 되었을 텐데 이를 포기했기 때문이다. 이 회장은 계열사 대표이사들에게 사실상 전환사채 인수를 포기하도록 지시했으므로 배임죄의 공범으로 처벌할 수 있다. 애초부터 검찰의 기소가 잘못되었고, 유죄를 선고한 1, 2심 판결도 잘못된 것이다." 김 대법관도 한 치의 양보가 없었다.

두 대법관의 논쟁이 얼마나 치열했는지 나중에 재판연구관들 사이에서 '두 대법관님들께서 서로 멱살잡이까지 할 뻔했다'는 소문이 나돌 정도였다. 사실 김 대법관은 대법원 전원합의체에서 박 대법관의 소수의견에 전수안 대법관 다음으로 가장 많은 동조 의견을 낼 만큼 법리적 관점이 비슷했다(전 대법관이 19건, 김 대법관이 18건이었다). 그래서 두 대법관의 격렬한 논쟁 소식을 접한 이들은 매우 의아해했다. 하지만 논쟁은 결국 논쟁일 뿐이었다. 김 대법관은 박 대법관이 대법원 2부에서 다른 대법관들에 맞서 고군분투하는 것을 매우 안타까워했다.

사표로 얻어낸 전원합의체

믿었던 김 대법관의 '배신'으로 박 대법관은 고립무원의 처지에 빠졌다. 그와 동시에 대법원 2부에 속한 다른 대법관들의 공세가 시작되었다. 이들은 2주 간격으로 열던 소부합의를 사나흘 간격으로 대폭 앞당겼다. 그러고는 박 대법관이 주장한 논리를 집중적으로 반박하는 식으로 합의를 진행했다. 박 대법관이 무죄 의견을 반박하는 논리를 제시하면 다음 합의 때 그 논리를 재반박하는 재판연구관들의 보고서가 제출되었고, 이를 두고 격렬한 논쟁이 벌어졌다. 합의 횟수가 점차 늘면서 대법관들의 발언 수위도 높아졌다. 세 명의 대법관들을 홀로 상대하기가 벅찼던 박 대법관은 개인적으로 상법을 전공하는 교수들을 만나 학문적인 도움을 받기도 했다.

그런데 합의가 진행되는 과정에서 논쟁의 본질이 유무죄에 대한 판단이 아닌 다른 것으로 변질되어가기 시작했다. 이용훈 대법원장이 전원합의체 심리에서 빠지는 사태를 막기 위해 이 사건의 전원합의체 회부를 막아야 한다는 게 주된 쟁점이 되어버린 것이다. 다른 대법관들은 대법원장에게 그런 수모를 줘서는 안 된다며 박 대법관을 설득했지만, 그는 끝까지 전원합의체 회부를 고수했다. '이런 사건을 전원합의체에서 다루지 않으면 대법원의 존재 이유가 없다'는 게 박 대법관의 생각이었다.

삼성에버랜드 사건만으로 한 달 반 동안 무려 여덟 차례나 대법원 2부의 소부합의가 열렸지만, 좀처럼 결론을 내리지 못했다. 이런 소식이 외부로 알려지면서 '한 명의 대법관 때문에 삼성에버랜드 사건 확정 판결이 늦어지고 있다'는 기사가 나오는 등 시끄러워질 조짐이 보였다. 그러자 다른 대법관들도 더 이상 박 대법관을 몰아붙일 수 없었다. 결국 김능환 주심은 2009년 1월 중순께 전원합의체 회부를 결정했다.

그런데 여기서 예상치 못한 일이 발생했다. 이용훈 대법원장이 이 사건의 전원합의체 심리에서 배제되면서 서열에 따라 최고참인 고현철 대법관이 재판장을 맡게 되었는데, 그가 한 달 뒤 퇴임한다는 이유로 재판장을 고사한 것이다. 퇴임을 한 달 정도 남겨둔 대법관은 사실상 재판 업무에서 손을 떼는 게 대법원의 오랜 관행이었다. 주심인 김능환 대법관은 박 대법관에게 이런 사정을 설명한 뒤 "고 대법관 퇴임 후 전원합의체 심리를 열자"고 제안했고, 박 대법관도 흔쾌히 동의했다.

하지만 곧이어 박 대법관한테 마른하늘에 날벼락 같은 소식이 들려왔다. 이용훈 대법원장이 고현철 대법관의 퇴임을 계기로 재판부별 대법관 구성을 다시 하고 사건도 모두 재배당하겠다고 통보한 것이다. 박 대법관은 뭔가 불순한 의도가 있음을 직감했다. 삼성에버랜드 사건의 전원합의체 회부를 주장하는 자신을 재판부에서 배제하기 위한 꼼수일 가능성이 크다고 생각했다.

통상적으로 대법원 소부에서 합의에 이르지 못해 전원합의체 회부 결정이 내려지면, 주심 대법관이 수석 대법관에게 보고하고, 수석 대법관은 전원합의체용 보고서 작성을 재판연구관에게 지시한다. 하지만 삼성에버랜드 사건은 이러한 절차가 한 달이 지나도록 진행되지 않았다. 그러고는 고 대법관이 임기만료로 퇴임했다는 이유를 들어 소부를 개편하겠다는 것이었다. 대법원장이 삼성에버랜드 사건을 전원합의체에 회부할 뜻이 없음을 노골적으로 드러낸 셈이다.

박 대법관의 불길한 예감은 적중했다. 대법원은 그해 2월 18일 소부를 개편해 삼성에버랜드 사건을 전원합의체에 회부하지 않고, 대법원 2부에서 1부로 재배당한 뒤 심리를 다시 하도록 했다. 주심인 김능환 대법관은 1부로 자리를 옮겼지만, 박 대법관은 '예상대로' 옮겨 가지 못했다. 삼성에버랜드 사건 심리에서 완전히 배제된 것이다.

박 대법관은 참담한 심정이었다. 그는 이 대법원장이 소부를 개편하려 한다는 소식을 들었을 때 대법원장의 참모들에게 '삼성에버랜드 사건 소부에서 빠질 경우 사표를 쓸 수밖에 없다'는 뜻을 이미 전했었다. 그럼에도 불구하고 대법원장은 소부 개편을 강행한 것이다. 하지만 이는 개인적인 감정 차원을 떠나 대법관의 재판권을 침해하는 매우 중대한 사건이었다. 어떻게 보면 국기를 흔드는 사건일 수도 있었다. 박 대법관은 도저히 그냥 넘어갈 수 없었다.

박 대법관은 고민 끝에 사표를 쓰려고 마음먹었다. 하지만 그와 가깝게 지내던 동료 법관들이 강하게 만류했다. '박 대법관이 사표를 쓰면 이용훈 대법원장도 사퇴할 수밖에 없다. 그렇게 되면 가뜩이나 이용훈 대법원장 체제의 대법원을 마음에 들어 하지 않는 이명박 정부만 좋은 일 시키게 된다'는 이유였다. 당시 이용훈 대법원장은 신영철 대법관의 촛불 재판 개입에 대한 소장 판사들의 반발을 제대로 '제압' 하지 못한다는 이유로 이명박 대통령으로부터 곱지 않은 시선을 받고 있었다. 따라서 노무현 대통령의 사법개혁을 추진하던 이 대법원장이 물러나는 것은 전임 대통령의 흔적을 지우려고 애쓰는 이명박 대통령에게 뜻밖의 호재가 될 것이 분명했다. 사법개혁에 대한 철학이 부족한 이명박 대통령은 다시 보수적인 인사를 대법원장에 임명할 것이고 결국 사법부 기득권 세력의 부활로 대법원이 다시 보수화의 길을 가게 될 것이 불 보듯 뻔했다.

박 대법관 스스로도 사표를 쓰기가 부담스러운 측면도 있었다. 그는 2003년 대법관 제청 파문 때 이미 한 차례 사표를 쓴 적이 있었다. 당시 최종영 대법원장이 대법원 구성 다양화 여론을 외면하고 기존 관행대로 고위 법관들을 대법관 후보로 추천한 것에 반발해 부장판사직을 내던졌다. 그의 사표 소식은 소장 판사들의 사법개혁을 요구하는 연판장 서명 운동에 불을 지폈고, 결국 대법원 수뇌부가 사법개혁에 나서도록 하는 데 영향을 미쳤다.

박 대법관이 이번에 또 사표를 내면 사법부 기득권 세력으로부터 '대법관으로서 지나치게 가볍게 처신한다'는 비판을 받을 수도 있었다. 그렇다고 아무런 저항 없이 그대로 넘어갈 수도 없었다. 그냥 넘어간다면 동료와 후배 들이 실망할 게 뻔했다. 법관의 고유권한인 재판권 하나 제대로 지키지 못한다면, 그것은 대법관이라는 외피만 뒤집어썼을 뿐 더 이상 법관이라 할 수도 없기 때문이다.

박 대법관의 고민은 깊어갔다. 그는 대법원 소부 개편이 이루어진 지 며칠 뒤 출근길에 운전기사에게 차에 기름을 가득 채워두라고 말했다. 그러고는 사무실에 올라가 30분 동안 결재 업무 등을 처리한 뒤 부속실 직원에게 "오늘 하루 동안 찾지 말라"는 말을 남긴 뒤 다시 사무실을 나섰다. 일종의 직무 거부이자, 대법원장을 겨냥한 '시위'인 셈이었다.

하지만 마땅히 갈 데가 없었다. 그는 궁리 끝에 운전기사에게 강릉 경포대로 가자고 말했다. 파란 동해 바다를 보면 가슴이 탁 트일 것 같았다. 2월의 겨울 바다는 몹시 추웠지만, 그래도 서울을 벗어나니까 기분은 한결 나아졌다. 박 대법관은 특유의 여유를 부렸다. "경포대까지 나온 김에 회나 실컷 먹고 갑시다." 박 대법관은 운전기사와 함께 강릉의 한 횟집에 들러 광어회 한 접시를 주문했다.

그사이 대법원은 발칵 뒤집어졌다. 박 대법관이 소부 개편에 반발해 사표를 쓰고 잠적했다는 말이 나돌았다. 이 대법원장이 비서실장에게 박 대법관을 찾아보라고 지시했으나, 박 대법관은 이미 서울을 떠난 뒤였다. 대법원장은 대노했다. 이미 "사표를 쓴다면 평생 안 볼 줄 알라"는 말을 박 대법관한테 전한 상태였다. 자칫 둘의 관계가 파국으로 치달을 수도 있었다. 결국 사태가 심상치 않음을 느낀 대법관들이 움직이기 시작했다. 중재자로 나선 이는 독수리 5형제의 맏형 격인 이홍훈 대법관이었다.

이 대법관은 소부 개편에 따라 삼성에버랜드 사건을 새로 맡게 된 대법원 1부에 배속되었다. 그는 2009년 3월 13일 열린 대법원 1부 첫 합의 때 전원합의체 회부를 주장했다. '이미 전원합의체에 넘기기로 결론을 내린 사건을, 소부가 개편되었다고 해서 다시 소부합의로 처리하는 것은 원칙에 맞지 않는다'는 이유였다. 대법원장이 전원합의체에서 빠지는 것은 전례가 없는 일이긴 하지만, "그래도 원칙을 지켜야 한다"는 너무도 당연한 논리였다. 다른 대법관들도 동의할 수밖에 없었다.

결국 주심인 김능환 대법관은 삼성 특검 사건의 주심을 맡은 김지형 대법관과 함께 이용훈 대법원장을 찾아가 삼성 사건을 전원합의체에 회부하기로 결정했다는 사실을 전달했다. 이 대법원장은 두 대법관들의 설명을 듣고 나서 고개를 끄덕였다. 더이상 버틸 수 없음을 깨달은 듯했다. 이렇게 해서 삼성에버랜드 사건은 온갖 우여곡절 끝에 대법원에 올라온 지 5개월 만에 전원합의체에 회부될 수 있게 되었다.

전원합의체에는 이 대법원장뿐 아니라 안대희 대법관도 배제되었다. 검찰이 이 사건을 수사할 당시 안 대법관이 대검 중앙수사부장으로서 수사팀을 지휘하는 자리에 있었다는 게 제척 사유가 되었다. 하지만 안 대법관이 삼성에버랜드 사건을 직접 지휘한 것은 아니었기 때문에 의아한 측면도 있었다. 재판장은 고현철 대법관의 퇴임에 따라 다음 서열인 김영란 대법관이 맡게 되었다. 고 대법관 후임은 촛불 재판 개입 논란으로 여론의 사퇴 압력을 받고 있던 신영철 대법관이었다.

전원합의체는 대법관 전원이 참석하기 때문에 소부합의와는 비교할수 없을 정도로 많은 시간이 주어진다. 누군가 계속 이의제기를 할 경우 하루 종일 합의가 진행되기도 한다. 대법원장도 한 명의 대법관 자격으로 참여하기 때문에 그야말로 '계급장 떼고' 하는 진검승부인 셈이다. 따라서 치열한 법리 논쟁이 벌어질 수밖에 없다. 평소 재판연구관들이 작성한 보고서에 의존하는 대법관들은 토론이 거의 이뤄지지 않는 소부에서는 그럭저럭 버틸 수 있지만, 공방이 치열한 전원합의체에서는 금방 밑천이 드러난다. 대법관들 사이의 실력 차가 확연하게 드러날 수밖에 없는 것이다. 삼성에버랜드 사건처럼 쟁점이 첨예하게 대립하는 사건은 더욱 그랬다.

박 대법관은 전원합의체가 열린다는 소식을 듣고 기뻤지만, 한편으로는 은근히 걱정도 되었다. 만약 자기 혼자서만 유죄를 주장하는 것으로 결과가 나오면 결국 소부합의 때 쓸데없는 고집을 부렸던 셈이 되기 때문이었다. 과연 몇 명의 대법관이 유죄 의견에 가담할 것인지 몹시 궁금하면서도 불안했다. 물론 김지형 대법관을 제외한 독수리 형제들에게 기대를 걸어볼 만했지만, 이 사건은 양심과 사상, 표현의 자유와 같은 헌법적 기본권이 쟁점이 되는 게 아니기 때문에 반드시 박 대법관과 같은 의견을 낼 것이라고 장담할 수 없었다.

박 대법관은 전원합의체가 열리기 전에 전수안 대법관을 만났다. 전 대법관은 유죄 의견을 강하게 주장하기에는 법리적으로 애매한 점이 있다고 말했다. 전 대법관의 말을 듣고 난 뒤 박 대법관은 '표 계산'을 해봤다. 법원행정처장을 제외한 13명의 대법관 가운데 제척 사유로 빠지게 된 이용훈 대법원장과 안대희 대법관을 뺀 11명 중에서 '표'를 끌어와야 했다. 하지만 박 대법관의 견해에 많은 동조 의견을 낸 전수안 대법관조차 유죄를 확신하지 못하는 마당에 다른 보수 성향의 대법관들까지 설득하는 것은 거의 불가능에 가까워 보였다. 전 대법관의 지지를 받는다 하더라도 기껏해야 '9 대 2'였다. 물론 10 대 1보다야 났겠지만, 다른 대법관들의 비웃음을 사는 것은 별반 다를 게 없어 보였다.

그러나 막상 전원합의체가 열리자 박 대법관의 걱정은 기우에 불과했다. 그의 예상과 달리 무려 4명의 대법관이 유죄 의견에 가담한 것이다. '6 대 5', 단 한 표 차이로 이건희 삼성 회장에게 무죄가 선고되었으나 내용적으로는 유·무죄 의견이 막상막하였다. 박 대법관은 안도의 한숨을 내쉬었다.

독수리 형제들 가운데 김지형 대법관을 제외한 이홍훈, 김영란, 전수안 대법관이 지지해준 덕분이었지만, 박 대법관을 더욱 놀라게 한 것은 나머지 '1표'였다. 그는 다름 아닌 이 사건의 주심 김능환 대법관이었다. 박 대법관의 기억에 그는 분명히 소부합의 때 무죄 취지의 의견을 냈었다. 박 대법관이 전원합의체 회부를 주장했을 때도 그는 잠자코 듣고만 있었다. 그랬던 그가 전원합의체에서 독수리 형제들과 마찬가지로 유죄 의견에 가담한 것이다.

'스윙보터' 김능환

김능환 대법관은 대법원에서 '스윙보터(swing voter, 선거에서 누구에게 투표할지 결정하지 못한 이들을 가리키는 말. 스윙보터들은 지지하는 정당과 정치인이 없기 때문에 그때그때의 이슈에 따라 투표한다)'의 역할을 해왔다는 평을 들었다. 진보나 보수의 틀에 스스로를 가두지 않고 철저하게 법리에 따라 판단을 내린다는 평가였다. 어떤 이들은 그를 미국 연방대법원에서 진보와 보수의 균형추 역할을 하고 있다는 평가를 받는 앤서니 케네디 대법관에 비유하기도 한다. 하지만 케네디는 2012년 6월 28일 공개된 이른바 '오바마 케어' 재판에서 다른 3명의 보수 성향 대법관들과 함께 위헌 의견을 냈다. 5 대 4, 단 한 표 차로 합헌 판결이 내려진 이 재판은 건강보험개혁법안의 위헌 여부를 둘러싸고 미국 사회가 진보와 보수로 나뉘어 첨예하게 대립했던 사건이다.

그는 12년 전인 2000년 미국 대통령 선거 재검표 사건(Bush vs Gore)에서도 보수 성향의 대법관들과 함께 조지 W. 부시 당시 공화당 대통령 후보의 손을 들어줬다. 역시 5 대 4로 결론이 난 이 재판은 '주정부의 일에 연방정부는 개입을 자제해야 한다'는 미국 헌법 정신을 어기고, 연방대법원이 플로리다 주 대법원의 재검표 결정을 무효화해 크게 논란이 되었다. 결국 스윙보터라 불렸던 케네디는 진보와 보수가 치열하게 대립하는 사건에서는 보수 성향을 노골적으로 드러낸 것이다.

2005년 은퇴한 샌드라 데이 오코너 대법관도 스윙보터 역할을 했다는 평가를 받았지만, 그녀도 2000년 미 대선 재검표 사건에서는 부시 편에 섰다. 오코너는 암에 걸린 남편의 간병을 위해 빌 클린턴 대통령 때 사임을 진지하게 고려했다. 그러나 "민주당 정권에서는 후임으로 진보 성향의 대법관이 임명될 게 뻔해서" 공화당 정권이 탄생할 기회를 기다렸고, 결국 부시 대통령의 집권에 한몫을 했다. 이처럼 평소에는 진보적인 견해에 귀를 기울이다가도 결정적인 순간에 보수 성향을 노골적으로 드러내는 것은 스윙보터의 숨겨진 이면이기도 했다.

김능환 대법관은 기본적으로 보수적인 견해를 갖고 있었다. 그는 국가보안법의 위헌 논란에 대해 '북한이 더 이상 자유민주주의 체제에 위협이 되지 않는다는 명백한 변화를 보이고 그에 따라 법률이 정비되지 않는 한, 국가 안전을 위태롭게 하는 반국가 활동을 규제함으로써 국가의 안전과 국민의 생존 및 자유를 확보함을 목적으로 하는 국가보안법이 헌법에 위배되는 법률이라고 볼 수 없다. 또한 이미 헌법재판소가 국가보안법에 대해 합헌 결정을 했고 국회 역시 이를 존치한 상황을 고려할 때 국가보안법에 대해 위헌론을 제기하는 것은 부적절하다'[14]며 정치사상과 표현의 자유보다는 안보 논리에 더 무게를 두는 전형적인 보수의 모습을 보였다.

또한 언론 보도의 공익성 여부가 쟁점이 되었던 '삼성 X파일' 사건에서도 김 대법관은 '보도 목적이 정당하지 않고 그 내용도 공적 관심의 대상이 아니다'라는 등의 이유로 삼성 X파일 내용을 보도한 MBC 이상호 기자 등에게 유죄를 선고한 다수의견에 가담했다. 당시 소수의견은 '보도의 내용이 중대한 공익과 관련이 있고 보도를 통해 얻어지는 이익이 통신비밀의 보호에 의해 달성되는 이익을 초과한다'며 무죄를 주장했다.

한편으로 김 대법관은 소장 판사 시절 서슬 퍼런 전두환 정권 때 국가보안법 위반으로 구속 기소된 피고인들에게 선고유예를 내리고 석방한 판결에 참여한 적이 있다. 당시 국가보안법 사건에서 구속 기소된 피고인을 풀어주는 것은 매우 이례적이었다. 그는 1983년 5월 전주지방법원 군산지원 판사로 있을 때 5공화국의 대표적인 용공조작 사건 가운데 하나인 '오송회' 사건의 1심 재판에 배석판사로 참여했다.

당시 재판부(재판장 이보환, 배석 김능환, 임종윤)는 구속 기소된 9명의 피고인 중 6명에게 실질적으로 무죄와 다름없는 선고유예 판결을 내렸다. 김 대법관은 배석으로 참여했기 때문에 재판장에 견줘 상대적으로 부담은 덜했지만, 국가보안법으로 구속 기소된 피고인을 풀어주는 것은 당시로서는 인사상 불이익을 감수하는 용기가 필요한 일이었다. 당시 오송회 관련자들의 구명을 위해 애썼던 김정남 청와대 교육문화수석은 "군사정권 시대에 이렇듯 정의롭고 용기 있는 판결을 내린 재판부에 많은 사람들이 놀랐고 경의를 표했다"고 말한 바 있다.[15]

그런데 1심 판결 뒤 전두환이 유태흥 대법원장과 대법원 판사들을 청와대 만찬에 초청한 자리에서 오송회 사건을 거론하며 '빨갱이를 무죄로 하는 것은 안 된다'고 1심 재판부를 비난하는 일이 발생했다. 그러자 청와대 만찬 3주 후에 열린 항소심에서 선고유예로 풀려났던 6명이 모두 실형을 선고 받고 법정구속되었고, 실형을 선고 받았던

3명의 형량도 높아졌다. 그러나 오송회 사건은 노무현 정부 때 재심이 이뤄져 2008년 11월 25일 이 사건 관련자 전원에게 무죄 판결이 내려졌다.

또한 김 대법관은 고법 부장판사 때인 2005년 1월, 재임용 심사에서 탈락한 뒤 6년여 동안 법정 싸움을 벌이던 김민수 서울대 미대 교수 사건에서 김 교수의 손을 들어주는 판결을 선고해 주목을 받았다. 이 사건은 서울대 내의 '주류'와 '비주류'가 맞섰던 민감한 사건이었다. 학교 쪽은 연구 실적이 부실하다는 이유로 김 교수를 재임용에서 탈락시켰지만, 김 교수와 민주화를 위한 교수협의회(민교협) 소속 교수들은 "미대 원로 교수들의 친일 행적을 논문에 발표한 것을 트집 잡은 부당한 조처"라고 맞섰다. 서울대의 '아킬레스건'이었던 원로 교수들의 친일 문제를 정면으로 건드린 이 사건에서 김 대법관은 "김 교수의 재임용 탈락은 총장의 재량권 범위를 일탈한 것으로 위법하다"며 비주류의 손을 들어줬다.

이런 판결들은 김 대법관이 보수적이면서도 사회 정의 구현에 힘쓰고 권력집단의 횡포로부터 개인의 권리를 보호하는 데 관심이 많다는 평을 듣게 했다. 이런 맥락에서 김 대법관이 재벌의 불법적인 경영권 세습을 적나라하게 드러낸 삼성에버랜드 전환사채 헐값 발행 사건에서 유죄 의견에 가담한 것은 어쩌면 당연한 일일 수도 있다.

김능환 대법관은 김영란, 박시환, 이홍훈, 전수안 대법관과 함께, 삼성이 '주주배정을 가장한 제3자 배정 방식으로 에버랜드 전환사채를 발행한 뒤 이를 이재용 남매한테 시가보다 현저하게 낮은 가격에 넘겨 회사에 손실을 끼쳤다'는 소수의견에 가담했다. 설사 시작은 주주배정 방식이었다 할지라도, 기존 주주들이 실권한 전환사채를 이재용 등에게 넘긴 것은 사실상 제3자 배정 방식을 택한 것이기 때문에 이사회가 적정가를 따로 책정해야 했다는 의견이었다. 전환사채 실권분 인수로 삼성의 지배권 변동이 초래되어 이재용에게 전환사채 이상의 엄청난 이익을 안겨줬기 때문에 더욱 그랬어야 했다는 판단이었다.

반면, 다수의견은 '에버랜드 전환사채 발행이 주주배정 방식인 게 분명하고, 기존 주주들 스스로 실권했기 때문에 피고인들이 회사의 재산을 보호할 의무를 위배했다고 보기 어렵다'며 이건희 회장을 비롯한 피고인들에게 무죄를 선고했다. 여기에는 김지형 대법관을 비롯해, 박일환, 차한성, 양창수, 신영철 그리고 나중에 이명박 정부에서 대법원장에 임명된 양승태 대법관이 가담했다. 특히 양창수 대법관과 신영철 대법관, 양승태 대법관이 선봉에 섰다. 국내 첫 학자 출신 대법관인 양창수 대법관은 민법의 권위자라는 평에 걸맞게 '그럴듯한' 논리로 무장했고, 이른바 촛불집회 재판 개입 파동으로 사퇴 위기를 맞았던 신영철 대법관은 대법원 밖에서도 소문이 자자할 정도로 적극적으로 이 회장의 무죄를 주장했다. 또한 양승태 대법관은 '주주배정이든 제3자 배정이든, 전환사채를 발행해 회사에 돈이 들어왔으면 회사에 손실을 끼친 게 아니기 때문에 배임죄로 처벌할 수 없다'는 별개의견을 내어 삼성의 손을 확실하게 들어줬다.

다수의견은 한국의 재벌 구조에서 세금 없는 부와 경영권의 부당 세습을 가능하게 할 수 있다는 점에서 많은 이들이 우려를 나타냈다. 심지어 기업 최고경영자(CEO)들조차 이 판결에 공감하지 못한다는 여론조사 결과가 나오기도 했다.[16] 세계경영연구원이 대법 판결 뒤 기업 최고경영자 101명을 대상으로 설문조사를 한 결과, 무죄 판결에 '공감하지 않는다(48퍼센트)'는 응답이 '공감한다(46퍼센트)'보다 높게 나타났다. 이들은 또 이번 판결이 국가의 장래에 미칠 영향에 대해 62퍼센트가 '부정적'이라고 응답하기도 했다. 이런 측면에서 독수리 5형제 가운데 김지형 대법관의 이탈은 많은 아쉬움을 남겼다. 그가 다수의견에 가담한 것은 다른 독수리 형제들에게는 미스터리로 남아 있다.

반면 김능환 대법관의 선택은 법조계에 신선한 충격을 줬다. 대법원이 진영 논리로부터 자유롭다는 점을 확실하게 보여줬다는 평가를 받았다. 하지만 박시환 대법관에게 그의 선택은 일종의 '변심'으로 비쳐졌다. 그는 박 대법관이 퇴임할 때까지 끝내 그 이유를 말하지 않았다. 어쩌면 변심이 아니라 소신을 지킨 것인지도 몰랐다. 박 대법관도 이를 의식한 듯 굳이 그 이유를 묻지 않았다.

김지형 대법관의 주장처럼 검찰이나 삼성 특검이 이건희 회장을 법인 주주(계열사)에 에버랜드 전환사채 인수를 포기하도록 지시한 혐의로 기소했다면 어떻게 되었을까. 이 질문에 답이 될 수 있는 사건이 2012년 9월 17일에 일어났다. 경제개혁연대는 삼성에버랜드 사건 1심 선고 후인 2006년 4월 에버랜드 전환사채 인수를 포기한 계열사 가운데 한 곳인 제일모직을 상대로 주주대표소송*을 냈다. 제일모직

---

* 일정한 자격을 갖춘 주주가 회사를 대신해서 이사의 의무 위반에 대해 법원에 손해배상을 청구하는 제도로, 이때 배상된 금액은 전부 회사로 귀속된다. 주주대표소송을 제기할 수 있는 자격은 상장기업은 발행주식의 0.01퍼센트 이상을 최근 6개월간 가진 주주여야 하고, 은행은 6개월 이상 계속해서 발행주식 총수의 0.005퍼센트 이상을 가져야 한다. 실제로는 시민단체나 주주 모임 같은 곳에서 6개월 이상 주식을 보유한 소액주주들을 모집한 뒤 위 조건을 충족하면 소송을 낸다.

주식을 보유한 주주 3명이 원고가 되어 이건희 회장 등 당시 제일모직 전·현직 이사와 감사를 상대로 137억여 원의 손해배상을 청구한 것이다. 청구금액은 제일모직이 에버랜드 전환사채를 실권하지 않고 인수했을 경우 얻을 수 있었던 이익을 근거로 산출했다.

결과는 1, 2심 모두 소액주주들의 승소였다. 1심 재판부는 2011년 2월 18일 이 회장과 제진훈 이사 등의 배임을 인정해 130억여 원을 배상하라고 판결했다. 그러자 이건희 회장은 '제일모직에 전환사채 인수 포기를 지시한 사실이 없고, 에버랜드 전환사채를 인수하지 않은 것은 계열사의 경영 판단이었다'는 취지로 항소했다. 그러나 2심 재판부는 2012년 8월 22일 "이건희 회장 등이 직접 또는 비서실을 통해 제일모직에 전환사채 인수를 포기하도록 지시하지 않았다는 주장은 받아들이기 힘들다"며 "에버랜드 전환사채 발행은 이 회장의 장남 등에게 조세를 회피하면서 에버랜드의 지배권을 넘겨주기 위해 이 회장 등의 주도로 이뤄졌고, 명시적 또는 암묵적으로 제일모직에 전환사채 인수를 포기하도록 한 것은 업무상 배임에 해당한다"며 이 회장의 항소를 기각했다.

그런데 당연히 대법원에 상고할 줄 알았던 이 회장 쪽이 상고를 포기해 2심 판결이 확정되었다. 대법원에 올라가도 승산이 없다고 판단한 것인지 아니면 다른 이유가 있는지 밝히지 않았지만, 결과적으로 이 회장이 경영권 승계 과정의 불법성을 인정한 것으로 해석되어 큰 논란이 되었다. 특히 검찰과 조준웅 삼성 특검, 그리고 대법원은 난처한 처지에 빠지게 되었다. 조준웅 특검 수사팀은 계열사에 전환사채를 실권하도록 지시한 이 회장의 혐의에 대해 무혐의 처분을 내려 당시 수사가 부실했음이 드러났고, 검찰도 이 부분은 수사를 안 해 직무 유기라는 비난을 피할 수 없게 되었다. 대법원도 민사로는 에버랜드 전환사채 발행과 배정이 업무상 배임이라는 것이 인정되었지만, 형사 로는 무죄(무혐의)로 남게 되는 딜레마에 빠졌다. 이처럼 에버랜드 사건 은 대한민국의 사법체계를 꼬일 대로 꼬이게 만들었고, 이로 인해 법 원과 검찰에 대한 국민의 불신은 더욱 심해졌다. 삼성은 정치권뿐만 아니라 사법부에도 엄청난 부담으로 남게 되었다.

5 대법원장
길들이기

'초특급 변호사'라는 치명적인 과거

이용훈 대법원장은 달변가였다. 특히 대중을 상대로 한 강연에 매우 능했다. 청중들의 주목을 받을 수 있는 소재와 화법 선택에 탁월했고, 강약을 조절할 줄도 알았다. 그런데 청중들은 그의 거침없는 말투에 속이 후련하다가도 때론 가슴을 졸여야 했다. 그의 말은 상대방에게 상처를 주거나, 스스로 족쇄를 채워 운신의 폭을 좁힐 수 있었기 때문이다.

그의 달변을 가능하게 한 것은 자신감이었는데, 이는 '과거'로부터 자유로운 그의 경력에서 비롯되었다. 이 대법원장은 비슷한 연배의 법조계 고위 인사들에 견줘 과거가 깨끗했다. 동년배의 고위 법관들이 대부분 독재정권에 소극적이나마 부역한 경력을 갖고 있지만, 그는 당시 형사재판에 참여하지 않아 이런 흠이 없었다. 더욱이 그는 본가와 처가가 모두 독립운동가 집안이었다. 부친과 장인이 모두 일제강점기 때 독립운동을 하다 징역살이를 했다.[17] 법조인들 가운데 친일 경력이 있는 조상을 둔 이들이 많다는 점에서 이 또한 자부심을 가질 만했다.

이 대법원장은 사석에서 이런 도덕적 우월감을 자주 드러냈던 것으로 전해진다. 그가 대법원장에 임명된 뒤 전임자들과 달리 사법부 과거사 청산을 자신 있게 거론한 것도 이런 배경에서 나온 것이었다. 그는 법조계 기득권 세력에 대한 부채의식이나 동료의식 같은 것도 거의 없었다.

그러나 이용훈 대법원장은 전임자들한테서는 찾아보기 힘든 '치명적인' 과거가 있었다. 바로 5년이라는 결코 짧지 않은 변호사 활동 경력이었다. 특히 대법관 출신이라는 막강한 배경으로 인해 '전관예우'를 노린 온갖 덩치 큰 사건들이 많이 몰려들었는데, 이것이 나중에 대법원장이 된 뒤 화근이 되었다. 이 가운데는 삼성과 같은 재벌이나 외국의 투기자본이 의뢰한 사건들도 있었다. 그러다보니 수임료 수입도 엄청났다.

대법원이 2005년 9월 이용훈 대법원장의 인사청문회 때 제출한 자료에 따르면 이 대법원장은 대법관을 마치고 변호사로 활동한 2000년 9월부터 2005년 8월까지 수임료로 60억 원 이상을 벌었다. 이는 이른바 '특급 변호사'를 가르는 기준인 '연간 10억 원'을 가뿐히 넘긴 것이다. 더욱이 전관예우의 약발이 개업 1년이 지나면 급격하게 떨어지는 점을 감안하면, 이 대법원장의 수임료 실적은 가히 초특급이라 부를 만했다.

수임 건수도 많았다. 변협이 2006년 국회 국정감사 때 노회찬 당시 민주노동당 의원에게 제출한 자료에 따르면 이 대법원장은 5년간 400여 건으로 연간 80여 건을 수임했는데, 이는 서울 지역 전체 변호사 평균의 2배에 달하는 수준이었다. 더욱 주목할 것은 수임한 형사사건 가운데 70퍼센트 이상이 고위공직자나 기업인들의 뇌물, 배임, 횡령 등 이른바 '화이트칼라'형 범죄였다는 점이다. 이처럼 특급 변호사로서 누릴 건 다 누린 이 대법원장이 취임 이후에는 일선 판사들에게 화이트칼라 범죄 엄단을 독려하고, 변호사의 업무를 비하하는 듯한 언행을 하는 것은 앞뒤가 맞지 않는 것으로 받아들여졌다. 급기야 이 대법원장의 이런 모순된 언행은 취임한 지 1년여 만에 그를 큰 위기로 몰아넣었다.

2006년 9월 13일 이 대법원장은 광주고등·지방법원을 순시한 뒤 판사들과 함께한 좌담회에서 "변호사들이 만든 서류는 대개 사람을 속여 먹으려고 말로 장난치는 것이 대부분이다. '법조삼륜(法曹三輪)'이라는 말은 틀렸다. 사법의 중추는 법원이고, 검찰과 변호사 단체는 보조하는 기관인데 무슨 같은 바퀴냐"라고 말해 법조계를 발칵 뒤집어놓았다. 그가 법조삼륜을 언급한 부분은 틀린 말이 아니었지만, 변호사의 서류에 대한 표현은 매우 거칠 뿐만 아니라 사실과도 크게 달랐다.

이 발언이 알려지자 변협은 난리가 났다. 불과 1년여 전만 해도 초특급 변호사로서 온갖 혜택을 다 누린 이 대법원장이 처지가 바뀌자마자 옛 동업자들을 비하하는 말을 한 것은 일종의 배신으로 다가왔다. 변협은 이 대법원장의 사과를 요구하는 한편 그의 발언에 대한 우려를 대법원에 전달했다.

하지만 이 대법원장은 엿새 뒤 한 걸음 더 나아갔다. 이번에는 검찰을 겨냥했다. 그는 9월 19일 대전고등·지방법원을 방문해 판사들에게 "검사들이 사무실에서, 밀실에서 비공개로 진술을 받아놓은 조서가 어떻게 공개된 법정에서 나온 진술보다 우위에 설 수 있느냐. 법원이 재판 모습을 제대로 갖추려면 (검사의) 수사기록을 던져버려야 한다"라고 말했다. 이는 이 대법원장이 당시 강력하게 추진하고 있던 공판중심주의 재판을 독려하기 위한 발언이었지만, 판사와 동급이라는 관념이 강한 검찰로서는 모욕으로 받아들이지 않을 수 없었다. 발언 내용이 알려지자 검찰은 벌집을 쑤셔놓은 듯했다.

이 대법원장은 취임 직후부터 일선 판사들에게 영장심사를 엄격하게 하도록 독려했다. 이를 통해 불구속 수사 및 재판 원칙을 정착시키려는 의도였다. 효과는 금방 나타났다. 이 대법원장이 취임한 2005년에 13.2퍼센트였던 구속영장 기각률이 2006년 16.5퍼센트를 기록했

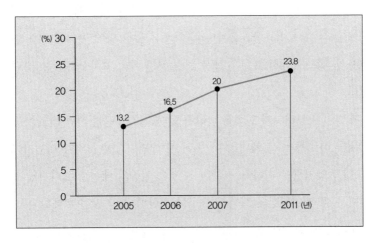

● **이용훈 대법원장 취임 후 구속영장 기각률**
이용훈 대법원장이 취임 직후부터 영장심사를 엄격하게 할 것을 독려한 결과 구속영장 기각률은 해마다 증가했다. 검찰의 구속영장 청구 비율은 2005년 3퍼센트, 2007년 2.3퍼센트로 줄고 있는 추세인데 기각률이 높아졌다는 것은 법원의 영장심사가 그만큼 더 엄격해졌음을 의미한다.

고, 2007년에는 사상 처음 20퍼센트를 돌파하는 등 해마다 증가했다.

도주나 증거인멸의 우려가 없다면 불구속 상태에서 수사와 재판을 받게 하는 것이 피고인의 방어권을 보장하기 위한 형사소송의 기본 원칙이지만, 검찰 처지에서는 수사에 많은 제약이 가해지기 때문에 불리했다. 피의자가 구속되어 심리적 압박을 느껴야 수사의 효율성을 높일 수 있기 때문이다. 따라서 불구속 수사·재판이 확대되는 현상에 대해 검찰이 느끼는 위기감은 컸다.

이런 상황에서 검찰의 조서까지 문제 삼는 이 대법원장의 발언은 검찰의 수사권을 무력화하려는 시도로 받아들여졌다. 그래서 검찰은 정상명 검찰총장이 직접 나서서 불쾌감을 드러냈다. 정 총장은 일선 검사들에게 보낸 지휘서신을 통해 "변호인의 참여가 보장되어 있고 영상녹화 등에 의해 투명성과 적법성이 담보되는 검찰 조사를 '밀실' 수사라고 표현한 것에 당혹스럽다"라며 "(대법원장의 발언은) 헌법과 법률에 따라 국민의 인권을 보장하고 법질서 확립의 책임을 지고 있는 검찰의 기능과 역할을 존중하지 않는 뜻으로 국민에게 비쳐질 수 있어 유감스럽다"라고 반박했다. 앞서 대법원장의 사과만 요구했던 변협도 검찰의 반발에 편승해 "대법원장이 부적절한 발언으로 사법 전체의 불신을 초래한 데 대해 책임을 지고 즉각 사퇴하라"며 공격의 수위를 한층 높였다.

검찰과 변협의 집단적인 반발은 법조 직역 간 갈등으로 비화될 조짐을 보였다. 일선 판사와 검사, 그리고 변호사 들이 내부통신망과 인터넷 게시판 등에서 상대방을 비난하는 등 감정싸움으로 번지기 시작했다. 여론도 처음에는 이 대법원장의 발언에 대체로 공감하는 편이었으나, 법조 직역 간 갈등으로 번지자 이를 '밥그릇 싸움'으로 깎아내리며 법원과 검찰, 변호사를 싸잡아 비난하기 시작했다. 이런 상황은 이 대법원장이 애초 의도한 것과 전혀 맞지 않았다.

결국 사법부 수뇌부는 이 대법원장에게 민감한 발언을 자제할 것을 건의했고, 이 대법원장도 이를 받아들였다. 그러고는 사건이 불거진 지 2주 후인 9월 26일 이 대법원장은 서울고등·중앙지법을 순시하면서 "일선 법원을 방문해서 말실수를 했다"고 검찰과 변협에 사과했다. 검찰과 변협도 사과를 받아들임으로써 사상 초유의 법조 직역 간 갈등은 보름 만에 해소되는 듯했다. 그러나 법원과 검찰의 갈등은 돌가루처럼 녹지 않고 앙금으로 남아 있었다. 이것이 잠복해 있다가 화산처럼 폭발한 것이 '론스타 영장 기각 사건'이었다.

론스타, 검찰과 법원의 치킨게임

2006년 11월 3일 민병훈 당시 서울중앙지법 영장전담부장판사는 '외환은행 헐값 매각 사건(론스타 사건)●'을 수사하던 대검 중수부가 론스

● 이른바 론스타 사건은 미국 텍사스 주에 본사를 둔 헤지펀드 론스타(Lone Star)가 2003년 유동성 위기를 겪고 있던 외환은행을 인수하는 과정에서 금융 당국의 고위 인사들과 공모해 불법행위를 저질렀는지가 논란이 된 사건이다. 대검찰청 중앙수사부는 외환은행의 자산을 저평가하고 부실을 부풀리는 방식으로 정상가보다 낮은 가격에 외환은행을 매각한 혐의로 당시 재정경제부 금융정책국장이었던 변양호 보고펀드 대표를 기소했지만 무죄가 선고된 뒤 일단락되었다.
그러나 론스타가 비금융주력자(은행 등 금융기관 경영을 주력으로 하지 않는 자본)라는 증거들이 속속 제시되면서 론스타의 외환은행 대주주 적격성을 둘러싼 논란이 불거졌다. 더욱이 론스타가 9년 동안 외환은행을 경영하면서 고배당과 매각 차익으로 투자액의

타 본사의 엘리스 쇼트 부회장과 마이클 톰슨 법률담당 이사에 대해 청구한 체포영장과 유회원 론스타코리아 대표에 대한 구속영장을 기각했다. 앞서 검찰은 론스타가 2003년에 외환은행을 인수한 뒤 그해 말 자회사인 외환카드를 합병하는 과정에서 외환카드 감자(減資)설을 퍼트리고, 이로 인해 주가가 하락하자 감자 없이 싼값에 외환카드 주식을 사들인 혐의(증권거래법 위반)로 국내에 있는 유회원 대표에 대해서는 구속영장을, 해외에 있는 쇼트 회장 등에 대해서는 체포영장을 청구했다. 외환카드 주가를 하락시켜 합병 때 외환카드 소액주주들의 주식매수청구권[*] 행사 가격을 낮춰 론스타 쪽의 부담을 줄이고, 합병 이후 외환은행에 대한 론스타 펀드의 지분율(51퍼센트)을 계속 유지하기 위해 주가조작을 했다는 게 검찰의 시각이었다.[**]

그러나 민 부장판사는 "쇼트 회장과 마이클 톰슨 이사가 정당한 이유 없이 출석에 불응한다고 단정할 수 없으며 체포 필요성에 대한 소명이 없다"는 이유로 영장을 기각했다. 또한 유 대표에 대해서는 "증거인멸과 도주 우려가 없고 범죄의 죄질이나 피해 정도에 비춰볼 때 구속할 정도는 아니다"라고 기각 사유를 밝혔다.

3배가 넘는 3조 4,000억 원을 챙겨 '먹튀' 논란까지 더해지면서 론스타 사건은 투기자본에 의한 국부 유출을 상징하는 사건이 되었다.

[*] 주식회사의 분할, 합병, 영업양도 등 주주의 이익과 중대한 관계가 있는 행위가 있을 때, 여기에 반대하는 주주가 자기 소유 주식을 공정한 가격으로 매수할 것을 회사에 청구할 수 있는 권리를 말한다. 이는 다수 주주들의 횡포로부터 소액주주들의 이익을 보호하는 구실을 한다.

[**] 외환은행이 외환카드를 합병할 때 두 회사의 주가 비율에 따라 외환은행 신주를 발행해주는데, 외환카드의 주가가 낮을수록 그 주주는 신주를 그만큼 적게 받는다. 따라서 외환은행에 대한 론스타의 지분율이 줄어드는 것을 막을 수 있다.

검찰은 격하게 반발했다. 이전까지 대검 중수부가 청구한 영장이 이처럼 한꺼번에 무더기로 기각된 경우는 없었기 때문이다. 대검 중수부가 검찰총장 직할부대인데다 권력형 비리 등 사회적으로 의미 있는 사건을 주로 수사했기 때문에 웬만하면 대부분 영장이 발부되었다. 특히 론스타는 외환은행을 경영하면서 강력한 구조조정 등으로 주가를 올린 뒤 고배당●을 통해 엄청난 이익을 챙기는 전형적인 투기자본의 행태를 보이고 있었다. 따라서 이 수사에 대한 여론의 지지와 기대가 상당했는데, 수사의 첫 단계인 영장이 무더기로 기각되었으니 검찰로서는 낭패가 아닐 수 없었다.

채동욱 대검 수사기획관은 영장이 기각된 다음날 기자간담회를 열어 법원의 영장 기각에 대해 "한마디로 코미디"라며 강한 불만을 나타냈다. 수사팀은 영장 기각 자체도 기분 나빴지만, 민병훈 부장판사가 밝힌 영장 기각 사유에 더 화가 났다. 그는 증거인멸과 도주 우려가 없다는 통상적인 기각 사유에 덧붙여 이들의 행위가 구속 수사할 만큼 중죄는 아니라는 의견을 밝혔다. 이는 '검찰이 법도 잘 모르고 수사한다'는 비아냥거림을 은연중에 드러낸 것으로 해석되었다.

민 부장판사는 외환카드의 감자 계획을 언론에 발표한 행위를 검찰이 주장하는 주가조작으로 볼 수 없다고 판단했다. 그 이유로는 먼저 감자 계획 유포로 외환카드의 주가가 하락했다고 검찰은 주장했지만,

● 외환은행은 2006년부터 2011년까지 6년 동안 평균 배당성향 51퍼센트를 기록해 국내 은행 가운데 1위를 차지했다. 이는 국내 은행 평균의 3배 가까운 수준이다. 외환은행은 2006~2007년 배당성향 1위, 2008~2011년 배당성향 2위 등 매년 높은 배당성향을 보였다.

실제 주가를 보면 론스타 경영진이 공모했다는 2003년 10월 19일 전날에 12.08퍼센트, 당일에 14.59퍼센트, 다음날에 14.9퍼센트, 그다음 날에 7.12퍼센트 하락하는 등 감자 계획 발표와는 상관없이 전반적으로 하락하는 추세였다고 지적했다.

또한 감자 계획이 내부 정보가 아니라 당시 시장에 공공연하게 알려진 사실이기 때문에 주가에 미치는 영향도 적고, 외환은행이 외환카드 주식의 약 69퍼센트를 보유한 대주주로서 감자를 할 수 있는 권한이 있기 때문에 감자 계획을 세웠다가 시장 상황이 변하면 이를 철회할 수도 있다고 설명했다. 더욱이 적법하게 소집된 이사회에서 감자 계획을 논의했기 때문에 아무런 문제가 없다고 밝혔다. 경영진이 경영상의 판단에 따라 내린 결정에 대해 법적인 책임을 묻는 것은 신중해야 한다는 게 민 부장판사의 기본 시각이었다.

민 부장판사는 자기 확신이 강한 성격의 소유자였다. 그는 2008년 삼성 특검 사건 1심 재판장을 맡아 이건희 회장에게 무죄를 선고해 더욱 유명해졌다. 이 회장이 경영권 승계를 위해 에버랜드 전환사채를 헐값에 발행하도록 한 뒤 아들 이재용에게 넘겨준 일련의 행위를 죄가 안 된다고 판결했다. 그는 무죄 판결에 대한 여론의 비난이 쏟아지자 "특검이 애초 기소를 잘못했다"는 '훈계'로 조준웅 특검과 설전을 벌이기도 했다. 그만큼 자신의 논리에 대한 확신이 강했다.

그러나 2011년 대법원이 유회원 론스타코리아 대표의 주가조작 혐의를 유죄로 인정한 판결을 내려 민 부장판사를 무색하게 했다. 대법원은 유 대표를 비롯한 론스타 경영진이 외환카드 합병 전에 감자설을 흘림으로써 외환카드 주가를 폭락시킨 것을 주가조작으로 인정해 무죄를 선고했던 2심을 파기환송했다. '론스타는 외환카드 주가가 폭락하자 감자 없이 합병을 했고, 이로 인해 적은 금액으로 외환카드 주식을 매수하고 외환은행 지분 희석률을 줄이는 등 이득을 봤다'는 게 대법원의 결론이었다.

이 파기환송 판결에 따라 서울고법은 유회원 대표에게 징역형을 선고하고 법정구속했다. 구속할 만한 중죄가 아니라는 이유로 영장을 기각했던 민 부장판사로서는 멋쩍은 일이었지만, 그는 이미 변호사로 개업해 잘 나가고 있었다. 이건희 회장에게 무죄를 선고한 뒤 단독 변호사로 개업한 그는 이후 최태원 SK 회장과 김승연 한화 회장 사건 등을 수임해 '재벌 전담 변호사'라는 별명을 얻기도 했다.

검찰은 민 부장판사의 훈계성 기각 사유에 반발해 유회원 대표 등의 영장을 토씨 하나 바꾸지 않고 재청구했다. 하지만 결과는 마찬가지였다. 다른 영장전담판사도 똑같은 이유로 영장을 기각했다. 검찰은 압수수색 등을 통해 수사를 보완한 뒤 이들의 영장을 다시 청구해 해외에 있는 엘리스 쇼트 부회장 등의 체포영장을 발부받는 데 성공했으나, 유회원 대표의 구속영장은 또다시 기각되었다. 유 대표는 이미 같은 해 5월 구속영장이 한 차례 청구된 적이 있어서 모두 네 차례나 영장이 기각되는 보기 드문 기록을 세우게 되었다.

검찰은 항고 카드를 꺼내들었다. 항고는 판결 이외의 법원의 명령이나 처분에 불복할 때 제기할 수 있는 제도이지만, 영장 기각에 불복한 항고는 대법원 판례로 인정되지 않는 제도였다. 검찰은 항고도 받아들여지지 않자 마지막으로 대법원에 재항고를 했다. 하지만 대법원도 기존 판례에 따라 "영장에 대한 판사의 재판은 항고의 대상이 되는

'법원의 결정'에 해당하지 않고, 준항고의 대상이 되는 '재판장 또는 수명법관(受命法官, 합의제 법원의 구성원으로 보통 지방법원 및 고등법원 합의부의 좌, 우 배석 판사를 지칭한다)의 구금 등에 관한 재판'에도 해당되지 않는다"며 이를 기각했다. 결국 검찰은 유회원 대표를 불구속 기소할 수밖에 없었다.

한 외국계 헤지펀드 경영진에 대한 구속 수사를 무려 6차례나 시도한 검찰이나 이를 모두 거절한 법원 모두 국내 여론의 따가운 시선을 받았으나, 그 강도는 법원 쪽이 더 셌다. 론스타가 보여준 투기자본의 전형적인 행태에 대한 비난 여론 때문이었다. 하지만 해외 언론들의 반응은 전혀 달랐다. 《뉴욕타임스》와 《파이낸셜타임스》 등 해외 유력 언론들은 "한국 법원의 결정은 외국 투자자를 향한 한국의 배타적인 태도에 대한 우려를 완화시켰다"고 치켜세웠다. 특히 《뉴욕타임스》는 "한국의 사법 시스템이 정치적 여론이 아닌 법에 의해 작동되고 있음이 입증되었다. 한국에 대한 외국인들의 투자에 긍정적인 영향을 미칠 것"이라는 한 외국계 헤지펀드 매니저의 말을 인용하며 법원의 결정을 높이 평가했다.

대법원은 해외 언론들의 반응에 드러내놓고 기뻐하지는 않았지만, 속으로는 뿌듯해했다. 해외 유력 언론들로부터 국내 사법 시스템이 글로벌 스탠더드에 부합한다는 것을 인정받은 셈이기 때문이다. 하지만 마냥 좋아할 수는 없었다. 영장 기각을 둘러싼 갈등의 불똥이 엉뚱한 곳으로 튀었기 때문이다.

"대법원장을 위협하는 세력이 있다"

검찰이 유회원 론스타코리아 대표의 네 번째 구속영장이 기각된 것에 불복해 서울지방법원에 (준)항고를 낸 뒤, 한 신문에 이용훈 대법원장이 변호사 시절 외환은행 관련 사건을 변론하는 과정에서 거액의 성공보수(15억 원)를 약정했다는 기사가 실렸다. 이 대법원장이 사건을 수임하는 과정에서 유회원 론스타코리아 대표를 알게 되었고, 이 인연으로 최근 유씨에 대한 영장이 잇따라 기각된 게 아니냐는 의혹을 제기한 기사였다. 만약 기사 내용이 맞다면 이는 엄청난 파장을 일으킬 수 있었다. 영장전담판사들이 검찰의 반발을 무릅쓰고 유씨의 영장을 네 번씩이나 기각한 이유가 이 대법원장을 의식한 탓이라는 결론을 내릴 수 있기 때문이다. 법원의 영장심사가 대법원장의 영향력에 의해 좌우된다는 것은 '글로벌 스탠더드'는커녕 국격을 떨어뜨리는 창피한 일이었다.

사안의 중대성을 감안한 듯 대법원은 당시 이 대법원장이 외환은행과 맺은 사건위임계약서를 비롯한 수임 내역을 자세히 공개하면서 적극 해명했다. 대법원의 해명에 따르면 이 대법원장은 변호사였던 2004년에 외환은행이 극동도시가스를 상대로 낸 327억 원 상당의 민사소송 사건을 의뢰받았다. 이후 이 대법원장은 수임과 관련해 외환은행 관계자들을 한두 차례 더 만난 뒤 이듬해 사건을 맡았다.

이 대법원장은 착수금 명목으로 2억 2,000만 원을 받았으나, 얼마 안 가 대법원장으로 내정되자 1억 6,500만 원을 돌려주고 사임했다. 나머지 5,500만 원은 외환은행 쪽에서 "소장 작성 등의 노고도 있으니 받는 것이 좋겠다"고 제안해 받았다고 해명했다. 성공보수는 약정에 따라 65퍼센트 이상 승소했을 때만 1억 원을 받도록 했기 때문에, '15억 원설'은 애초부터 전혀 근거가 없다고 설명했다. 또 사건을 수임하는 과정에서 유회원 대표를 여러 차례 만났다는 의혹에 대해서는 당시 외환은행 관계자들을 만나긴 했지만, 이 대법원장은 유씨가 그 자리에 있었는지는 기억하지 못한다고 해명했다.

하지만 이런 해명에도 불구하고 이 대법원장이 변호사 수임료를 제대로 신고하지 않았다는 등 각종 의혹을 제기하는 언론의 보도는 계속되었다. 그러자 이 대법원장은 어느 날 한 보수 언론과의 인터뷰에서 "대법원장을 위협하는 세력이 있다"는 충격적인 발언을 했다. 그는 '탈세 의혹'에 대해서는 "10원 하나라도 탈세했다면 옷을 벗겠다"라고 말했다.

대법원장의 발언은 자신의 억울함을 적극적으로 해명하는 동시에 언론의 의혹 제기에 배후가 있음을 겨냥한 말이었다. 그 배후로는 검찰이 지목되었다. 공판중심주의와 불구속 수사·재판 원칙을 독려하고 있는 이 대법원장을 흠집 내기 위해 검찰이 뒤에서 군불을 지피고 있는 게 아니냐는 것이었다.

대법원은 검찰이 론스타 사건 수사를 위해 외환은행을 압수수색하는 과정에서 이 대법원장의 사건수임계약서를 확보한 뒤 이를 언론에 흘린 것이라고 의심했다. 수임 사실은 이 대법원장과 외환은행 그리고 변협만 알고 있는데, 변협에는 사건 수임을 신고만 할 뿐 계약서는 제출하지 않았고 외환은행도 이를 굳이 공개할 이유가 없기 때문에 검찰이 배후일 가능성이 가장 높다는 추론이었다.

검찰은 즉각 진화에 나섰다. 채동욱 대검 수사기획관은 "이 대법원장과 외환은행 간의 사건수임계약서를 (론스타 수사 때) 압수수색으로 확보한 적이 없다"며 "다른 피의자의 계좌추적 과정에서 우연히 알게 되었다"고 밝혔다. 론스타로부터 105만 달러를 받은 한 변호사가 "받은 돈은 모두 적법한 용역료"라고 주장해, 이 변호사의 사건 수임 내역을 확인하기 위해 외환은행 쪽에 관련 자료를 가져오라고 했는데, 여기에 이 대법원장의 외환은행 사건수임계약서가 포함되어 있었다는 게 검찰의 설명이었다. 채동욱 기획관은 "자료는 다음날 바로 돌려줬으며 계약서 사본도 갖고 있지 않다. 이 대법원장의 수임 사실은 수사팀의 검사와 일부 수사관들만 알고 있었다"고 밝혔다.

검찰의 발 빠른 대응은 여론의 역풍을 차단하기 위한 것이었다. 대법원의 추론이 사실이라면 검찰이 수사 과정에서 입수한 자료를 수사가 아닌 다른 목적으로 사용한 것이기 때문에 '검찰 권한의 남용'이라는 비판이 나올 수 있었다. 더구나 '삼부요인' 가운데 한 명인 대법원장을 공격하기 위해 검찰이 수사권을 남용했다면 이는 국가의 기강을 뒤흔드는 행위였다. 검찰총장을 비롯한 검찰 수뇌부가 문책을 당할 수도 있었다.

'대법원장을 위협하는 세력이 있다'는 이 대법원장의 발언은 파괴력이 있었다. 대법원장과 법원에 불리하게 돌아가던 상황이 바뀌는 듯했다. 검찰은 자세를 한껏 낮췄고, 이 대법원장은 위기를 벗어나는 것처럼 보였다. 하지만 2007년 새해 벽두에 터져 나온 또 다른 의혹은 이 대법원장을 천길만길 낭떠러지로 밀어 넣었다.

2007년 1월 4일 아침 이용훈 대법원장은 출근길에 대법원 청사 앞

■ 2007년 1월 4일 이용훈 대법원장이 출근길에 기자들로부터 '세금 신고 누락 파문'과 관련해 질문 공세를 받고 있다. 그동안 과거사 정리를 비롯해 사법개혁을 주창하며 법원의 우월성과 도덕성을 강조했던 이 대법원장은 이후 급격히 개혁의 동력을 잃었다.

에서 자신을 기다리고 있던 취재기자들을 보고 눈살을 찌푸렸다. 그는 자신을 향해 몰려든 기자들에게 "10분 뒤 접견실에서 간담회를 할 테니, 궁금한 것 있으면 거기서 모두 물어보라"고 말했다. 대법원장이 직접 기자들을 상대로 간담회를 연 것은 전례가 없던 일이었다. 이 대법원장은 전날 자신이 변호사 시절 수임료 일부를 국세청에 신고하지 않았다는 언론 보도에 대해 해명할 참이었다.

한 방송사에서 단독 보도한 내용은 다음과 같았다. 이 대법원장은 2003년 4월부터 2005년 6월까지, 주식회사 진로의 법정관리를 신청한 골드만삭스의 페이퍼 컴퍼니인 세나인베스트먼트의 대리인을 맡아 1, 2, 3심과 가압류 사건 등 4건의 수임료 및 성공보수금으로 여덟 차례에 걸쳐 모두 2억 5,000만 원을 받았다. 그런데 이 가운데 2004년 6월 대법원 상고심 성공보수금으로 받은 5,000만 원을 국세청에 신고하지 않아 결과적으로 종합소득세와 주민세 등 세금 2,000여 만 원을 내지 않았던 것이다. 이 대법원장은 이 사실을 확인한 뒤 세금과 가산세 등 모두 2,700여 만 원을 뒤늦게 납부했다.

이 대법원장은 5,000만 원 신고 누락이 단순한 실수였을 뿐, 탈세 의도는 전혀 없었다고 해명했다. 그는 "수입을 국세청에 신고하고 세금을 내는 일은 세무사 사무실에 위탁했으나, 그곳 직원의 사소한 실수로 이번 사건이 터졌다"라며 안타깝다고 말했다. 그는 "내 사무실에서 세무사 사무실로 보낸 수입명세서에는 자문료로 받은 30만 원도 전부다 기재되어 있다. 30만 원까지도 국세청에 신고하라고 다 적어 보냈는데, 5,000만 원을 일부러 누락했겠는가"라며 탈세 의도가 전혀 없음을 강조했다.

이 대법원장의 해명은 설득력이 있어 보였다. 그와 함께 변호사로 일했던 김종훈 대법원장 비서실장이 "언젠가 대법원장이 되실 기회가 있을 것으로 생각해 세금 신고에 만전을 기했다"며 공개한 이 대법원장의 수입명세서 내역을 보면, 그보다 더 큰 액수의 수임료도 빠짐없이 기재되어 있었다. 또한 그의 세금 신고를 맡았던 박아무개 세무사도 언론들의 인터뷰에서 "자료가 오면 우리 직원이 신고서식에 맞춰 일일이 입력하는데, 5,000만 원짜리 하나가 실수로 누락되었다"며 "모든 게 내 책임"이라고 말했다.

하지만 이 대법원장이 앞서 탈세 의혹이 제기되었을 때 했던 '10원 하나라도 탈세했다면 옷을 벗겠다'는 발언이 발목을 잡았다. 대법원장은 "그때는 내가 (세무사의 실수를) 몰랐기 때문에 그렇게 얘기한 것"이라고 항변했고 그의 참모들도 "세금 누락은 탈세와는 차원이 다르다. 대법원장의 거취를 논할 사안은 아니다"라고 선을 그었지만, 변협과 검찰은 물론 법원 내부에서도 대법원장의 결단을 촉구하는 목소리가 터져 나왔다.

정영진 서울중앙지법 부장판사는 법원 내부통신망에 글을 올려 "대법원장은 국민들의 의혹을 사고 있는 부분에 대해 명쾌하게 해명해야 하고, 해명되지 않는다면 거취 문제에 대해 결단을 내려야 한다"고 주장했다. '10원 하나라도 탈세했다면 퇴진하겠다'고 해놓고, 무려 2,000여 만 원의 세금을 내지 않은 사실이 드러났는데도 그 말에 책임을 지지 않는다면 사법부의 신뢰에 엄청난 타격을 줄 것이라고 강조했다. 법원 안에서는 정 부장판사의 주장을 "고등부장 승진 인사에서 탈락한 불만을 표출한 것"으로 폄하하는 판사들이 많았지만, 법원 밖에서는 그의 주장에 공감하는 여론이 더 많았다.

이 대법원장에 대한 부정적인 여론은 단순히 세금 신고 누락 건에 그치지 않았다. 그가 법률 대리를 맡은 회사가, 1997년 외환위기 이후 주식회사 진로에 대한 비윤리적인 투자 행위를 통해 엄청난 이익을 챙긴 골드만삭스라는 사실에 여론은 더 따가운 시선을 보냈다. 골드만삭스는 진로에 외자유치와 구조조정 컨설팅을 해주면서 회사의 내부 정보를 이용해 진로의 부실채권을 헐값에 사들여 채권자가 되었고, 그 뒤로도 비윤리적인 행태를 보였는데 언론 보도를 통해 이 사실이 널리 알려지면서 대중의 분노를 샀다.

골드만삭스는 당시 진로와 '비밀유지협약'까지 맺었기 때문에 협약 위반이라는 지적이 제기되었지만, 골드만삭스는 "부실채권 부서와 투자금융 부서가 분명히 나뉘어 있고, 서로 정보도 교환할 수 없기 때문에 비밀정보를 이용해 투자한 사실이 없다"고 해명했다. 그 근거로 진로의 부실채권을 매입한 회사는 '레스타무스'라고 주장했는데, 이 회사는 골드만삭스가 만든 페이퍼 컴퍼니였다. 레스타무스는 진로의 채권을 골드만삭스의 다른 페이퍼 컴퍼니인 세나인베스트먼트에 넘겼고, 바로 이 회사가 진로의 사주 장진호 회장의 경영권을 박탈하기 위해 법정관리를 신청한 것이다. 이 대법원장은 바로 이 사건을 수임해 골드만삭스의 의도대로 진로에 법정관리가 결정될 수 있도록 도왔다.

골드만삭스는 1년 뒤인 2005년 진로가 하이트맥주에 3조 1,600억 원에 팔린 덕분에 1조 원 이상의 시세차익을 거뒀다. 회사와 노조에서는, 오히려 골드만삭스가 채권자로서 진로를 회생시키기 위한 구조조정을 방해해 법정관리를 불러왔다고 주장했으나, 장진호 회장이 배임 혐의로 구속되는 바람에 흐지부지되었다. 이 사건은 론스타 사건과 함께 투기자본의 폐해를 상징하는 사건이 되었다.

이 대법원장은 이 사건을 수임한 것에 대해 "나라를 위한 일이었다"고 해명했다. 세 차례나 수임 의뢰를 거절했지만, 골드만삭스 쪽이 '대법관을 지내신 분이 외국 자본이라고 해서 사건을 안 맡겠다는 게 말이 되느냐. 외국 자본에 대한 차별인가'라고 항의해서 어쩔 수 없이 맡게 되었다는 설명이었다. 대법원장은 "외환위기도 아직 극복되지 않은 상황에서 내가 욕을 먹을 수 있다고 생각했지만, 투기자본도 우리 법원에서 공정하게 처리된다는 것을 보여주기 위해 사건을 맡았다"고 말했다.

이 대법원장의 해명이 틀렸다고 할 수는 없지만, 과거사 정리를 비롯해 사법개혁을 주창한 최고 법원의 수장이 변호사 시절 외국계 투기자본으로부터 성공보수금이나 받던 평범한 변호사였다는 사실에 실망하는 이들이 많았다. 특히 일선 판사들의 동요가 심했는데, 검찰과 변호사들의 반발을 무릅쓰고 법조삼륜을 부정하면서 법원의 우월성과 도덕성을 강조했던 이 대법원장의 언행이 이들에게 '위선'으로 다가왔다.

이 대법원장의 세금 신고 누락과 투기자본 대리인 논란에 당황하기는 청와대 참모들도 마찬가지였다. 노무현 정부가 야심차게 추진하고 있는 사법개혁을 이끌어가야 할 대법원장이 도덕성에 큰 상처를 입어 자칫 불명예 퇴진하는 위기를 맞을까 촉각을 곤두세웠다. 청와대는 이 대법원장의 세금 신고 내역이 언론에 유출된 경위에도 주목했다. 언론에 보도된 내용은 세무 당국이나 수사기관이 아니면 접근하기 어려운 자료를 바탕으로 한 것이었기 때문이다.

청와대는 검찰과 국세청에 의혹의 시선을 보냈다. 언론 보도는 이 대법원장이 2004년 전반기에 부가세 확정신고를 한 총 60건의 수임 내역 가운데 국세청에 소득신고가 안 된 단 1건을 정확히 짚어냈는데, 이는 직접 자료를 보지 않고서는 불가능한 일이었다. 이 자료는 국세청이 관리하고 있고, 국세청을 제외한 기관 가운데는 검찰이 수사 목적으로 국세청의 협조를 받아 들여다볼 수 있었다.

청와대는 여러 경로를 통해 국세청이 대법원장의 세금 신고 내역을 확인했는지 알아보았다. 하지만 국세청은 이를 들여다볼 이유가 없었다. 법원과 갈등을 빚거나 한 일도 없는데 굳이 대법원장을 자극해서

좋을 일이 하나도 없었다. 국세청 쪽에서 돌아온 답변도 청와대의 예상과 같았다.

유력한 '용의자'는 검찰로 좁혀졌다. 검찰은 국세청과 달리 대법원장의 검찰 조서 비하 발언과 론스타 영장 기각을 둘러싸고 법원과 갈등을 빚고 있었다는 점에서 대법원장을 공격할 충분한 이유가 있었다. 실제로 대법원은 이 대법원장의 세무 기록 자료를 언론에 흘린 당사자로 검찰을 의심하고 있었다. 이 대법원장의 외환은행 사건 수임 자료가 유출되었을 때와 마찬가지로 검찰이 대법원장을 흠집 내기 위해 저지른 짓이라고 확신했다.

검찰은 기자들이 이에 대한 취재에 들어가자, "무슨 권한으로 검찰이 세무 기록에 접근할 수 있겠느냐"며 펄쩍 뛰었다. 하지만 청와대의 반응은 사뭇 달랐다. 청와대 쪽은 대법원이 의심하는 내용에 대해 긍정도 부정도 하지 않은 채 "검찰에 확인해보라"며 묘한 뉘앙스를 남겼다.

검찰은 이후에도 대법원의 의심을 살 만한 행동을 계속했다. 이 대법원장이 세금 신고 누락에 대해 해명한 뒤 활빈단이라는 한 단체가 이 대법원장을 탈세 혐의로 검찰에 고발했는데, 이 사건을 1년이 넘도록 처리하지 않고 있었던 것이다. 서울중앙지검은 고발이 접수된 이후 대법원장의 세무 신고를 전담했던 박아무개 세무사를 딱 한 번 불러 조사했을 뿐 다른 참고인을 조사하거나, 이 대법원장을 조사하는 일 없이 그저 뭉개고 있었다. 사건 구조가 복잡하지도 않고 관련자 가운데 도망친 사람이 있는 것도 아닌데 사건 기록을 캐비닛에 처박아둔 채 처리하지 않고 있었다.

대법원은 '검찰이 법원을 견제하기 위해 사건을 쥐고 있는 게 아니냐'고 의심했지만, 검찰은 "이 사건 외에도 서울중앙지검에 대법원장 관련 고소·고발 사건이 더 있어서 그것까지 확인이 끝나면 처리 여부를 결정하게 될 것"이라고 해명했다. 하지만 이 해명은 좀 궁색했다. 검찰에 고발된 다른 사건은 2006년 12월 이른바 '석궁 테러'로 기소된 김명호 성균관대 교수가 대법원장을 명예훼손 혐의로 고발한 것과, '대법원장이 변호사 시절에 판사들에게 전별금을 줬다'며 한 제소자가 고발한 것으로 이 사건과는 성격이 전혀 달랐다.

보수 회귀로 마무리된 사법개혁

검찰의 의도가 정말 대법원장의 발목을 잡으려는 것이었다면 그 효과는 제대로 본 셈이었다. 이 대법원장의 탈세 고발 사건은 결국 무혐의 처리되었지만, 그의 도덕성과 신뢰도는 이미 땅바닥에 떨어질 대로 떨어진 상태였다. 취임 초기만 해도 강력한 사법개혁 의지를 보이며 대법원 구성 다양화와 사법부 과거사 정리 등을 추진해, "참여정부에서 단행한 인사 가운데 가장 잘된 인사(천정배 당시 법무장관)"라는 말을 들었던 이 대법원장으로서는 큰 타격이 아닐 수 없었다. 그는 "대법원장은 무한대의 검증을 받아야 하는 자리"라며 론스타 사태에 따른 모든 짐을 혼자서 떠안고 가겠다는 의지를 밝혔지만, 여론은 더 이상 그에게 우호적이지 않았다.

더욱 심각한 것은 이 대법원장의 사법개혁 추진에 지지기반이 되어줄 소장 판사들의 신임을 잃은 것이다. 우리법연구회 소속 판사들을 비롯한 소장 판사들은 노무현 대통령이 이용훈 대법원장을 임명할 때부터 크게 반기지 않았다. 그가 사법개혁을 추진할 적임자인지 회의가 들었기 때문이다. 하지만 이 대법원장이 취임 이후 계속해서 사법개혁을 강조하는 모습을 보고 소장 판사들의 여론은 다소 우호적으로 변했다. 이 대법원장이 취임 직후 일선 법원을 돌며 판사들과 간담회를 갖는 자리에서 젊은 판사들이 허심탄회하게 불만과 애로사항을 털어놓은 것도 이 대법원장의 진정성을 믿었기 때문이었다.

그러나 이 대법원장은 정작 판사들이 어렵게 털어놓은 속내를 깎아내리는 실수를 저질렀다. 판사들과의 간담회를 모두 끝낸 뒤 일선 법원장들과 만난 자리에서 "판사들이 개인적인 어려움만 얘기하지, 사법부를 위한 고민은 거의 않더라"고 말한 것이다. 이 시니컬한 소감이 한 보수 언론에 보도되면서 판사들의 분노를 샀다. 사법개혁이 성공하려면 이를 추진하는 과정에서 발생하는 현실적인 어려움도 잘 헤아려야 한다는 뜻에서 어렵게 꺼낸 '쓴 소리'를 단순한 이기주의로 폄하하는 대법원장의 모습에 크게 실망한 것이다.

이런 상황에서 터진 이 대법원장의 세금 누락 의혹 등은 그의 이중성을 크게 부각시켜 소장 판사들이 대법원장에 대한 지지를 완전히 거둬들이는 계기가 되었다. 지지기반이 되어줄 이들한테서 신뢰를 받지 못하게 되자 법원 안에서 이 대법원장의 입지는 크게 약화되었고, 결국 임기의 절반을 채우기도 전에 사실상의 레임덕에 빠지게 되었다. 그의 궁색한 처지는 거꾸로 법조계 기득권 세력의 부활을 의미했는데, 이런 변화가 가장 먼저 반영된 것이 대법관 인선이었다.

이용훈 대법원장은 2006년 7월 이홍훈, 전수안 대법관 임명을 끝으로 더 이상 대법관 인선에 '다양성 원칙'을 반영하지 않았다. 그는 2008년 3월 대법관 정원을 13명에서 14명으로 늘리면서 생긴 신임 대법관 자리에 차한성 법원행정처 차장을 임명 제청했다. 법원행정처 차장을 대법관에 발탁하는 것은 이 대법원장 체제 이전의 사법부가 전통적으로 해오던 인사로 재야 법조계와 학계, 시민단체 들의 비난을 샀던 방식이다. 법원행정처 차장은 대법원장의 핵심 참모로 사법부 관료주의를 상징하는 자리일 뿐만 아니라, 국회를 상대로 하는 업무가 많아 정치적 독립성 논란으로부터도 자유롭지 않았다.

이 대법원장은 또 2008년 9월 김황식 대법관이 임기의 절반도 채우지 못하고 이명박 정부의 첫 감사원장에 취임하면서 생긴 빈자리에 양창수 서울대 법대 교수를 임명 제청했다. 대법원은 양 대법관이 국내 첫 학계 출신 대법관이라는 점을 들어 "대법관 구성의 다양화라는 사회적 요청 등을 두루 참작했다"고 밝혔다. 하지만 진보 진영은 '무늬만 다양화'라고 깎아내렸다. 법을 해석하는 양 대법관의 관점이 보수 성향의 판사들과 별반 다르지 않아 대법원 판결의 보수화에 기여할 것이라는 이유에서였다(실제로 양 대법관은 이후 삼성에버랜드 사건을 비롯한 여러 재판에서 보수적인 관점을 유감없이 드러냈다). 보수 성향의 대법관들이 수적으로 우세한 상황에서 보수적인 인사를 대법관에 발탁한 것은 다양성 원칙에 맞지 않다는 주장이었다.

양 대법관은 16회 사법시험에 합격해 5년 남짓 판사로 근무했고, 전두환 정권 시절엔 청와대에 파견되어 대통령 비서실 법제연구관으로 근무했다. 양 대법관은 노무현 정부 때인 2005년과 2006년, 2008년 세 차례나 대법관 후보로 추천되었으나 대법원에 입성하지는 못했는데, 그 이유가 바로 지나치게 보수적이라는 평가 때문이다. 따라서 이 대법원장이 이명박 정부의 첫 대법관 인사에서 양 대법관을 임명 제청한 것은 그의 대법원 운영이 보수로 회귀할 것임을 예고하는 신호탄으로 받아들여졌다.

그로부터 2년이 지난 2010년 9월 이 대법원장은 '사상 첫 여성 대법관'인 김영란 대법관의 후임으로 여성이 아닌 남성을 발탁함으로써 다양성 원칙을 폐기했음을 입증해 보였다. 김 대법관의 후임으로 지명된 이인복 춘천지법원장은 서울대 법대·판사 출신으로 소수자 배려에 해당되지 않았다. 이인복 대법관의 임명을 두고 법원 안에서는 그가 중도 성향으로 합리적 판결을 많이 내린다는 평가가 있기는 했지만, 어쨌든 첫 여성 대법관의 후임 인사라는 상징성을 무시하고 과거 기준으로 온전히 되돌아간 인사였다.

하지만 보수 회귀의 압권은 2009년 2월 신영철 서울중앙지법원장을 고현철 대법관의 후임으로 임명 제청한 것이다. 신영철 대법관은 법관으로서는 매우 드물게 정치적 감각이 뛰어났다. 충남 공주 출신으로 대전고를 졸업한 그는 노무현 정부 때도 대법관 후보로 거론되었는데, 당시 기자들을 사적으로 만난 자리에서 지역적으로 중부권(충청도) 출신이고 이념적으로는 중도 성향인 자신이 대법관이 되는 게 국익에 도움이 된다는 이른바 '중부권 역할론'을 주장하기도 했다.

2004년 1월 29일 '김대중 내란음모 사건'의 재심 선고 법정에서 그는 뛰어난 정치 감각을 지닌 법관으로서의 태도를 유감없이 드러냈다. 이날 김대중 대통령은 서울고등법원 법정에 지팡이를 짚고 이희호 여사의 부축을 받으며 입정했다. 1980년 계엄사령부의 군법회의에서 사형 선고를 받았던 김 대통령은 이 재심 재판에서 내란음모와 계엄법 위반에 대해 무죄를 선고 받았다. 전두환 당시 보안사령관이 이끌던 신군부가 김 대통령 등이 내란음모를 꾸몄다고 조작했음을 법원이 인정한 것이다. 24년 전 함께 재판을 받았던 고 문익환 목사 등 20명은 이미 1년 전에 재심을 통해 무죄 판결을 받았지만, 김 대통령은 대통령 재임 중이라 재심 재판이 미뤄졌었다.

김 대통령은 무죄가 선고된 뒤 "국민과 역사는 반드시 승리한다는 것을 다시 한번 깨달았다. 독립된 사법부가 건재해 이런 잘못된 재판이 다시는 이 나라에 없기를 바란다"고 소감을 밝혔다. 그의 비장한 소감은 방청객과 취재기자들로 가득 찬 법정을 숙연하게 만들었다.

김 대통령에게 무죄를 선고한 재판장은 다름 아닌 신영철 대법관이었다. 서울고법 부장판사였던 그는 이날 김 대통령을 매우 극진하게 대접했다. 전직 대통령이라는 점을 감안하더라도 다른 피고인들에 견줘 눈에 띄게 비교되는 특별대우였다. 법정을 언론에 공개해 사진 촬영을 허락한 것도 매우 이례적인 일이었다.

재판장이었던 그는 김 대통령이 피고인석에 앉을 때까지 잠시 서서 기다렸다. 일반적으로는 재판장이 자리에 앉을 때까지 피고인이 서서 기다리는 것이 법정에서의 불문율이었지만, 그는 마치 전직 대통령에 대한 예우가 더 중요하다는 듯이 자연스럽게 행동했다. 그러고는 몸을 법대 앞으로 기울여 공손한 태도로 김 대통령에게 말을 걸었다. "대법원장님께서 청와대를 방문했을 때 대통령님을 뵌 적이 있습니다. 그때 제가 대법원장 비서실에서 일하고 있었거든요. 재판 도중에 불편한 점이 있으면 언제든지 말씀해주십시오." 겸손한 말투와 예의 바른 그의 태도는 진심에서 우러나온 것처럼 보였다. 김 대통령도 온화한 미소로 화답했다.

하지만 그는 4년 뒤 '본색'을 드러냈다. 당시 서울중앙지법원장이었던 그는 이른바 '촛불시위' 참가자들을 재판하던 판사들에게 재판을 빨리 진행하도록 독려하는 이메일을 보내는 등 법관의 독립을 침해하는 행동을 스스럼없이 저질렀다. 4년 전 법정에서 김대중 대통령의 '독립된 사법부가 건재하길 바란다'는 소감을 경청했던 태도는 온데간데없었다. 과거 독재정권 시절의 정치 판사들처럼 재판의 독립은 안중에도 없는 듯 행동했다.

이런 측면에서 신 대법관의 발탁은 사법개혁을 주창하던 이용훈 대법원장에게 두고두고 짐이 될 수밖에 없는 인사였다. 이 대법원장이 이를 깨닫는 데는 그리 오랜 시간이 걸리지 않았다. 자신이 더 이상 사법개혁이라는 말을 입에 담을 수 없다는 걸 뼈저리게 느끼게 해준 사건이 다가오고 있었다.

대법원장은 헌법에 따라 대법관 13명 전원과 헌법재판관 3명 등 모두 16명에 달하는 최고 법관 제청 권한을 가진다. 대법관제청자문위원회가 있기는 하지만 대법관 후보를 정하는 데 대법원장의 의중이 '침해'되는 경우는 결코 없다. 헌법재판관 제청 권한도 가진 탓에 대법관 자리에 오르지 못한 법원 고위직들을 헌법재판관 후보로 제청한다는 지적도 나온다. 헌법재판관 임명과 관련해 어떤 권한도 없는 헌법재판소장과 비교하면 대법원장의 힘은 '제왕'에 가깝다. 중앙선거관리위원회 위원 등 중요 헌법기관 구성원의 지명권도 가진다.

　대법원장은 전국의 법관 2,600여 명의 승진·전보 등 인사권도 쥐고 있다. 어떤 판사를 어느 지역, 어느 법원, 어느 자리에 보내는지를 대법원장이 결정한다. 현 법관 인사 시스템의 가장 큰 폐해로 지목되는 '고법부장 승진' 역시 대법원장의 권한이다. 차관급인 고법부장은 법원장과 대법관이 되기 위해 거쳐야 하는 필수코스다. 고법부장 승진을 못하면 대부분 법복을 벗는다(이런 폐해를 고치기 위해 2011년부터 '지방법원-고법판사 이원화' 인사를 일부 시행하고 있지만, 인사 이원화가 안착하기 위해서는 상당한 시간이 필요하다).

　초대 대법원장은 가인 김병로다. 1948년 8월 이승만 대통령은 김병로 미군정 사법부장을 초대 대법원장으로 임명했다. 이승만 대통령이 임명했지만 가인은 그런 '사소한 인연'에 끌려다니지 않았다. 그는 9년

3개월 동안 대법원장으로 재직하면서 이승만 대통령과 행정부로부터 가해지는 노골적인 재판 간섭과 외압을 막아냈다. 반민특위 해체를 비판하고, 사사오입 개헌이 불법임을 역설했을 뿐만 아니라, 보안법 개악을 반대하는 등 이승만 정권의 독재에 맞서 사법부의 독립과 권위를 지켜냈다.

박정희 군사정권이 들어서고 사법부가 굴종의 길로 들어서면서 대법원장도 함께 비굴해지기 시작한다. 5·6대 민복기 대법원장은 1973년 취임사에서 이렇게 말했다. "우리 국가와 민족의 강력한 지도자이신 박(정희) 대통령 각하의 영도 아래 유신헌법이 규정한 삼권분립 원칙에 따라 사법이 운영되어야 함은 더 말할 나위도 없는 것입니다." 민복기 대법원장 시절에 초헌법적 긴급조치가 맹위를 떨쳤고 인민혁명당 재건위 사건도 '사법살인'으로 끝났다. 유신 말기에 임명되어 신군부 전두환 정권이 들어선 뒤 물러난 7대 이영섭 대법원장은 "오늘 이 과거를 돌아보면 모든 것이 회한과 오욕으로 얼룩진 것 이외에는 아무것도 아닌 것이 되었습니다. 대단히 죄송합니다"라는 퇴임사를 남겼다.

전두환 정권이 임명한 8대 유태흥 대법원장 시절 안기부의 재판 개입은 극에 달했다. 재판 결과를 두고 법원장에게 항의하는 것은 다반사였다. 법관에 대한 뒷조사까지 행해졌다. 유태흥 대법원장 역시 정권의 심기를 건드린 판결을 문제 삼아 법관들에 대한 문책인사로 정권에 화답했다. 당시 야당은 이에 반발해 대법원장 탄핵소추안을 발의하기도 했다. 1988년에는 9대 김용철 대법원장의 유임 소식이 알려지면서 일선 판사들이 들고일어나는 사건이 벌어졌다. '새로운 대법원 구성에 즈음한 우리의 견해'라는 성명서로 시작된 제2차 사법파동이었다. 결국 김용철 대법원장은 스스로 물러나야 했다.

15대 양승태 대법원장까지 13명의 대법원장이 거쳐 갔지만 국민들이 이름을 기억하는 대법원장은 가인 김병로 정도에 그친다. 가인 이후 그와 같은 대법원장을 가져보지 못한 것이 우리 사법부의 한계라고 지적하는 이들이 많다.

● 역대 대법원장

1대	김병로	일본 메이지대	변호사·정치인	1948년 8월~1957년 12월
2대	조용순	경성법률전수학교	판사·법무부 장관	1958년 6월~1960년 5월
3대	조진만	경성법학전문학교	변호사·판사·법무부 장관	1961년 6월~1964년 1월
4대	조진만			1964년 1월~1968년 10월
5대	민복기	경성제국대학	판사·대통령 비서관·검찰총장·법무부 장관	1968년 10월~1973년 3월
6대	민복기			1973년 3월~1978년 12월
7대	이영섭	경성제국대학	판사·교수	1979년 3월~1981년 4월
8대	유태흥	일본 간사이대	변호사·판사	1981년 4월~1986년 4월
9대	김용철	서울대	판사	1986년 4월~1988년 6월
10대	이일규	일본 간사이대	판사·변호사	1988년 6월~1990년 12월
11대	김덕주	서울대	판사·변호사	1990년 12월~1993년 9월
12대	윤 관	연세대	판사	1993년 9월~1999년 9월
13대	최종영	서울대	판사·변호사	1999년 9월~2005년 9월
14대	이용훈	서울대	판사·변호사	2005년 9월~2011년 9월
15대	양승태	서울대	판사	2011년 9월~

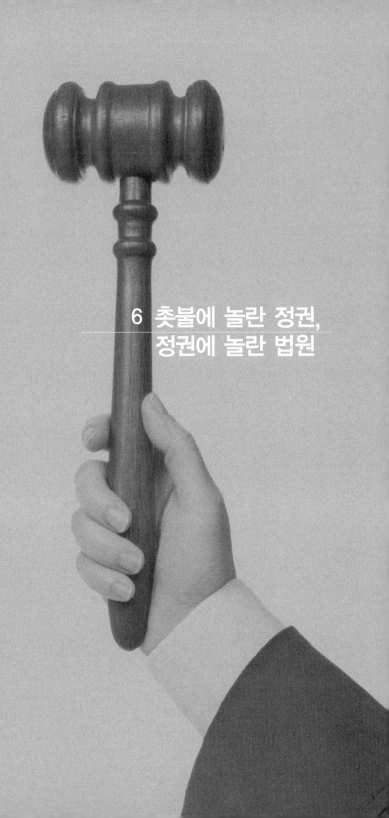

6 촛불에 놀란 정권,
   정권에 놀란 법원

촛불이 기회가 된 법원장

겨울이면 서울 서초동 법조타운에 자리한 서울중앙지검과 서울중앙지법 건물 사이로 내려치는 영하의 칼바람이 특히 매섭다. 이를 두고 조선시대 궁녀들의 무덤이 있던 자리라 원래 음기가 세서 그렇다는 믿거나 말거나 한 주장부터, '영장 갈등'으로 대표되는 검찰과 법원 사이의 기압차가 칼바람을 만들어냈다는 재치 있는 농담까지 다양한 설들이 나돈다.

반포대로 건너편에 있는 대검찰청과 대법원도 마찬가지이다. 나란히 이웃한 대법원과 대검찰청을 유심히 살펴보면 두 건물이 약간 엇갈려 지어진 걸 알 수 있는데, 이를 두고도 그럴듯한 설명이 이어진다. 대법원 청사 양쪽에는, 전국 법관들의 인사와 사법행정 등을 총괄하는 법원행정처 건물이 마치 날개처럼 펼쳐져 있다. 문제는 양 날개 끝이 대검찰청 쪽을 향해 뾰족하게 튀어나왔다는 점이다. 풍수적으로 뾰족한 곳은 기운이 찌르듯 나온다고 한다. 그래서 사법부의 '예봉'을 피하기 위해 대검찰청 건물을 옆으로 살짝 비켜서 지었다는 것이다.

이렇듯 법원과 검찰 간의 기 싸움은 실제로 곳곳에서 벌어진다. 검찰청법*에 따라 법원과 검찰은 늘 붙어 다녀야 하는 운명인데, 서로 기 싸움에서 밀리지 않으려고 온갖 묘수를 동원하는 것이다. 가령 서울북부지검은 건물을 새로 지으면서 법원보다 높게 보이려고 가벽을 세웠고, 광주지검은 신축을 하면서 건물 높이를 올렸는데, 옛 건물을 그대로 사용하는 광주지법에 새로 부임하는 법원장마다 검찰이 법원을 내려다보는 것에 매우 불쾌해한다고 한다.

그런가 하면 대구 수성구 범어동의 비탈진 산자락에 자리한 대구지법과 대구지검은, 예전부터 터가 좁아서 다른 곳으로 옮겨야 한다는 의견이 많았다. 그런데 법원 쪽은 이미 다른 장소를 물색해놓은 반면 검찰은 그 비좁은 터를 떠나지 않으려고 했다. 그 자리에서 검찰총장이 많이 배출되었기 때문이다. 결국 검찰은 원래 자리에 건물을 새로 올렸다.

물론 법원과 검찰의 기 싸움이 단지 건물을 두고 벌이는 신경전에 그치는 건 아니다. 실전으로 확대되기도 한다. 멀리 갈 것도 없이 2006년에 발생한 '론스타 영장 기각 사건'에서 보여준 법원과 검찰의 갈등이 대표적인 예이다. 하지만 칼날처럼 뾰족한 대법원 건물에서 뿜어져 나오는 거센 기운이 때로는 스스로를 해칠 수도 있음을 보여준 사건은, 2009년 2월 한 소장 판사의 사직으로 촉발된 사건이었다.

이명박 정부는 출범 첫해인 2008년 큰 위기를 맞았다. 정부의 쇠고기 협상 대표단이 미국산 쇠고기 수입 협상을 졸속으로 처리하는 바람

• 검찰청법 제3조(검찰청의 설치와 관할구역)는 '대검찰청은 대법원에, 고등검찰청은 고등법원에, 지방검찰청은 지방법원과 가정법원에 대응하여 각각 설치한다. 지방법원 지원 설치 지역에는 이에 대응하여 지방검찰청 지청을 둘 수 있다'고 규정하고 있다.

에 이를 반대하는 촛불시위가 서울을 비롯한 주요 대도시에서 100일 가까이 계속되었다. 그해 5월부터 8월까지 수십만 명의 시민들이 서울 광화문을 점령했는데, 경찰은 청와대를 향하는 시민들을 막기 위해 광화문 일대에 컨테이너 장벽을 세우기까지 했다. 결국 취임한 지 6개월도 안 되어서 이명박 대통령은 대국민 사과를 해야 했다.

정권이 출범하사마사 레임덕 현상을 맞게 한 촛불집회는 이명박 정부에게는 치욕이었고, 다시는 재발하지 않도록 철저히 응징해야 할 대상이었다. 촛불집회가 끝나자 이명박 정부는 기다렸다는 듯이 검찰과 경찰, 국가정보원은 물론 국군기무사령부까지 동원해 전방위적인 탄압을 시작했다. 촛불집회를 주최한 시민단체 관계자들과 총학생회를 비롯한 대학생 단체, 심지어 인터넷 동호회까지 수사 대상에 올랐고, 무려 900여 명이 기소되었다. 서울중앙지법을 비롯한 전국의 지방법원에서 과거 독재정권에서나 볼 수 있었던 시국사건 재판이 무더기로 열렸다. 일부 법관들의 정권 '코드 맞추기'가 시작된 것도 바로 이때였다.

그 중심에 신영철 당시 서울중앙지법원장이 있었다. 서울중앙지법원장은 전통적으로 대법관 승진 1순위다. 하지만 신 법원장은 새로 출범한 이명박 정부의 초기 인사를 독식한 '고소영(고려대-소망교회-영남)' 출신이 아니었다. 게다가 대법원 안팎에서는 신 법원장과 경합할 대법관 후보에 이미 보수 성향이 강한 다른 판사 출신 인사의 이름이 계속 거론되고 있었다. 그는 2004년 국내 첫 여성 대법관인 김영란 대법관이 임명되자, 인사에 강한 불만을 나타내며 사표를 던진 인물이었다. 그만큼 이명박 정부와는 코드가 잘 맞는 인물이기도 했다.

따라서 신 법원장으로서는 촛불시위 사건이 가장 많이 배당된 서울중앙지법에서 '엉뚱한' 판결이 나와서는 안 되는 상황이었다. 그는 2008년 6월 19일부터 7월 11일 사이에 촛불집회 참가자들에 대한 형사사건 재판을 보수 성향의 재판부에 몰아줬다. 이 재판부는 신 법원장의 기대를 저버리지 않았다. 집회 참가자에게 유죄가 선고되었고, 실형을 선고 받은 이들도 있었다. 새로 출범한 정부에 뭔가 보여줄 필요가 있었던 신 법원장으로서는 매우 다행이었다. 이대로 무사히 고비를 넘기면 대법원 입성에 성공할 것처럼 보였다. 하지만 순조롭게 진행되는 듯했던 그의 대법관 꿈은 박재영 판사의 등장으로 좌초될 위기를 맞았다.

서울중앙지법 형사7단독 박재영 판사는 2008년 8월 11일 촛불집회 주도 혐의로 기소된 안진걸 광우병 국민대책회의 조직팀장에게 보석을 허가했다. 그의 행위가 징역 10년 이상의 중형이 선고될 범죄도 아니고, 도주 우려도 없다는 판단에서 내린 결정이었다. 그러자 《조선일보》는 이틀 뒤 "재판장이 피고인을 두둔하고 재범을 방조했다"고 비난하는 내용의 기사를 썼다. 다음날에는 '불법시위 두둔한 판사, 법복 벗고 시위 나가는 게 낫다'라는 사설까지 썼다. 판사들은 부글부글 끓어올랐다. 《조선일보》의 보도는 법관의 양심을 위축시키고 재판의 독립에 영향을 주려는 의도가 명백해 보였다. 법원 내부통신망에는 '이제 조선일보는 사법부도 자신들의 발아래 두려 하는가'라는 글이 올라왔다.

그로부터 두 달 뒤 서울고등법원과 서울중앙지법에 대한 국회 국정감사가 서울고법 회의실에서 열렸다. 판사 출신의 한나라당 홍일표

의원은 박재영 판사의 사례를 거론하며 "젊은 판사들에 대한 교육이 필요하다"고 훈계했다. 그는 "사법부의 독립이라는 것은 권위주의 정권 시절에는 정치권력으로부터의 독립이 가장 중요하고, 또 필요했지만, 민주화가 된 이후로는 여론으로부터의 독립, 또는 인기를 얻기 위한 포퓰리즘으로부터의 독립, 이런 것이 더 중요하고 필요하다"며 "판사들이 너무 경험이 없고 나이가 어리다는 지적을 생각해본다면 법관이 법정에서 어떤 용어를 사용하고, 어떤 견해를 피력하는지 등에 대해 선배 판사들이 교육을 하는 게 필요하다"고 말했다. 홍 의원은 장시간의 훈시를 마친 뒤 "판사 교육을 어떻게 하느냐"고 신 법원장에게 물었다.

홍 의원의 질문에 신 법원장은 "기본적으로는 배석판사들이 모시는 부장한테서 도제 교육을 받습니다. 저는 법원장으로서 판사들을 그룹으로 나눠 밥을 사주고 있습니다"라고 답했다. 그의 '생뚱맞은' 답변에 국감장 분위기가 썰렁해졌다. 국회의원이 재판의 독립을 명백하게 침해하는 발언을 했는데도, 그에 대한 적절한 대응 없이 묻는 말에만 충실하게 답변하는 서울중앙지법원장의 태도에 판사들은 당혹감을 감추지 못했다.

그러나 박재영 판사는 국정감사장에서 자신의 문제가 거론된 것에 아랑곳하지 않고, 그날 오후 야간 옥외집회를 금지한 '집회 및 시위에 관한 법률' 조항이 헌법에 위반하는지를 판단해달라며 헌법재판소에 위헌심판제청을 했다. 야간 옥외집회 금지 조항은 촛불집회 참가자들을 처벌하는 근거가 되었던 조항이다. 이는 홍 의원이나 신 법원장의 바람을 정면으로 거스르는 행동이었지만, 헌법재판소는 2009년 9월

24일 야간 옥외집회 금지 조항이 헌법에 위반한다며 헌법불합치 결정을 내려 박 판사의 손을 들어줬다.

그런데 후배 판사들 교육을 위해 '밥을 사주고 있다'는 신 법원장의 말도 사실과 달랐다. 신 법원장은 판사들에게 '밥값'을 하도록 은근히 압박하고 있었다. 유야무야 조용히 넘어가는 듯했던 이 문제는 박 판사의 사직과 뒤이은 신 법원장의 대법관 발탁을 계기로 수면 위로 떠올랐다.

촛불 재판 몰아주기

박재영 판사가 2009년 2월 1일 사직서를 내자, 언론은 그가 사직한 이유에 촉각을 곤두세웠다. 그가 촛불집회 참가자를 풀어준 일로 인해 인사상 불이익을 받았다는 의심이 강하게 들었기 때문이다. 그 무렵 박 판사가 동료 판사들에게 "내 생각이 현 정권의 방향과 달라서 공직에 있는 게 힘들고 부담스러웠다"는 말을 종종 했다는 소문도 돌았다.

실제로 한 신문사 기자가 판결을 내리는 데 외압을 받은 적이 있는지를 묻자, 박 판사는 "그런 적은 없다. 다만 위헌심판제청 이후 나에게 사건이 배당되는 과정에서 이해하기 힘든 점들이 있었다"라고 답했다. 촛불집회 재판 이후 서울중앙지법의 사건 배당에 뭔가 문제가 있었던 것으로 해석되는 말이었다.

법원에서 사건 배당은 매우 중요하다. 사건 배당이 무작위로 이뤄지지 않고 인사권을 가진 고위 법관이 개입할 경우 재판의 독립이 침해

받는다. 과거 독재정권 때는 권력의 외압을 받아 법원장이 임의로 특정 사건을 특정 판사에게 배당하는 일이 비일비재했다. 이는 법관이 양심에 따라 독립적으로 재판하는 것을 방해하는 것으로 중대한 '사법 파괴' 행위였다. 그런데 박재영 판사의 말은 독재정권 때나 있었던 이런 악행이 버젓이 벌어지고 있는 것으로 해석될 여지가 충분했다.

기자들은 박 판사에게 어떤 형태의 배당 문제가 있었는지 물었다. 하지만 박 판사는 좀처럼 입을 열지 않았다. 이미 사직을 한 마당에 지난 일을 거론하는 것은 부담스럽다는 태도였다. 동료 판사들의 반응도 비슷했다. "더 이상 거론하지 않기로 정리를 한 사안이라서 내가 먼저 뭐라고 말할 수는 없다"며 고개를 저었다.

판사들이 이런 반응을 보인 데는 이유가 있었다. 신 법원장이 판사들을 상대로 입단속을 주문했다는 증언이 나중에 여러 판사들로부터 나왔다. 당시 서울중앙지법 형사단독판사로 근무했던 한 판사는 "신 법원장이 '이 얘기가 밖으로 새어 나가면 사법부에 도움이 되지 않는다. 다시는 그런 일 없을 테니 외부로 말이 나가지 않게 해달라'고 했다"고 증언했다. 신 법원장은 또 '자칫 밖으로 말이 나가면 대법원장도 옷을 벗을 수 있다'는 말도 했다는 증언도 나왔다.

그러나 신 법원장이 대법관에 임명되자, '봉합'된 판사들의 마음이 실밥 터지듯 열리기 시작했다. 정권의 이익과 직결된 사건에 개입해 판사들의 재판권을 침해한 당사자가 최고 법관이 되어서는 안 된다는 공감대가 형성된 듯했다. 판사들의 증언을 인용해 신 법원장이 촛불집회 재판에 개입했다는 언론 보도가 쏟아지기 시작했다. 특히 신 법원장이 판사들에게 돌린 이메일이 공개되어 엄청난 파장이 일었다.

신 법원장이 이명박 대통령으로부터 대법관 임명장을 받은 지 5일 만인 2009년 2월 23일의 일이었다.

2008년 7월 15일 신 법원장은 출근하자마자 형사단독판사들에게 이메일을 보냈다. '대내외비' '친전'이라고 표시한 이메일 제목은 '형사단독판사 간담회'였다.

안녕하십니까. 법원장입니다. 형사단독판사님들의 간담회(양형연구위원회)를 아래와 같은 방식으로 개최하고자 하오니 참석하여주시기 바랍니다.

일시: 2008. 7. 15(화) 09 : 20

장소: 동관 4층 소회의실(법원장실 옆)

참석범위: 법원장 형사단독판사(영장전담, 수석부 배석 제외)

취지: 1. 양형의 통일적 운영 2. 형사재판 운영에 관한 제문제.

요망사항: 법원장으로서 '소통과 배려'에 문제가 있었음을 말씀드리는 기회이고 향후 형사재판 운영에 관한 속마음을 솔직하게 말씀드릴 기회를 가지고자 하오니, 모임에서 논의된 사항이나 모임 그 자체도 대외적으로는 물론 대내적으로도 비밀로 해주시기 바랍니다. 법원장으로서도 모임 현장에서 언론의 자유를 얻기 위한 최소한의 요청입니다.

신 법원장은 '소통과 배려에 문제가 있었다'고 인정하면서도 모임 자체는 '대내외 비밀'로 해달라고 주문했다. 뭔가 떳떳하지 못한 이유가 있음을 인정한 셈인데, 실제로 이 메일을 보내기 전까지 서울중앙지법에 접수된 촛불 사건 8건이 특정 판사에게 집중 배당되었다. 이 문제를 논의하기 위해 7월 14일 형사단독판사들의 모임이 열렸다. 판사들은 이 자리에서 촛불 재판 몰아주기 배당에 대한 대책을 논의했고, '법원장에게 배당에 대한 문제점을 개선하도록 건의하자'는 쪽으로 결론을 내렸다.

형사단독판사들의 분주한 움직임은 신 법원장에게 곧바로 포착되었다. 몰아주기 배당에 관여했던 허만 서울중앙지법 형사수석부장판사가 모임 소식을 들은 뒤 신 법원장에게 보고한 것이다. 그날 밤 신 법원장은 몇몇 형사단독판사들을 만나 의견을 들었다. 판사들의 심각한 분위기를 확인한 신 법원장은 7월 15일 아침부터 부랴부랴 이메일을 돌려야 했다. 신 법원장은 이날 양형 간담회 명목으로 소집한 회의에서 판사들에게 '앞으로는 촛불 사건 재판을 일반 방식(미리 정한 순서에 따라 사건을 배당하는 방식)에 따라 균형 있게 배당하겠다'고 약속했다.

몰아주기 배당 문제는 그렇게 종결되는 듯했다. 그러나 8월 13일 박재영 판사를 실명으로 거론한 《조선일보》의 기사를 계기로 이 문제는 다시 불거졌다. 《조선일보》는 박 판사가 안진걸 광우병 국민대책회의 조직팀장의 보석을 허가하는 과정에서 "야간 옥외집회 금지 조항의 위헌성 논란이 있는 만큼 양심의 자유를 침해할 수도 있지만, '풀어주면 촛불집회에 다시 나가겠냐'는 질문을 할 수밖에 없다"고 말한 부분을 트집 잡았다. 안진걸은 박 판사에게 "합법 집회와 문화제에는 나가겠다"고 답했다. 그런데 《조선일보》는 이 대화를 문제 삼아 '박 판사는 법복을 벗고 이제라도 시위대에 합류하는 게 나을 것'이라고 사설로 비아냥거렸다.

8월 14일 오후 5시 38분 신영철 법원장은 '무제'라는 제목으로 형사단독판사들과 허만 형사수석부장판사에게 다시 이메일을 보냈다.

이번에도 이메일 첫머리에는 '대내외비' '친전'이라는 문구가 적혀 있었다.

　　존경하는 우리 법원의 형사단독판사님께.

　　법원장입니다. 휴가는 잘 다녀오셨나요. 휴정기가 지나자마자 여러 중요 형사사건에 대한 결론이 나는 등 특히 형사재판부 쪽은 벌써 역동적으로 돌아가고 있는 것 같습니다. 다시 한번 말씀드리지만 어려운 시기에 형사재판을 맡겨드려서 미안한 마음뿐입니다. 지난번 간담회 이후 그때 논의된 바에 따라 정치적인 냄새가 나는 사건도, 관련 사건으로써 특정 판사에게 집중배당하지 않고 널리 단독판사님들께 배당하기로 한 결과 거의 모든 판사님들이 몇 건씩 그런 사건들을 배당받아 진행하고 계십니다. 애초 집중배당을 택했던 것은 궁극적으로는 양형의 통일을 기하는 것이었지만, 더 나아가 재판 진행의 균질화를 추구한 결과였습니다. 이에 대하여 형사단독판사님들의 요청은 '우리도 잘할 수 있으니 믿고 맡겨달라'는 것이었습니다. 그렇게 하기로 하면서 제가 요청의 말씀을 드린 것은 집중배당으로 달성하고자 했던, 보편적 결론을 도출하기 위하여 노력하여달라는 것이었습니다. 아직도 저의 이런 요청은 유효합니다. 아울러 재판 진행에 있어서도, 그 재판을 바라보는 제3자들이 많은 만큼, 엄정함을 유지하시고, 재판상 언행으로 별로 쓸데없는 물의가 빚어지지 않도록 해주시면 좋겠습니다. 우리나라 언론은 참 한심합니다. 결국은 우리나라의 수준이 그것밖에 안 되는 측면이 있습니다만, 우리 사회가 보수와 진보로 나뉘어 서로 원수가 되었고 언론도 양쪽에 편승하고 있어 제정신이 아닌 듯합니다. 그렇다고 뚜렷한 대책이 있는 것도 아닙니다. 우리나라 언론은 절대 잘못을 인정하지 않고, 할 수 없이 굴복한 경우에는 절대 잊지 않고 복수를 하기 때문에 억울하더라도 참고 시간 가기만 기다리는 것이 상책인 경우가 많습니다. 자중자애하시고 평상심을 가지고 엄정하게 재판에 임하는 수밖에는 별도리가 없는 것 같습니다. 선진국의 판사들처럼, 자기가 관장하는 법정에서는 판사가 어떤 언행을 하든 아무 문제가 되지 않고, 반면 진행 중인 재판에 영향을 미치려는 행위가 발견되면 법정모욕죄로 처벌할 수 있는 처지라면 얼마나 좋겠습니까. 우리나라의 판사는 법정 언행도 매우 주의하여야 합니다. 실속도 없이 가십거리나 제공하는, 또 그로 인하여 당해사건은 물론 관련 사건과 다른 판사가 담당하는 사건에까지 미세하나마 영향을 미칠 것 같은 언행은 삼가야 합니다. 정치적인 냄새가 나는 사건에서, 순수한 사람은 담당 판사밖에 없습니다. 피고인과 시민단체, 정부와 정치권, 언론 등 모든 부문이 재판의 결론은 물론 진행 과정까지 정치적으로 이용할 태세를 가지고 있습니다. 그 사람들에게 법원의 권위가 어떻고 해봐야 귀나 기울이겠습니까. 답답한 심정에서 조금 무리한 말씀을 드렸습니다. 법원장 드림.

처음에 보냈던 이메일과 달리 훈계의 톤이 더 강해진 메일이었다. 신 법원장은 판사들을 다독이기 위해 《조선일보》를 비판하면서도 '재판상 언행으로 쓸데없는 물의가 빚어지지 않도록, 실속도 없이 가십거리나 제공하지 말라'는 의미심장한 말을 판사들에게 던졌다. '정치적 냄새가 나는 사건들에서 보편적 결론을 도출해달라'는 당부도 잊지 않았다.

《조선일보》의 기사는 형사단독판사들의 집단 반발로 궁지에 몰린 신 법원장과 허만 형사수석부장판사에게 새로운 전기를 마련해줬다.

애초 촛불집회 사건의 몰아주기 배당 이후 허만 형사수석부장이 문책성 인사를 당할 것으로 예상되었고, 그렇게 되면 신 법원장도 대법관이 되기는 힘들어질 것이라는 게 중론이었다. 그러나《조선일보》의 보도를 계기로 마치 판사들에게 문제가 있는 것처럼 보수 진영의 여론몰이가 진행되면서 법원이 때 아닌 이념 논쟁에 휘말리게 된 것이다. 이 과정에서 신 법원장과 허만 형사수석부장판사는 법원의 '좌경화' 흐름에 맞서서 사태를 수습한 용기 있는 고위 법관으로 포장되었다.

허만 형사수석부장판사에 대한 문책 인사가 이뤄지지 않자, 몰아주기 배당이 다시 시작되었다. 대법원 진상조사단이 조사한 바에 따르면, 신 법원장이 형사단독판사들에게 몰아주기 배당을 하지 않겠다고 한 다음날인 7월 16일 이후 접수된 96건의 촛불 사건 가운데 61건만 무작위로 배당되었고, 나머지 25건은 몇몇 재판부에만 배당되었으며, 10건은 한 재판부에 집중적으로 배당되었다.

이에 맞서 형사단독판사들의 '소신'도 계속되었다. 박재영 판사가 야간 옥외집회 금지 조항에 대한 위헌심판제청을 낸 다음날인 10월 10일 서울중앙지법 형사3단독 엄상필 판사가 촛불집회 주도 혐의로 구속 기소된 박석운 진보연대 상임운영위원장의 보석 신청을 받아들였다. 관련 처벌조항에 대한 위헌심판제청이 이뤄진 상황에서 헌법재판소의 위헌 여부 결정을 기다릴 필요가 있다는 이유에서 내린 결정이었다. 엄 판사는 이미 예정되어 있던 박 위원장의 공판을 연기하는 한편, 같은 혐의로 구속 기소된 누리꾼 나아무개(ID '권태로운 창')에 대해서도 직권으로 보석을 허가했다. 엄 판사는 일주일 뒤에 잡혀 있던 나씨의 선고 공판까지 연기했다.

서울중앙지법 형사단독에 접수된 촛불집회 관련 사건은 모두 106건 (병합사건 12건 제외)이었다. 판사들은 평소 자신이 맡은 사건과 관련해 동료 판사들과 종종 의견을 나누기도 한다. 만약 위헌심판제청과 관련해 뭔가 교감이 있었다면 100여 건에 이르는 재판 가운데 상당수가 연기될 가능성이 커 보였다. 이는 촛불집회를 어떻게 해서든지 막아야 하는 이명박 정부로서는 결코 방관할 수 없는 사태였고, 대법원 입성을 코앞에 둔 신 법원장에게도 최악의 시나리오였다.

대법원장은 몰랐던 '대법원장님 말씀'

신 법원장은 10월 13일, 취임 이래 가장 바쁜 하루를 보냈다. 이날 아침 《조선일보》에는 '보석으로 풀려난 촛불집회 주동자들이 다시 결집에 나서고 있다'는 내용의 기사가 실렸다. 촛불집회를 끔찍이도 싫어하는 이명박 정부가 서울중앙지법을 탓하기에 딱 좋은 기사였다. 신 법원장은 부랴부랴 서울 재동의 헌법재판소를 예고도 없이 찾았다. 이강국 헌법재판소장을 만나기 위해서였다. 서울중앙지법원장이 헌법재판소장을 갑작스레 방문하는 일은 매우 드문 일이었다.

이강국 소장을 만난 신 법원장은 '촛불집회 관련 위헌심판제청 사건을 빨리 처리해달라'고 요청했다. 박재영 판사가 낸 위헌심판제청이 아직 헌법재판소에 접수되지도 않은 때였다. 신 법원장은 헌법재판소에서 돌아오는 길에 촛불집회 재판을 맡은 한 형사단독판사에게 휴대전화로 직접 전화를 걸었다. 그는 '시국이 어수선할 수 있으니 피고인에 대한 보석을 신중하게 결정해달라'는 압력에 가까운 말을 전했다.

신 법원장의 월권행위는 여기서 그치지 않았다. 서울중앙지법으로 돌아온 그는 오후에 형사단독판사 14명을 불러 모았다. 그는 판사들에게 "위헌심판제청이 있다고 해서 재판 진행을 하지 않으면 곤란하다"고 노골적으로 압력을 행사했다(그는 이후 대법원 진상조사단 조사에서 '다른 판사가 위헌심판제청을 했다는 이유만으로 재판을 진행하지 않는 것은 위법이다. 합헌이라고 생각하면서도 다른 판사들의 눈치를 보거나 분위기에 휩쓸려 재판을 하지 않는 것은 문제라는 것이 평소 소신'이라고 주장했다).

10월 14일 오전 10시 42분 신 법원장은 형사단독판사들에게 '대법원장 업무보고'라는 또 다른 이메일을 보냈다.

어제 회의에 참석하신 판사님들께만 전해드립니다. 오늘 아침 대법원장님께 업무보고를 하는 자리가 있어, 야간집회 위헌제청에 관한 말씀도 드렸습니다. 대법원장님 말씀을 그대로 전할 능력도 없고, 적절치도 않지만 대체로 저의 생각과 크게 다르지 않으신 것으로 들었습니다. 1. 위헌제청을 한 판사의 소신이나 독립성은 존중되어야 한다. 2. 사회적으로 소모적인 논쟁에 발을 들여놓지 않기 위하여 노력하여야 하고, 법원이 일사불란한 기관이 아니라는 것을 보여주기 위해서도, 나머지 사건은 현행법에 의하여 통상적으로 진행하는 것이 바람직하다는 두 가지 메시지였습니다. 구속 사건 등에 대하여 더 자세한 말씀도 계셨지만 생략하겠습니다. 참고로 우리 법원 항소부에서는 구속 사건에 대하여는 선고를 할 예정으로 있는 것 같습니다(저와 상의하여 내린 결정은 아닙니다). 오해의 소지가 있으시면 제가 잘못 전달한 것으로 해주십시오. 법원장 드림.

이 메일을 판사들에게 보내기 1시간 전인 이날 오전 9시 26분, 신 법원장은 대법원으로 가서 이용훈 대법원장에게 23분간 업무보고를 했다. 대법원 진상조사단에 따르면 당시 이 대법원장은 '판사들은 법과 양심에 따라 소신대로 할 용기가 있어야 한다'는 전제 아래 "위헌이라고 생각하는 판사는 위헌심판을 제청하고, 합헌이라고 생각하는 판사는 재판을 진행하는 것이 맞다"고 말했다.

그런데 신 법원장은 이메일에서 '대법원장님 말씀'을 스스로 지어내는 놀라운 솜씨를 발휘했다. 그가 대법원장의 말이라고 소개한 '나머지 사건은 현행법에 의하여 통상적으로 진행하는 것이 바람직하다'는 문장은 작문이었다. 형사단독판사들을 회유하기 위해 자신의 생각에 대법원장의 '권위'를 슬쩍 얹은 셈이었다. 이후 신 법원장은 조속한 사건 처리를 요구하는 이메일을 몇 차례 더 보냈다. 강도 역시 조금씩 세졌다.

〈대내외비〉〈친전〉.

형사단독판사님께.

확신하기는 어려우나 (헌법재판소의) 야간집회 위헌 여부의 심사는 12월 5일 평의에 부쳐져, 연말 전 선고를 목표로 진행되고 있는 것으로 보입니다. 내년 2월이 되면 형사단독재판부의 큰 변동이 예상되기도 합니다. 모든 부담되는 사건들은 후임자에 넘겨주지 않고 처리하는 것이 미덕으로 여겨지기 때문에, 또 우리 법원의 항소부도 위헌 여부 등에 관한 여러 고려를 할 것이기 때문에, 구속 사건이든 불구속 사건이든 그 사건에 적당한 절차에 따라 통상적으로 처리하는 것이 어떠냐 하는 것이 저의 소박한 생각입니다.

또 제가 알고 있는 한, 이 문제에 관심을 가지고 있는 내외부(대법원과 헌법재판소 포함)의 여러 사람들의 거의 일치된 의견이기도 합니다. 법원장 드림.

(11월 6일 오후 3시 58분 발송. 제목 '야간집회관련')

또다시 '대법원 의견'을 끌어들인 신 법원장의 메일은 판사들에게 강력한 압박으로 느껴질 만했다. 11월 24일 오후 3시 52분 '야간집회 위헌 사건에 대하여'라는 이메일이 추가로 발송되었다.

〈대내외비〉〈친전〉.

존경하는 우리 법원 형사단독판사님들께.

야간집회에 대한 위헌제청 사건을 2009년 2월에 공개변론을 한 후에 결정할 예정이라고 합니다. 변론하지 않고 연말 전에 끝내는 것을 강력히 희망한 바 있으나, 결정이 미뤄지게 되어 저 자신 실망을 많이 했습니다. 그렇게 하여 위헌 여부의 결정을 반영하여 2월 재판부 변경 전에 어려운 사건을 모두 끝내고 후임 재판부에 인계하려던 저와 판사님들의 계획이 상당 부분 차질을 빚게 되었습니다. 피고인이 그 조문의 위헌 여부를 다투지 않고, 결과가 신병과도 관계없다면, 통상적인 방법으로 종국하여 현행법에 따라 결론을 내주십사 하고 다시 한번 당부드립니다. 법원장 드림.

신 법원장은 고현철 대법관의 후임 인사가 있기 전인 2008년 12월 말까지 촛불집회 재판을 서둘러 끝낼 수 있기를 간절히 바랐다. 그의 바람이 너무 지나쳤는지 그는 여러 무리수를 뒀고, 이로 인한 잡음은 대법원을 비롯해 전국 일선 법원에도 알려지기 시작했다. 소식을 들은 판사들 사이에서 동요가 일기 시작했다. 급기야 2008년 12월 5일 대법원 401호 대회의실에서 열린 전국법원장회의에서 이용훈 대법원장은 인사말을 통해 의미심장한 메시지를 던졌다.

법원장 여러분! 사법에 대한 신뢰는 사법의 독립성에 대한 국민의 믿음 속에서만 꽃을 피울 수 있습니다. 사법의 독립은 재판의 주체인 법관 개개인의 독립을 그 핵심으로 한다는 점을 우리는 한시도 잊어서는 안 됩니다. 재판하는 법관이 외부의 압력과 유혹에서 자유롭지 못하다면 국민은 그 재판을 믿지 못할 것이고 더 나아가 사법 작용 전체를 불신하게 될 것입니다. 법관이 헌법과 법률, 그리고 양심에 따라 독립하여 훌륭한 재판을 할 수 있도록 최대한 보호하고 지원하는 것이 사법행정의 궁극적 목표입니다. 일선 법원에서 사법행정의 책임을 맡고 있는 법원장 여러분은 판사 개개인이 독립하여 재판할 수 있도록 분위기를 조성하고 북돋우는 것이 자신의 가장 중요한 책무임을 자각하여야 합니다.

퇴임을 앞둔 고현철 선임대법관을 비롯한 대법관 전원과 오세빈 서울고법원장 등 6개 고등법원장, 신영철 서울중앙지법원장 등 20개 지법원장, 그리고 법원행정처 주요 간부 등이 모두 참석했지만, 대법원장의 메시지는 특히 신 법원장에게 더 아프게 들릴 만했다.

법원장이 사법행정 권한을 행사할 때는 항상 신중하고 조심스러운 자세를 지킬 필요가 있습니다. 전국의 법관은 이미 2,000명을 훨씬 넘습니다. 연륜의 길고 짧음이 다르고 경험 또한 다양하므로 각자의 인생관과 세계관이 같을 수 없습니다. 법관도 인간인 만큼 재판사무를 처리하면서 크고 작은 잘못을 범할 수도 있습니다. 긴 세월을 재판사무에 종사하여온 법원장의 눈에는 후배 법관들이 재판하는 모습이 위태해 보일 수도 있고, 재판권이 적절한 방향으로 행사되도록 이끌어야겠다는 마음이 들 수도 있습니다. 재판의 일반원칙과 방법론을 강조하고 지도하는 것은 법원장으로서 당연히 해야 할 일입니다만, 근무평정과 사무분담 권한을 지닌 법원장의 언행이 자칫 한계를 벗어나면 본래의 의도와는 달리 젊은 법관들의 의욕과 기백을 꺾고 창의성과 자발성을 해치는 결과를 낳을 수도 있음을 각별히 유념해주시기 바랍니다.

대법원장의 인사말은 예년처럼 의례적인 말로 흘려듣기에는 뭔가 느낌이 달랐다. 특히 '법원장의 언행이 자칫 한계를 벗어나 젊은 법관들의 의욕과 기백을 꺾을 수 있다'는 말은 신 법원장에 대한 일종의 경고로 들렸다. 하지만 이 대법원장은 곧이어 단행된 대법관 인사에서 자신이 한 말과는 전혀 다른 결정을 내려 일선 판사들을 어리둥절하게 만들었다.

MB의 이상한 훈수

이용훈 대법원장의 '뼈 있는' 메시지에도 불구하고 2009년 1월 17일 신영철 서울중앙지법원장은 고현철 대법관의 뒤를 잇는 새 대법관에 임명 제청되었다. 대법원은 보도자료를 통해 그를 제청한 이유를 다음과 같이 설명했다. "신영철 피제청자는 법조계 내에서 법률에 대한 해박한 지식과 사회에 대한 폭넓은 이해를 겸비한 법관의 전형이라는 평을 받고 있으며, 재판의 독립에 대한 강한 신념과 따뜻한 인간애를 바탕으로 재판과 행정업무를 처리함으로써 주위의 신망이 두텁다."

이 대법원장이 신 법원장의 촛불집회 재판 개입 사실을 대법관 임명 제청 이전에 이미 알고 있었다는 것은 이후 대법원 진상조사에서 드러났다. 그런데도 이 대법원장이 당시 신 법원장을 대법관에 발탁한 것은 전혀 앞뒤가 맞지 않는 행동이었다. 그것도 실상과는 거리가 먼 '재판 독립에 대한 강한 신념'이라는 표현까지 써가면서 신 법원장을 추어올린 것은 많은 의문을 자아냈다. 이 대법원장은 임기를 마친 뒤 측근들에게 '신영철 대법관의 전횡에 대해 자세히 몰랐다'고 말한 것으로 전해진다.

신 대법관의 발탁은 이 대법원장이 청와대와의 관계 개선을 염두에 두고 결행한 측면이 있었다. 이 대법원장은 이명박 대통령이 그토록 싫어하던 노무현 정부에서 임명된 대법원장이었다. 당연히 이 대통령과 이 대법원장의 관계가 서먹할 수밖에 없었다. 특히 이 대통령과 청와대 참모들은 대법원장이 노무현 정부의 야심작 가운데 하나인 '사법부 과거사 청산'을 추진하고 있는 것을 매우 못마땅하게 여겼다. '좌파 정부의 포퓰리즘 정책을 그대로 따라 하고 있다'는 게 그 이유였다.

2008년 9월 26일 대법원에서 열린 '사법 60돌 기념행사'는 대통령과 대법원장의 껄끄러운 관계를 적나라하게 보여준 사건이다. 사법부의 '회갑 잔치'였던 이 행사에서 이용훈 대법원장은 "권위주의 체제가 장기화하면서 법관이 올곧은 자세를 온전히 지키지 못해 국민의 기본권과 법치질서 수호라는 본연의 역할을 충실히 수행하지 못한 경우가 있었다. 그 결과 헌법의 기본적 가치나 절차적 정의에 맞지 않는 판결이 선고되기도 했다"며 과거 권위주의 정권 시절 사법부의 그릇된 판결에 대해 사과했다. 그는 "사법부가 국민의 신뢰를 되찾고 새 출발을 하려면 먼저 과거의 잘못을 있는 그대로 인정하고 반성하는 용기와 자기쇄신의 노력이 필요하다. 대법원장으로서 과거 사법부가 헌법상 책무를 충실히 완수하지 못해 국민에게 실망과 고통을 드린 데 대해 죄송하다는 말씀을 드린다"며 고개를 숙였다. 사법 60돌을 맞아 과거 권위주의 정권 시절 사법부의 그릇된 판결에 대한 사과와 반성을 다시 언급함으로써 과거사 청산에 대한 의지를 재차 확인했다.

그런데 손님으로 온 이명박 대통령은 '남의 잔치'에 재를 뿌렸다. 이 대통령은 축사를 통해 "사법의 포퓰리즘은 경계해야 한다. 국민의 신뢰는 인기와 여론이 아니라, 오직 정의와 양심의 소리에서 나오는 것"이라며 은근히 이 대법원장의 발언을 비꼬았다. 대법원장의 표정은 굳어졌다. 대법원 대강당 뒤편에 서서 이를 듣고 있던 판사들과 기자들 사이에서 '도대체 무슨 의도로 저런 말을 하냐'는 말이 오갔다. 대통령은 구체적으로 '사법 포퓰리즘'이 어떤 사건과 관련된 것인지는 말하지 않았지만, 행사 참석자들은 과거사 청산 작업을 겨냥한 것이라는 것을 쉽게 알 수 있었다.

이처럼 대통령과 대법원장의 관계가 껄끄러운 상황에서 대법원장이 사법개혁을 비롯한 산적한 과제를 안정적으로 추진하기는 어려웠다. 따라서 이용훈 대법원장으로서는 이명박 대통령과의 관계를 개선할 수 있는 뭔가가 필요했다. 이런 상황에서 촛불집회 재판 개입으로 이명박 정부의 가려운 곳을 시원하게 긁어준 신 법원장을 발탁하는 것은 청와대와의 관계 개선을 원하는 대법원장이 쓸 수 있는 유용한 카드가 될 수 있었다.

국회는 2009년 2월 12일 본회의를 열어 신 대법관 후보자의 임명동의안을 처리했다. 6일 뒤인 2월 18일 신 대법관은 이 대통령으로부터 임명장을 받았다. 그는 노무현 정부 때부터 손에 잡힐 듯하면서도 잡히지 않던 대법관 자리에 오르는 데 비로소 성공했다. 하지만 5일 뒤, 최고 법관이 된 기쁨이 채 가시기도 전에 그는 자신의 법관 인생에서 가장 큰 고비를 맞게 된다.

정치 판사의 승리

2009년 2월 23일 촛불 재판 몰아주기 배당 의혹이 언론을 통해 터져 나오자, 대법원은 재빨리 해명자료를 내놓았다. '문제될 것이 없다'는 간단한 해명이었다. 그래도 논란이 가라앉지 않자 대법원은 2월 25일 재차 '촛불집회 사건 배당에는 문제가 없었다'는 자체 조사 결과를 내놓았다. 이튿날 국회 법제사법위원회 긴급 현안보고에 나선 김용담 법원행정처장도 "촛불집회 재판과 무관한 원론적인 얘기들이 와전된 것으로 보인다"고 설명했다. 하지만 대법원 자체 조사가 부실하기 이를 데 없었다는 사실이 드러나는 데는 그리 오랜 시간이 걸리지 않았다.

신영철 대법관이 '대내외비' '친전'이라며 꽁꽁 묶어두었던 이메일들이 3월 5일 오전 언론에 보도되기 시작했다. 이용훈 대법원장은 결국 이날 김용담 법원행정처장을 단장으로 하는 진상조사단을 꾸리도록 지시했다. 이메일에 등장한 이 대법원장에 대한 조사도 불가피해졌다. 신 대법관은 이날 오후 5시 "이메일로 재판에 간섭하려는 의도는 전혀 없었다. 필요한 조사에는 성실히 임하겠다"는 짧은 해명을 발표했다.

3월 6일 아침 출근길에 대법원 현관 앞에 늘어선 기자들을 본 이용훈 대법원장은 "무슨 얘기를 듣고 싶어 여기들 나와 있느냐"고 쏘아붙였다. 전날 저녁 퇴근길에 자신을 기다리는 기자들을 향해 미소까지 지어 보이며 "기자들, 오랜만이네"라고 했던 여유는 온데간데없었다. 그는 "대법원장을 왜 조사하느냐"라며, 자신에 대한 조사 가능성을 언급한 언론 보도에 노골적으로 불쾌감을 나타냈다. 대법원장은 "판사가 위헌이라 생각하면 위헌심판제청을 해서 재판을 정지시켜야 되는 거고, 그게 아니면 재판을 해야 된다. 법관의 양심에 따라 해야 되는 것이다. 그거 가지고 판사들이 압박을 받아서야 되겠느냐"고 말했다.

대법원장의 노기는 좀처럼 가라앉지 않았다. 그날 오전 갑자기 몇몇 기자들을 대법원장실로 부른 그는 "이 상황에서 대법원장을 조사 대상으로 삼겠다니, 내가 피의자인가"라며 언성을 높였다. "나도 젊은 법관 시절에 더 어려운 일을 겪었다. 대법원장도, 법원장도 재판에 개입해서는 안 된다. 이번 사건은 어려운 대목이 있다. (재판을 계속 진행하라는 것이) 사법행정이냐, 아니면 재판에 대한 압력이냐는 조사단이 정치하게 판단해야 하는 어려운 작업이다. 나도 잘 판단하기 어렵다. (압박을 받아서야 되겠느냐는 말은) 그런 정도를 가지고 압력을 받았다고 생각하고 곡해하면 사법부 독립을 어찌하겠냐는 의미였다. 우리 판사들은 그렇지 않다고 생각한다." 하지만 이 대법원장의 생각은 판사들과 크게 동떨어져 있었다.

■ 신영철 대법관이 서초동 대법원 청사를 나와 퇴근하는 길에 취재진에 둘러싸여 있다. 신 대법관의 촛불 재판 개입은 '사법부 독립 훼손의 상징'이라며 사퇴를 촉구하는 시민단체의 시위 등이 이어졌다.

ⓒ국정원

    대법관 자리에 오른 지 보름을 갓 넘긴 신 대법관도 이날 퇴근길에 기자들 앞에 서야 했다. 그는 기자들의 질문을 제쳐놓고 미리 준비해 온 말을 작심한 듯 쏟아냈다. "먼저, 제 얘기를 말씀드리겠습니다. 헌법재판소법 42조 1항에 보면 (위헌심판제청된) 사건은 재판 진행을 정지하게 되어 있지만 나머지 사건은 그대로 진행하는 것이 법원의 명령입니다. 그런 취지를 판사들에게 (이메일로) 보낸 것뿐입니다. 법대로 한 것을 압력이라고 한다면 동의하기 어렵습니다." 그는 스스로 물러날 의향이 있느냐는 기자들의 질문에는 '전혀 없다'고 단호하게 말했다.

    하지만 이 대법원장과 신 대법관의 태도는 그때까지 잠자코 있던 일선 판사들까지 행동에 나서도록 만들었다. 이틀 뒤인 3월 8일 서울남부지법 김형연 판사가 법원 내부게시판에 '신영철 대법관님의 용퇴를 호소하며'라는 글을 올렸다.

> 심정적으로 억울하실 수도 있겠지만 외부로 드러난 언행은 우리 사법부의 권위를 송두리째 무너뜨릴 수 있는 중대한 재판 침해 행위이고, 대법관님이 그 자리를 보전하고 계시는 한 우리 사법부는 계속해서 정치세력의 공방과 시민단체의 비판에 눌려 있어야 할 것입니다. (……) 저를 비롯한 후배 법관들이 자긍심을 가지고 판사의 업무를 수행할 자신이 없어진다는 것입니다.

일선 판사가 최고 법관의 사퇴를 공개적으로 요구한 것은 과거 경험에 비춰볼 때 판사들의 집단행동으로 이어지기 쉬웠다. 실제로 서울중앙지법을 비롯해 전국의 판사들이 술렁이기 시작했다. 대법원은 긴장하지 않을 수 없었다. 판사들의 움직임에 촉각을 곤두세웠다.

대법원 진상조사단은 3월 16일 신 대법관이 "촛불집회 재판 내용과 진행에 관여한 것으로 볼 소지가 있다"는 조사 결과를 내놓았다. 촛불집회 재판 몰아주기 배당에 대해서도 "배당 예규의 취지를 벗어나는 사법행정권의 남용으로 볼 소지가 있다"고 밝혔다. '소지가 있다'는 사법부 특유의 조심스런 표현을 쓰기는 했지만, 불과 20여 일 전의 "문제될 것이 없다"던 태도와는 정반대의 결론이었다. 신 대법관의 사퇴는 기정사실로 받아들여지는 듯했다. 하지만 사법부 수뇌부의 대응은 전혀 엉뚱한 쪽으로 진행되었다.

이용훈 대법원장은 진상조사 결과를 대법원 공직자윤리위원회에 넘기라고 지시했다. 이미 '촛불집회 재판 개입'이라는 결론이 나왔기 때문에 곧바로 법관징계위원회에서 징계 수위를 결정하면 되는데도, 재산 문제를 주로 다루는 공직자윤리위원회로 넘기라고 한 것은 뭔가 다른 의도가 있음을 내비친 것이었다.

물론 법관징계위원회에 넘긴다고 해서 신 대법관을 물러나게 할 뾰족한 수는 없었다. 법관징계위원회가 법관에게 내릴 수 있는 징계는 정직·감봉·견책뿐이다. 헌법 제106조는 '법관은 탄핵 또는 금고 이상의 형의 선고에 의하지 아니하고는 파면되지 아니한다'고 규정하고 있다. 법관 탄핵을 위해서는 국회의원 과반수의 찬성이 있어야 한다. 권력으로부터 독립해 오로지 법과 양심에 따라 심판하라는 의미에서 '법관의 신분 보장'을 헌법에 명시한 것이다. 그래야 권력의 횡포로부터 국민을 보호하는 사법부 본연의 역할을 다할 수 있기 때문이다. 이런 측면에서 법관의 신분 보장은 법관 자신이 아닌 국민의 권리를 지키기 위한 조항이다.

그러나 신 대법관은 이 조항을 오로지 대법관의 기득권을 지키기 위한 것으로 착각한 듯했다. 그는 자진 사퇴 여론에 맞서 버티기를 선택했다. 청와대와 국회를 장악한 이들의 성향을 감안할 때 일단 버티기만 하면 자신이 대법원에서 짐을 싸야 할 일은 없을 것이라고 계산한 것이다.

신 대법관의 버티기에 이어 법원행정처도 판사들의 바람과는 전혀 다른 대응에 나섰다. 진상조사단 발표 뒤 대법원이 단행한 첫 번째 후속 작업은 놀랍게도 '내부 고발자' 손보기였다. 촛불집회 재판 개입 의혹 규명에 결정적 자료가 된 신 대법관의 이메일이 언론에 공개된 경위를 조사하겠다는 것이었다. 김용담 법원행정처장은 3월 17일 국회 법제사법위원회 긴급현안보고에서 "이번 문제 제기가 사법부 독립이나 재판의 독립을 침해하는 방식으로 제기되었다는 의심을 살 수 있는 측면이 있는 건 분명하다"고 말했다.

재판 개입 문제를 법원 내부 시스템이 아니라 이메일을 외부에 유출하는 방식으로 해결하려 한 판사들을 겨냥한 불만이었다. 8개월 전에 이미 판사들의 집단적인 문제 제기를 접하고도 이를 해결할 능력을 보여주지 못했던 법원행정처의 놀라운 '뒤끝'인 셈이다. 이는 이메일이 언론에 공개된 직후 "이메일 유출에 의도가 있다"고 말했던 신 대법관의 시각과 크게 다르지 않았다. 사법부의 문제는 오로지 사법부 안에서 해결해야 사법부 독립이 지켜진다는 일종의 궤변이기도 했다. 법원행정처의 이런 태도는 신 대법관 사퇴를 요구하는 언론과 시민사회, 야당에 대해 '사법부 독립을 흔들고 있다'고 비난하는 적반하장식 태도로 번졌다.

2009년 5월 8일 대법원 공직자윤리위원회(위원장 최송화)는 신 대법관이 재판 관여로 인식되거나 오해될 부적절한 행위를 했다고 판단했다. 당연한 결론이었다. 그러나 신 대법관에게 경고 또는 주의를 주라고 대법원장에게 권고했을 뿐, 법관징계위원회에 회부하라는 권고는 하지 않았다. 그것은 "자신들의 권한 밖"이라는 이유를 댔다.

심지어 일부 사안에 대해서는 대법원 진상조사단의 조사결과보다 후퇴한 결론을 내놓기도 했다. 어쩌면 신 대법관 문제를 공직자윤리위원회로 넘길 때부터 예견된 일인지도 몰랐다. 현직 대법관이 가장 낮은 징계인 견책이라도 받게 된다면, 최고 법관으로서의 권위는 무너지고 직무수행은 어려워진다. 스스로 물러나지 않을 수 없는, 사실상 탄핵되었다고 볼 수 있는 처지에 놓인다. 하지만 신 대법관은 물러날 생각이 조금도 없어 보였다.

공직자윤리위원회의 물렁한 권고가 나온 지 사흘 뒤인 5월 11일 법원 내부통신망에는 이용훈 대법원장의 결단을 촉구하는 일선 판사들의 글이 잇따라 올라오기 시작했다. 일부 판사들은 법원별 판사회의 소집을 요구하는 등 집단행동의 조짐도 나타났다. 5월 12일 서울중앙지법 판사들은 신 대법관 문제를 논의하기 위한 '단독판사회의 소집요구서'를 돌리기 시작했다.

이용훈 대법원장은 5월 13일 공직자윤리위원회의 권고에 따라 신 대법관을 집무실로 불러 '엄중경고'했다. 대법원장이 대법관에게 '옐로카드'를 꺼낸 것은 국내 사법사상 처음 있는 일로 결코 가볍다고 볼 수 없지만, 어쨌든 징계는 아니었다. 이 대법원장은 "신 대법관의 행동으로 법관들이 마음에 상처를 받고 재판에 대한 국민의 신뢰가 손상되는 결과가 초래된 점은 유감이다. 이번 일을 계기로 법관의 재판상 독립이 보장되도록 법관들과 함께 모든 노력을 다하겠다"고 밝혔으나, 신 대법관을 법관징계위원회에 회부하지는 않았다. 사실상 면죄부를 준 것이나 다름없었다. 신 대법관은 대법원장 집무실을 나온 뒤 자신의 비서관을 시켜 법원 내부게시판에 사과문을 올렸다.

친애하는 법원 가족 여러분께.
우선 저의 문제로 불편과 심려를 끼쳐드린 데 대하여 진심으로 송구하다는 말씀을 드립니다. 진즉 이런 말씀을 드리고 싶었습니다만, 자칫 그것이 진행 중이던 조사나 심의, 그리고 대법원장님의 결단에 도리어 부담이 될까봐 여태껏 실행에 옮기지 못했습니다. 이 점 부디 너그러이 양해하여주시기 바랍니다. 잘 아시는 바와 같이 저는 오늘 대법원장님으로부터 엄중한 경고를 받았습니다. 이미 지적된 것처럼 어떠한 행위를 평가함에 있어서는 그 행위의 객관적·외형적 측면을 중시하여야 하고 그 행위를 받는 사람의 입장을 우선적으로 고려하여야 하므로, 저는 대법원장님의 지적과 경고를 전적으로 겸허하게 받아들입니다. 저로서는 당시의 여러 사정에 비추어 나름대로 최선의 사법행정을 한다는 생각에서 또 법관들도 제 생각을 이해해주리라는 믿음에서, 재판의 진행에 관한 의견을 피력하게 된 것입니다. 그러나 제 행위가 재판권 침해로 평가되고 경고까지 받게 된 이 시점에서 돌이켜보면, 재판의 독립은 매우 민감한 문제이므로 더 세심하게 배려하고 신중하게 판단했어야 함에도 불구하고 이에 미치지 못하고 도를 넘어서 법관들의 마음에 상처를 주고 재판에 대한 국민의 신뢰에 손상을 초래했다는 점에서 후회와 자책을 금할 수 없습니다. 이 자리를 빌려 당시의 서울중앙지방법원 형사단독판사님들을 포함한 전국의 법원 가족 여러분들께 사과의 말씀을 드립니다. 이번 사태로 말미암아 사법부 내부에서 재판에 대한 간섭이 이루어지고 있다는 오해의 빌미를 제공하고 모든 법관들의 자긍심에 손상을 줌으로써 제가 평생 몸담아온 사랑하는 법원에 크게 누를 끼치고 말았다는 생각에 내내 괴로웠습니다. 이번 사태를 통하여 제가 얻게 된 굴레와 낙인은 제가 이 자리에 있는 동안, 아니 제 남은 일생 동안 제가 짊어지고 갈 수밖에 없는 제 짐입니다. 아무쪼록 제 부덕과 어리석음으로 국민과 법원 가족 여러분께 드린 상처가 하루빨리 치유되었으면 합니다. 저의 일로 인하여 법원 가족 여러분께 여러 심려를 끼쳐드려 진심으로 송구스럽다는 말씀을 다시 드립니다. 신영철 드림.

그러나 신 대법관의 사과 메일은 일선 판사들의 집단행동을 막지 못했다. 5월 22일까지 전국 26개 고등·지방법원 중 17개 법원에서 열린 판사회의에 참석해 "신영철 대법관의 당시 행위는 재판권 독립을 침해했다"고 결의한 판사가 500여 명에 달했다. 전체 법관의 5분의 1에 해당하는 것으로 역대 판사들의 집단행동 가운데 가장 큰 규모였다. 대법원장 사퇴로까지 이어졌던 1988년 2차 사법파동에는 전국 1,037명의 법관 중 280명이 동조했다. 2003년 대법원장의 새 대법관 후보자 제청 내용에 반발해 대법원장에게 제출한 의견서에 서명한 판사는 144명이었다.

대법원장을 보좌하는 법원행정처의 처신도 판사들의 반발을 불러일으켰다. 법원행정처는 행정처에 근무하는 판사들을 통해 사법연수원 기수별로 일선 판사들의 동향을 파악하도록 했다. 또한 김용담 법원행정처장은 법원 내부통신망에 압력으로 비칠 수 있는 글을 올렸다. "판사님들 한 분 한 분이 여론이나 분위기에 휩쓸리지 않고 이성적·합리적으로 판단하여 행동하시리라고 믿고 있다. 잘못이 잘못을 불러 우리가 전혀 바라지 않았던 결과를 낳는 일이 없도록 숙고해달라." 판사회의를 통해 신 대법관의 사퇴를 요구하거나 이 대법원장의 책임을 거론하는 것을 자제해달라는 요구였다.

그러나 신 대법관의 사퇴 문제는 2009년 5월 23일 검찰 수사를 받던 노무현 대통령의 갑작스런 서거로 급속하게 여론의 관심에서 멀어졌다. 2009년 9월 헌법재판소가 박재영 판사가 신청했던 야간 옥외집회 금지 규정에 대해 헌법불합치 결정을 내리자 신 대법관 사퇴 문제가 다시 불거졌지만 큰 동력은 이미 소진된 뒤였다. 그해 11월에는 민주당·민주노동당·진보신당·창조한국당·친박연대 등 5당과 무소속 의원 105명이 신 대법관의 탄핵소추안을 발의하기도 했지만, 당시 국회의석 과반을 점하던 한나라당의 반대로 별 소득 없이 끝났다. '재판의 독립'이 확고히 지켜질 것으로 기대했던 일선 판사들로서는 안타까운 일이 아닐 수 없었다.

신 대법관이 물러나지 않고 버틸 수 있었던 배경에 대해서는 아직까지도 정확한 내용이 공개되지 않았다. 그러나 당시 대법원에서는 이명박 대통령의 의지가 작용했다는 말이 나왔다. 젊은 판사들과 진보적 시민단체들의 사퇴 요구를 이겨내고 '보수의 아이콘'으로 떠오른 신 대법관을 보호하기 위해 청와대가 지원을 아끼지 않았다는 것이다.

대법원 안에서도 신 대법관이 스스로 물러나는 형식을 고민하지 않은 것은 아니다. 실제로 신 대법관한테서 사표를 받자는 제안이 나오기도 했다. 그러나 대법원 수뇌부는 이를 거부했다. 신 대법관의 사표를 받을 경우 이용훈 대법원장도 무사하지 못할 것이라고 판단했기 때문이다. 사표 얘기를 꺼내자 청와대 쪽에서 '그렇다면 사표를 두 장 가져오라'는 메시지를 전달했다는 말도 나왔다. 한 장은 신 대법관 것이고, 다른 한 장은 이용훈 대법원장의 사표를 의미한 것이다.

2011년 9월 퇴임을 앞둔 이용훈 대법원장은 몇몇 기자들과 함께 대법원장 전용 식당인 난초식당에서 점심식사를 했다. 한 기자가 '왜 2년 전에 신 대법관을 두둔하는 듯한 발언을 했는지' 물었다. "그때 법원 등기소의 한 여직원이 나에게 이메일을 보냈다. '당신이 주범 아니냐는 내용이었다. 허허. 누가 뭐래도 재판의 독립은 판사 개개인이 지키는 게 맞다. 과거 내 경험에 비춰볼 때 재판의 독립은 개별 법관이 지켜야 한다는 원론적인 얘기를 했던 거였다." 이 대법원장은 이명박 정부가 들어선 뒤 청와대와 껄끄러운 관계가 된 것에 대해서는 "회고록에 쓰겠다"며 즉답을 피했다.

하지만 신 대법관의 촛불집회 재판 개입 파동 이후 사법부의 처지는 이 대법원장의 회고록이나 기다릴 정도로 한가하지 않다. 민주화 이후 권력기관 가운데 그나마 국민들의 신뢰를 받아왔던 법원이 독재정권 시절의 잔재를 말끔히 떨어내지 못했다는 비판에서 자유로울 수 없게 되었다. 사법부의 신뢰를 지키기 위해 불이익을 마다하지 않았던 여러 판사들의 땀과 눈물이 한 '정치 판사'에 의해 덧없이 증발해버린 셈이다.

7 용두사미가 된
   사법부 과거사 청산

그들은 어떻게 독재를 도왔나

2011년 9월 파란만장했던 임기 6년의 대법원장 생활을 마치고 고려대 로스쿨(법학전문대학원) 석좌교수로 자리를 옮긴 이용훈 대법원장이 언론의 스포트라이트를 받을 일은 더 이상 없어 보였다. 하지만 그는 1년 뒤 홀연히 《한겨레》 1면에 등장했다. 2012년 9월 21일 고려대 로스쿨 학생들을 상대로 한 강연 내용이 대서특필된 것이다.

이 대법원장은 이날 유신헌법에 대해 강연했다. 그는 '헌법의 이름으로 일당 독재의 길을 열어줬다'며 유신헌법을 신랄하게 비판했다. 강연의 소재는 유신헌법이었지만, 전체적인 내용은 유신정권의 야만성과 여기에 부역한 사법부의 치욕스런 과거를 반성하는 것이었다.

"판사들이 재판을 하는데 군인들이 와서 감독하고 모든 형사사건에 '계엄사건'이라고 뻘건 딱지를 붙였다. 내가 판사로 부임한 곳이 경기도 의정부였는데 미군 부대가 있어서 그런지 마리화나 사건이 많았다. 또 깡패들도 많았고 매춘 사건도 많았다. 이것들이 모조리 계엄사건이 되었다. 계엄사건이라고 딱지를 붙이면 검사들이 징역 3~5년을 구형한다. 이전에는 모두 집행유예로 석방하는 사건들이었다. 지금 생각하면 이해가 안 될 것이다. 여러분들은 과거가 어땠는지, 그런 아픈 과거를 잘 알아야 해서 이런 얘기를 한다. 사법의 아픈 역사다."

전직 대법원장이 공개적인 자리에서 사법부의 부끄러운 역사를 끄집어내는 것은 흔치 않은 일이었다. 이를 의식한 듯 강의실을 가득 메운 학생들의 눈이 초롱초롱해졌다.

"판사들이 계엄사건에 대해 전부 다 검찰의 구형대로 징역 3년에서 5년을 선고하기 시작했다. 법관의 양심으로 있을 수 없는 일들이 벌어진 거다. 바로 전날까지도 집행유예를 선고하던 사건들이었다. 대한민국 법치주의는 완전히 실종된 것이다. 법률 공부한 사람들이 헌법은 금과옥조인 것처럼 말하지만 정치권력 앞에서 휴지나 다름없게 될 수도 있다는 걸 알아야 한다. 법률을 공부한 사람들이 헌법과 법률과 양심에 따라 재판한다고 나와 있는데, 그런 것도 다 없어질 수 있다. 헌법이 제대로 작동하기 위해서, 법이 제대로 작동하기 위해서 법률가들이 어떻게 해야 하는지 우리가 생각해봐야 한다."

칠순의 전직 대법원장이 토해내는 가슴 절절한 반성은 학생들은 물론 이를 취재하던 기자들에게도 큰 울림을 줬다. 하지만 그의 강연 소식이 신문과 인터넷 매체들의 메인 뉴스를 장식한 것은 단순히 강연 내용 때문만은 아니었다. 이보다 열흘 전에 있었던 박근혜 당시 새누리당 대선 후보의 '인혁당 사건' 발언과 맞물려 큰 뉴스가 된 것이다.

박근혜 후보는 한 라디오 방송에 출연해 당시 뜨거운 이슈였던 인혁당재건위 사건에 대해 얘기하다, "대법원 판결이 두 가지로 나오지 않았느냐"라고 말했다. 이 발언은 곧바로 큰 파장을 일으켰다. 헌법 질서가 파괴된 유신 시절에 내려졌던 판결과 민주 정부에서 헌법 질서에 따라 재심을 통해 낸 판결을 같은 수준으로 본 것이기 때문이다.

실제로 1974년 유신 시절 '인혁당재건위 사건'으로 구속 기소된 도예종 등은 대법원이 사형을 선고한 지 18시간 만에 형이 집행되었다. 이 재판은 피고인들이 줄기차게 중앙정보부에서 고문이 자행되었다고 주장했는데도 사형이 선고되어 사법살인이라는 비난을 받았다. 결국 지난 2005년 중앙정보부의 조작 사건으로 드러나 재심이 받아들여졌고, 서울중앙지법은 2007년 형이 집행된 피고인 8명에 대해 모두 무죄를 선고했다.

대법원장 취임 때 사법부 과거사 청산을 다짐했을 뿐만 아니라, 재임 기간 동안 이를 실천하는 데 애쓴 것을 큰 업적으로 여기는 이용훈 대법원장에게 박근혜 후보의 발언은 결코 받아들일 수 없는 것이었다. 이 대법원장은 2005년 9월 26일 대법원장 취임식에서 '사법부 과거사'에 대한 사과와 청산을 약속했다. 사법부 수장인 대법원장으로서 과거사를 정식으로 사과한 것은 그가 처음이었다.

독재정권에 대한 '부역'은 우리 사법부의 가장 큰 아킬레스건이었다. 사법부는 과거 중앙정보부와, 5공화국 출범 후 이름만 바뀐 안기부가 조작한 터무니없는 간첩 및 용공조작 사건이 사법적으로 완결된 구조를 갖추도록 도와줌으로써 독재정권의 폭압적인 통치가 상당 기간 지속되는 데 큰 역할을 했다. 따라서 이런 오욕의 역사를 청산하지 않고서는 사법부가 국민의 신뢰와 지지를 받을 수 없다는 것을 이용훈 대법원장은 누구보다 잘 알고 있었다.

하지만 사법부와 검찰은 노무현 정부가 추진하던 권력기관의 과거사 정리 작업 대열에 참여하지 않았다. 경찰청과 국가정보원 등은 외부 인사들이 참여하는 과거사정리위원회를 만들어 과거사 청산 작업을 벌였는데, 유독 사법부와 검찰만 이를 거부한 것이다. 검찰은 '우리는 기소만 했을 뿐 고문·조작 등을 통한 수사는 경찰과 중앙정보부·안기부가 다 했다'는 이유를 댔다. 하지만 검찰은 고문과 가혹행위 등 공권력의 적극적인 위법 행위를 알면서도 이를 무시하거나 혹은 동조하면서 공소를 제기하고 재판을 진행하고 판결을 집행했다. 심지어 어떤 사건에서는 직접 고문에 가담하기도 했다. 이런 점에서 검찰의 변명은 매우 궁색했다.

사법부는 과거사 청산이 자칫 재판 독립을 해칠 수 있다며 난색을 표했다. 사법부의 이런 분위기를 조금이나마 깬 것이 바로 이 대법원장이었다.

그러나 이 대법원장도 위원회 구성을 통한 과거사 청산에는 처음부터 부정적 입장을 보였다. 취임식 뒤 열린 기자간담회에서 이 대법원장은 대략적인 과거사 청산 방식을 설명했다. "생각할 수 있는 방안은 재판을 통한 재심, 부당한 재판에 관여했던 법관들에 대한 인적 청산, 법원에 위원회를 만들어 정리하는 방안 등이 있다. 그러나 재심 사유의 폭을 넓히는 것이 방법은 될 수 있으나, 재판에 관한 문제여서 대법원장이 말하기 곤란하다. 인적 청산은 잘못된 사건의 관련자들이 거의 법원을 떠나 시기적으로 늦었다. 마지막으로 다른 기관들처럼 위원회 구성을 논의할 수 있겠지만, 법관 개개인의 재판의 독립도 매우 중요한 문제. 외부 인사들이 재판 결과를 직접 조사하면 사법권이 훼손될 수 있다." 이리저리 돌려 말했지만 결국 '재심을 통한 과거사 청산'만이 가능하다는 취지였다.

이 대법원장의 이런 태도는 사법부가 다른 권력기관과는 달리 스스로 과거를 청산할 능력이 있다는 믿음에서 나온 측면도 있다. 실제로 사법부가 처음부터 독재정권에 대해 굴종의 길을 택한 것은 아니었다. 1961년 5·16 군사쿠데타 이후부터 유신 직전인 1971년까지 10년 동안 굴절은 있었지만 사법부의 자존심을 지키려는 노력이 이어졌다.

5·16 쿠데타 직후인 6월 2일 국가재건최고회의는 육군 제1군 사령부 법무부장인 홍필용 대령을 '대법원 감독관'으로 임명했다. 나중에 '대법원 연락관'으로 명칭이 바뀌었지만 직함만으로도 그 자리의 성격을 충분히 미뤄 짐작할 수 있었다. 혁명 과업 완수를 위해 석 달 안에 미제사건을 완결하고, 완결하지 못할 경우에는 사건번호와 담당 법관을 대법원장에게 보고하라는 훈시가 떨어졌다. 곧이어 국가재건최고회의는 법관 211명에 대해 군사혁명의 의의, 혁명 과업의 방향, 공산주의 비판, 평화통일론 등에 대한 특별교육을 실시했다.

그해 12월 16일 사법감독관회의에서 이석제 국가재건최고회의 법제사법위원장이 대신 읽은 박정희 의장의 치사는 이랬다. "사법권 독립의 원칙은 절대로 파괴될 수 없는 것이나 이 원칙은 어디까지나 법의 건전한 운영을 보장하기 위한 수단이지 결코 그 자체가 목적이 될 수 없다. 사법권 독립의 원칙은 법관들이 외부에 대해 주장하기 전에 외부로부터 스스로 인정받을 수 있도록 각별한 노력이 있어야 한다." 여기서 말하는 '외부'가 국민보다는 쿠데타 세력에 무게를 둔 표현이었다는 사실이 드러나는 데는 그리 긴 시간이 필요하지 않았다.

'삼권분립'을 힘으로 엎어버린 쿠데타 세력에게 사법부의 독립은 하찮은 것이었다. 1961년 4월 30일 현역 장교인 전우영 대령이 사법행정을 책임지는 법원행정처장에 임명되었다. 사법사상 초유의 일이었다. 당시 조진만 대법원장이 이에 반발해 사의를 표명하기도 했지만 받아들여지지 않았다. 전우영 처장은 1969년 7월 25일까지 무려 7년 넘게 법원행정처장을 맡았다.

전우영 처장 임명 보름 뒤인 5월 14일 박정희 의장은 대법원장에게 지시각서 제5호를 보냈다. "혁명 이래 일부 법관이 아직도 새로운 세계관의 확립 없이 돈과 술에 팔리고 정실과 야합하는 등 구질서와 타협했을 뿐 아니라 여전히 낡은 사고방식으로 혁명정신과 동떨어진 재판을 하고 있다. 사법권의 독립은 이들 몰지각한 일부 법관의 배신을 합리화하기 위한 방패로서 존재하지 않음은 물론이거니와 이와 같은 불합리한 사고방식을 언제까지나 그대로 둘 수 없다." 이는 재판의 독립과 법관의 양심을 지키려는 법원에 대한 협박이었다.

5·16 쿠데타 뒤 사법부에 불어 닥친 광풍은 카키색 군복과 함께 찾아왔다. 군인들이 서울중앙지법 등 주요 법원에 상주하기 시작했다. 이들은 법원장 방에 수시로 들어가 재판에 간섭했다. 그러나 당시 김제형 서울지방법원장은 이런 군인들의 요구를 잘 들어주지 않았다. 그러자 1963년 5월 국가재건최고회의는 전우영 처장에게 김제형 원장을 인사 조처하라고 지시했다. 김제형 원장은 8월 1일 의원면직되었다. 쿠데타 세력은 곧이어 서울지방법원을 서울형사지방법원과 서울민사지방법원으로 쪼개버렸다. 유신 이후 고문과 조작으로 얼룩진 숱한 간첩 사건들의 피해자를 양산하는 데 일조한 서울형사지방법원은 이렇게 탄생했다. 형사지방법원의 판사들에게는 독재정권에 협조

하는 대가로 출세를 보장했다.

그럼에도 사법부에는 여전히 '반골'들이 남아 있었다. 1964년 5월 서울형사지방법원은 한일회담 반대시위에 참여했던 대학생들의 구속영장청구를 기각했다. 이 때문에 수도경비사령부 제1공수특전단 소속 군인 13명이 새벽에 총으로 무장하고 법원 당직실에 난입하는 일이 벌어지기도 했다. 월간 《다리》 필화사건에서도 중앙정보부 조정관의 압력 등을 이겨내고 무죄를 선고했다.

1971년 7월에는 서울지방검찰청 공안부가 뇌물수수 혐의로 서울형사지방법원 항소부 재판장과 배석판사 등의 구속영장을 청구하는 일이 벌어졌다. 표면적으로는 제주도 출장비 명목으로 9만 7,000원 상당의 뇌물을 받았다는 것이었지만, 반공법 위반 사건 등에서 무죄를 선고한 판사들의 '버르장머리를 고쳐놓겠다'는 숨은 의도가 있었다. 이 사건은 '1차 사법파동'이라 이름 붙여진 판사들의 집단행동으로 이어졌다. 전국 455명 법관 가운데 100여 명이 사표를 던졌다. 서울형사지방법원·서울민사지방법원 판사들이 채택한 '사법권 수호 건의문'은 당시 법관들이 처한 상황이 어땠는지를 잘 보여준다.

이와 같이 재판의 공정, 나아가서는 사법권 독립을 위태롭게 하는 사례를 저희들 민형사지법 법관들이 검토한 바에 따라 열거하면 다음과 같다. ① 반공법, 국가보안법 위반 사건의 영장 발부부터 선고에 이르는 과정까지 검찰과 견해를 달리할 때 담당 법관을 용공분자로 취급, 공공연한 압력을 가하고, 신원조사를 하는 등 심리적 압력작용을 조성한 사례 ② 행정부에서 관심 있는 사건의 담당 법관에게 검사 자신의 명맥이 걸려 있다는 말까지하며 재판 결과에 영향을 미치는 처사를 하고 있는 사례 ③ 일반 형사사건에서 영장 청구가 기각되거나 무죄 또는 집행유예 판결이 났을 때 그에 관한 상소심 판단도 받기 전에 법관이 부정한 재판을 한 양 공공연한 비난을 하고 그 책임을 법관에게 전가하는 사례 ④ 사건 담당 법관을 미행하거나 함정수사, 가정조사, 예금통장을 조사하는 등의 방법으로 은밀히 재판부에 압력을 가하는 사례 ⑤ 구속영장을 법원 창구에 접수시키지 않고 검사가 직접 판사실로 가져와 발부를 강청하는 등 영장 발부에 대한 부당한 작용을 가하려는 사례 ⑥ 법원 내에서 사건이 발생하면 그 진상을 조사하기 전에 무고한 법관을 피의자 취급하여 모욕, 협박, 폭언 등을 서슴지 않는 사례 ⑦ 이번 사건의 경우에서 미행과 함정수사, 피의사실의 공표, 영장의 재청구 등 일련의 사실은 종전에 취해온 사법권 내지 법관의 재판권 행사에 대한 위협적 작용을 거듭 노정하고 있는 것에 불과하다.

법관들이 7개 유형으로 밝힌 재판권 침해 사례는 충격적이었다. 당시 검찰과 중앙정보부 등이 갖가지 방법으로 재판부를 협박한다는 얘기는 많이 나돌았다. 하지만 판사들의 입을 통해 직접 이런 사실이 드러난 것은 처음이었다. 선언문이 채택된 뒤 언론 등을 통해 판사들이 쏟아낸 재판권 침해 사례는 어이없을 정도로 노골적이었다. '판결 결과를 미리 알려달라'는 것은 애교 수준이었다. 심지어는 '누구누구에게는 사형이 선고되어야 한다'는 식으로 판결까지 지시했다는 증언이 나왔다.

그러나 한 달여 뒤 법관들의 사표는 철회되고, 법무부장관 등 검찰 쪽 인사들에 대한 문책 요구도 받아들여지지 않았다. 이렇다 할 사법

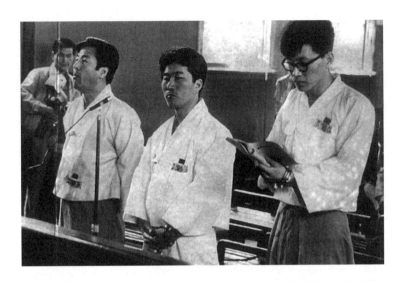

■ 1970년 월간 《다리》 11월호에 문학평론가 임중빈의 '사회참여를 통한 학생운동'이라는 글이 실렸는데, 중앙정보부는 이 글을 문제 삼아 필자와 발행인 등을 반공법 위반 혐의로 구속했다. 이 사건에 정치적 의도가 있다는 의심을 받았는데, 특히 임중빈이 야당 대통령 후보였던 김대중의 전기를 집필하고 있어서 의심은 더욱 커졌다. 결국 1974년 5월 무죄가 확정되었지만 이 잡지는 1972년 창간 두 돌 특대호를 내자마자 '10월 유신'으로 폐간되고 말았다.

권 독립에 대한 보장 없이 사법파동은 막을 내렸다. 정권의 복수는 빠르고 냉정했다. 곧바로 서울형사지방법원장이 대전지방법원장으로 전보된 뒤 사직했다. 서울형사지방법원 홍성우 판사 등 시국사건 등에서 무죄를 선고한 판사들도 잇따라 옷을 벗었다. 서울형사지방법원의 최영도 판사 등 56명은 유신헌법 제정 뒤 재임용에서 탈락했다. 이렇게 많은 수의 법관이 한꺼번에 옷을 벗은 적은 없었다. 사실상 '찍어서' 걸러낸 것이었다.

그런데 1차 사법파동은 사법부의 급격한 몰락을 예고하는 징후이기도 했다. 사법파동이 소득 없이 끝나고 이듬해 유신이 선포되면서 사법부는 정권의 요구에 철저히 부응하는 일개 행정부처로 변했다. 1차 사법파동 주역이었던 홍성우·최영도 변호사는 당시 상황을 이렇게 증언했다. "이전까지만 해도 중앙정보부도 법원을 어려워하는 편이었고, 법원도 중앙정보부나 검찰의 눈치를 봐서 그 위세가 무서워서 할 것을 못한다든가 하는 분위기는 없었고, 당시만 해도 서울형사지방법원의 수석부장판사가 외압에 대한 바람막이 역할을 훌륭히 해서 일선 판사들이 그런 압력을 느끼지 못했다. 그러나 이런 분위기는 사법파동의 실패 이후 급격히 변화하기 시작했다."[18] 그리고 유신이 시작되었다. 사법부의 겨울이 찾아왔다.

사법 역사상 가장 부끄러운 재판

1974년 1월 8일 대통령 긴급조치 제1호가 공포되었다. 긴급조치 제1호는 유신헌법을 반대·비방하는 행위 등을 금지하는 것은 물론, 이를 위반한 사람은 법관의 영장 없이도 체포·구속이 가능하며 15년 이하의 징역에 처할 수 있도록 하는 초헌법적인 것이었다. 심지어 이런 내용을 담은 긴급조치 제1호 자체를 비방해도 처벌되었다. 이 때문에 말 한마디 잘못했다가 구속되어 중형을 선고 받는 사건이 줄을 이었다. 긴급조치 제1호 위반 사건의 첫 번째 피고인은 '헌법 개정 100만 명 서명운동'을 주도했던 고 장준하 선생과 백기완 선생이었다. 이들은 "개헌의 개자만 말해도 잡혀가게 되어 있으니 이런 놈의 나라가 어디에 있느냐"라고 유신헌법을 비판한 죄로 같은 달 15일 구속영장이 청구되었다. 열흘 뒤 기소가 이뤄졌고, 불과 엿새 만인 31일

징역 15년형이 구형되었다. 바로 다음날 비상보통군법회의는 이들에게 각각 징역 15년을 선고했다. 당시 이들의 변호를 맡았던 한승헌 변호사는 "대한민국 정찰제는 백화점의 상(商) 관행이 아닌 군법회의 판결에서 최초로 확립되었다"며 '정찰제 판결'이라는 유명한 말을 남겼다. 대법원은 그해 8월 이들의 상고를 기각해 형을 확정했다. 김지하 시인도 그해 긴급조치 제1호와 제4호 등을 위반한 혐의로 구속 기소되어 사형을 선고 받기도 했다.

그해 4월 3일 긴급조치 제4호가 공포되었다. 이는 전국민주청년학생총연맹(민청학련)과 그 배후로 조작된 인민혁명당 재건위원회 관계자들을 잡도리하기 위한 조처였다. 위반자는 최고 사형에 처할 수 있었다. 이듬해 4월 8일에는 긴급조치 제7호가 공포되었다. 긴급조치 제7호는 고려대학교 한 곳만을 대상으로 한 기상천외한 조처였다. 고려대에 휴교 조치를 내리고 교내의 집회와 시위를 일절 금지한다는 것이 주된 내용이었다. 위반자는 징역 3~10년형에 처할 수 있었다. 한 달여 뒤인 5월 13일에는 국가안전과 공공질서의 수호를 위한 대통령긴급조치(제9호)가 발표되었다. 유신헌법을 부정·반대·왜곡·비방하거나 유신헌법의 개정·폐지를 주장·선전하는 행위, 학생들의 집회·시위·정치 관여 행위, 긴급조치를 비방하는 행위, 유언비어를 날조·유포하거나 사실을 왜곡해 전파하는 행위를 처벌했다. 위반자는 징역 1년 이상의 유기징역에 처할 수 있었다. 술에 취해 떠든 얘기까지 처벌했던 이른바 '막걸리 긴급조치'였다.

긴급조치 제4호 공포 3주 뒤인 1974년 4월 25일 이른바 '인민혁명당 재건위원회 사건'이 터졌다. 당시 중앙정보부장인 신직수가 직접 나와 수사 상황을 발표했다. 그는 1964년 1차 인혁당 사건 당시 검찰총장이었다. 민청학련이 인혁당 등 공산주의자들의 배후조종을 받아 봉기를 일으켜 대한민국 정부를 전복하려 했다는 내용이었다. 중앙정보부는 1,024명을 연행·조사해 253명을 비상보통군법회의 검찰부에 넘겼다. 비상보통군법회의는 그해 7월 인혁당 관련 피고인인 서도원·도예종·하재완·송상진·이수병·우홍선·김용원·여정남에게 사형을 선고했다. 1975년 4월 8일 오전 10시 대법원 전원재판부(재판장 민복기)는 피고인은 물론 변호인조차 출석하지 않은 법정에서 인혁당 사건 판결문을 10분 동안 읽어 내려간 뒤 상고를 기각하고 퇴정했다. 사형은 이렇게 간단히 확정되었다. 국방부는 형 확정 18시간 만인 이튿날 8명을 사형에 처했다.

인혁당재건위 사건을 '사법살인'이라고 부르는 것은 단지 대법원 확정판결로 8명이 숨진 때문만은 아니다. 당시 대법원 선고가 나기 전에 이미 형 선고통지서가 군 검찰에 접수되어 있었다. 사형을 집행한 서울구치소 역시 형 선고통지서가 도착하기도 전에 사형을 먼저 집행했다. 사형은 이미 오래전부터 확정되어 있었던 것이다. 대법원은 그저 그 장단에 맞춰 재판을 하는 시늉만 했을 뿐이다.

현역 장교가 재판장을 맡은 군법회의에서 진행된 1, 2심 재판 과정도 철저히 편파적으로 진행되었다. 변호인들은 공판 2~3일 전까지도 진술서 사본을 받아볼 수 없었다. 검찰이 작성한 공소장과 진술서는 증거능력에 대한 입증도 없이 곧바로 증거로 채택되었다. 검찰 쪽 증인에 대한 변호인들의 반대신문은 허용되지 않았다. 고문을 받았다는 주장은 완전히 부정되었다. 재판이 진행되는 동안 기자의 방청은 금

■ 인혁당 사건 관련자 8명에 대한 사형 집행 소식을 들은 유가족과 진상규명을 위해 힘쓴 시노트 신부가 1975년 4월 9일 서대문형무소 앞에서 격렬하게 항의하고 있다. 1차 인혁당재건위 사건이 알려진 10년 뒤, 1974년 4월 중앙정보부는 2차 인혁당재건위 사건으로 더 잘 알려진 '인민혁명당 재건위원회 사건'을 터뜨렸다. 중앙정보부는 당시 유신반대 투쟁을 벌였던 민청학련을 수사하면서 배후세력으로 인혁당재건위를 지목해 이를 북한의 지령을 받은 남한 내 지하조직이라고 규정했다. 그러나 혐의에 대한 증거가 없고 조사 과정에서 고문을 한 사실까지 밝혀져 민주화운동 탄압을 위한 박정희 정권의 조작이라는 의혹이 제기되어왔다. 결국 2002년 9월 12일 의문사진상규명위원회는 이 사건을 중앙정보부의 조작 사건으로 규정했고, 이를 근거로 재심이 이뤄져 2007년 서울중앙지법에서 관련자 8명에게 모두 무죄가 선고되었다.

지되었다. 심지어 공판조서까지 조작되었다. 그러나 대법원은 하급심이 저지른 절차상의 치명적 잘못들에 그대로 눈을 감았다.[19]

인혁당 사건 대법원 판결문에는 이런 내용이 나온다.

피고인 김용원은 동공판조서 제352면, 356면, 360면에서,

문: 그럼 검찰에서 조사받을 시 고문을 당하여 강압적으로 진술케 했단 말인가.

답: 그런 사실 없습니다.

문: 그러면 검찰관이 구타 또는 고문을 하던가.

답: 그렇지도 않으며 검찰관이 담배도 피우라고 주고 점심밥도 같이 먹은 사실이 있습니다.

문: 검찰에서 피고인을 고문하면서 허위자백을 권유하던가.

답: 그렇지 않고 자유분위기였습니다.

피고인 하재완은 동공판조서 제380면에서,

문: 그러면 검찰이 고문 등 강압적으로 진술케 했단 말인가.

답: 아닙니다. 검찰에서는 자유분위기 속에서 진술했습니다.

피고인 서도원은 동공판조서 제449면에서,

문: 검찰관은 피고인에게 공소장 내용을 읽어주고 그와 같은 진술을 한 사실이 있는가를 물은바.

답: 피고인은 자유스러운 분위기에서 검찰관 앞에서 공소장 내용과 같은 진술을 한 사실이 있으며, 서명 무인한 사실도 있다고 말하다.

하지만 이 조서는 모두 조작된 것이었다. 도예종은 상고이유서에서

"중앙정보부에서 조사를 받았는데 고문으로 수차례 협심증을 일으켜 졸도하는 등 만신창이가 되었고, 검사에게 정보부의 조서가 사실과 다르다고 하면 다시 정보부에 끌려가 고문을 당하며 조서를 재작성했다"고 썼다. 하재완도 "혹독한 고문으로 창자가 다 빠져버리고 폐농양증이 생겨 생명의 위협을 느낀 가운데 취조를 받았다"고 썼다.[20]

출입이 제한된 1, 2심 법정에서 진행된 피고인들의 주장은 완전히 뒤바뀐 채 공판조서에 실려 대법원에 올라왔다. 대법원은 피고인을 직접 심문하지 않고 기록만으로 심리하기 때문에 공판조서 조작은 매우 중대한 부정행위였다. 하지만 대법관들은 조작된 기록을 근거로 '고문은 없었다'고 결론 내렸다.

이용훈 대법원장의 과거사 청산 발언이 나온 지 석 달 만인 2005년 12월 27일 서울중앙지법 형사합의 23부(재판장 이기택)는 사형이 집행된 인혁당 사건의 피고인 8명의 유족들이 낸 재심청구를 받아들였다. 대법원의 유죄확정 판결로 사형이 집행된 지 30년 만에 나온 결과였다.

재판부는 "당시 수사 과정에서 피고인들에 대한 구타와 고문 등 가혹행위가 자행되었을 것으로 판단된다"고 재심 개시 이유를 밝혔다. 재판부는 혐의를 부인하던 피고인들이 특정 시기를 거치면서 범죄 사실을 대부분 자백한 점, 기소 뒤 모든 피고인이 진술조서 형태로 범죄를 자백한 점, 수사 중 특정 시기에 피고인들이 진통제·항생제 등 의약품을 처방받은 점 등을 근거로 제시했다. 재판부는 또 '피해자들과 이해관계가 없는 교도관, 함께 체포되었던 공동 피고인, 변호인 등이 모두 가혹행위에 대해 진술했고, 일부 수사관은 자신에게 불리하게 작용할 수 있음에도 이런 진술을 해 고문 조작의 신빙성이 매우 높다'

고 밝혔다. 재심 개시를 결정하면서 사실상 무죄 가능성이 높은 결론을 법원이 직접 내놓은 것이다.

이렇게 시작된 재심은 1년여 만에 죽은 이들의 뒤늦은 복권을 시도했다. 2007년 1월 23일 서울중앙지법 형사합의 23부(재판장 문용선)는 인혁당 사건 재심 선고공판에서 무죄를 선고했다. 재판부는 검찰에서 작성된 피의자 신문조서가 "진술자들이 고문과 가혹행위를 당하고 영장도 없이 장기간 구금당한 끝에 작성된 것이어서 신빙성 있는 상태에서 조서가 작성되었다고 볼 수 없다"고 판단했다.

재판부는 유족과 변호인들로부터 조작되었다는 주장이 제기된 공판조서에 대해서도 "진술 내용이 서로 모순되는 부분이 있고 자백의 일관성이 없다. 증거로 채택은 하지만 믿을 수 없다"고 결론을 내렸다. 법정에서의 소송 절차를 그대로 기록한 공판조서는 배타적 증명력을 가진다. 증명력의 핵심은 재판장의 서명·날인이 들어간 공판조서의 정확성에 바탕을 두고 있다. 과거 법원은 수사기관이 작성한 조서의 증거능력을 부인하는 경우는 있어도, 법원에서 작성한 공판조서에 대해서는 사실상 절대적 증거능력을 부여해왔다. 그런데 그 공판조서의 증거능력이 32년 만에 인혁당 사건의 재심을 통해 깨진 사례가 발생한 것이다.

비록 인혁당 사건의 1심과 항소심을 진행한 비상보통군법회의와 비상고등군법회의 재판장은 현역 장교가 맡았지만, 이 재판들의 공판기록을 근거로 사형 선고를 내린 것은 대법원이었다. 재심 재판부는 과거 대법원의 증거 판단이 근본적으로 잘못되었다는 점을 지적한 것이다. 검찰은 재심 재판부의 무죄 선고에 항소를 하지 않았다. 억울한 죽음들은 그렇게 한을 조금이나마 풀 수 있었다.

　인혁당 사건 피고인들의 무죄 확정으로 우리 사법사의 가장 부끄러운 행태를 조금은 만회할 수 있었다. 더불어 사법부의 과거사 청산 의지도 한 발짝 더 나아갈 수 있었다. 2007년 8월 21일 서울중앙지법 민사합의 28부(재판장 권택수)는 인혁당재건위 사건 유족들에 대한 국가의 배상책임을 인정하며 "인권의 최후 보루라고 믿었던 대법원마저 고문을 당해 허위 자백을 했고 증거가 조작되었다는 피고인들의 주장을 전혀 받아들이지 않았다. 오히려 그들을 적화통일과 국가변란을 바라는 사회 불순세력으로 인정하고 사형을 선고한 원심을 확정했다"라고 밝혔다. 인권의 최후 보루라는 자리를 지켜내지 못한 대법원 판결 자체가 '불법행위'라는 진솔한 반성으로까지 나아간 것이다.

높기만 한 재심의 문턱

재심은 이미 확정된 판결에 부당한 사실인정 등의 큰 잘못이 있을 경우 피고인을 구제하기 위해 재판을 다시 하는 것이다. 확정판결에 대한 구제수단이라는 점에서 항소나 상고와 다르며, 주로 사실인정의 잘못을 구제하기 위한 것이기 때문에 법령의 해석을 잘못한 것을 시정하기 위한 비상상고와도 다르다. 재심은 형사소송법의 '특별소송절차'에 해당하는데, 이는 일반적이지 않은 예외적 상황이라는 의미로 무엇보다 법적 안정성을 우선하는 조처다. 그래서 재심을 받아들일 때 매우 엄격한 기준을 적용한다. 형사소송법 제420조는 재심을 청구할 수 있는 경우를 '증거물·증언 등이 위조 또는 허위로 증명되었거나 수사에 관여한 검사·경찰의 직무에 관한 범죄가 확정판결로 증명된 때' 등으로 규정하고 있다.

수십 년 전 국가가 조직적으로 저지른 국가 폭력은 국가 자신이 잘못을 인정하지 않는 한 피해자들이 이를 먼저 입증하기가 불가능하다. 수사기록이나 재판 관련 기록 등도 제대로 남아 있지 않은 경우가 많다. 증언을 해줄 관련자들도 찾기 어렵다. 찾는다고 해도 수사권이 없으니 고문·조작 관련자들이 입을 열도록 강제할 방법이 없다. 인혁당 사건도 의문사진상규명위원회의 조사 결과가 없었다면, 재심을 받아내는 길은 결코 쉽지 않았을 것이다. 인혁당 사건 재심 개시 결정을 한 재판부도 '직무의 독립성 및 신분을 보장받고 국회의 동의를 받아 대통령이 임명한 위원들로 구성되고 현직 검사가 파견되어 조사를 행한' 의문사진상규명위원회의 조사 결과를 결정적 증거로 받아들였다. 그래서 다른 사건들도 과거사위원회 등 국가기구를 통한 조사와 재심 권고에 기댈 수밖에 없었다.

인혁당 사건 피해자들의 무죄가 확정되던 즈음인 2007년 1월 말 진실·화해를 위한 과거사 정리위원회(위원장 송기인)는 500쪽 분량의 정기 보고서를 노무현 대통령과 국회에 보고했다. 이 보고서에는 1970년대 긴급조치 위반 사건(589건) 판결에 관여한 법관 492명의 이름이 들어 있었다. 30여 년 전 사건들이었지만 그사이 최고 법관으로 입신한 현직 대법관과 헌법재판관들이 다수 포함되었다.

공개된 법정에서 이뤄진 재판의 판결 내용은 공개가 원칙이다. 판결문에는 당연히 판사의 이름이 들어간다. 그러나 진실·화해를 위한 과거사 정리위원회의 판결문 분석 작업이 언론에 보도되자, 과거사 청산 작업에 사사건건 시비를 걸어온 보수 언론은 정치적 목적을 의심하며 반발했다. 특히 《조선일보》는 '과거사위의 인민재판에 끌려나온 판사들' '끼리끼리 코드에 따라 뻔하게 진행되는 과거사 뒤집기' 등의 원색적 용어를 사용하며 비난에 열을 올렸다.

법조계 일부에서도 사법부 과거사 청산이 판사 명단 공개로 인해 인적 청산 방식으로 이어지는 것 아니냐는 우려를 나타내기도 했다. 긴급조치 사건에 관여한 판사 492명 가운데 100여 명이 법원장 이상의 고위 법관을 지냈다는 점, 그리고 12명은 여전히 현직 고위 법관이라는 점은 사법부 과거사 청산의 험난한 길을 예고하고 있었다. 이강국 헌법재판소장은 "긴급조치 사건을 판결한 기억은 전혀 없지만, 만약 사실이라면 국민들께 대단히 죄송하다. 법관으로서 평생 짊어져야 할 짐으로 여기겠다"고 말했다. 그러나 현직 고위 법관 대부분은 '특별히 할 말이 없다' '전혀 생각이 나지 않는다' '당시 실정법(긴급조치)에 따라 판결해 문제가 없다' '배석판사였다'는 답변을 했다. 진솔한 사과와 반성을 기대했던 이들에게는 실망스런 답변이었다.

거센 반발은 정치권에서도 터져 나왔다. 박근혜 당시 한나라당 의원은 인혁당재건위 사건 무죄 선고에 이어 긴급조치 위반 사건 판사들의 이름이 공개되자, "나에 대한 정치공세라고 생각한다. 이것이 한국 정치의 현실이다"라고 말했다. 인혁당 사건에 대해서는 "지난번에도 법에 따라 한 것이고, 이번에도 법에 따라 한 것인데 그러면 법 중 하나가 잘못된 것 아니겠느냐. 앞으로 역사와 국민이 평가할 것이다. 정부가 지금 이렇게 하는 것도 역사가 평가할 것"이라고 말했다. 진솔한 반성과는 거리가 먼 그의 대답은 5년 뒤 2012년 대선을 앞두고 '인혁당 사건은 두 개의 법원 판결이 있다'는 발언으로 반복된다.

대법원은 판사 명단 공개에 대해 "사법부의 과거를 되새기는 계기로 삼겠다" "진실·화해를 위한 과거사 정리위원회의 과거사 반성과 무관하게 군사독재 시절 판결에 대한 수집·검토 작업을 계획대로 진행할 것"이라면서도 속으로는 탐탁지 않게 여겼다. 내부적으로는 정치적 오해를 살 수 있는 현 정권에서는 과거사 청산이 어려우니 다음 정권으로 미뤄야 한다는 의견까지 나왔다.

대법원은 이용훈 대법원장 취임 뒤, 유신이 선포된 1972년부터 6·29 선언이 나온 1987년 사이에 이뤄진 긴급조치·국가보안법·반공법 위반 등과 관련한 시국사건 판결문을 수집·분석하고 있었다. 이때까지 대략적으로 파악된 것만 6,500여 건에 이르렀다. 이 가운데 사형·무기징역 등 중형이 선고된 사건, 판결문에 고문이나 불법구금 등을 당했다고 기록된 사건 등 224건을 추려내 국회 국정감사 자료로 제출하기도 했다.

그러나 대법원은 "이들 사건을 대법원이 재심 대상 사건으로 선정한 것은 아니다. 재심은 당사자의 청구에 따라 각급 법원에서 개별적으로 진행되는 절차이기 때문에 대법원이 재심 대상 사건을 선정하거나 판단할 권한이 없다"고 했다. 또 유신 시절 등 특정 시기, 긴급조치 등 특정 법률이 적용된 사건들에 대해 포괄적으로 오류를 인정하는 것은 현행법상 가능하지도 않고, 그럴 방침도 없다고 밝혔다. 과거의 잘못된 판결로 인한 피해자들의 명예회복과 피해보상은 개별적인 재심 절차에 의해서만 가능하다는 태도였다.

사법부는 경찰 같은 행정기관들처럼 '우리가 잘못했다'는 식으로 과거사 반성을 할 수 없다는 법적 한계를 가지고 있다는 것이었다. 하지만 피해자들로서는 과거 자신들을 나락으로 내몰았던 사법부의 심판을 다시 받아야 한다는 것을 납득하기가 어려웠다. 이런 측면에서 재심은 피해자들에게 다시는 기억하기 싫은 악몽을 법정에서 다시 떠올려야 하는 심리적 고통을 외면한 것이었다.

재심을 받을 수 있는 문은 별로 넓어지지 않았는데 '재심을 통한 과거사 청산'이라는 원칙은 확고했다. 그래서 과거사위원회의 조사를 통해 재심 권고가 이뤄진 '혜택' 받은 소수의 사건들을 제외하고는 재심 문턱을 제대로 넘어서지 못하는 사건들이 많았다.

풀과 가위로 쓴 사법부의 역사

이용훈 대법원장은 2008년 9월 26일 사법 60돌 기념행사에서 과거 권위주의 정권 시절 사법부의 잘못을 사과하고 반성하면서도 재심을 통한 과거 청산이 유일한 방법임을 못 박았다.

"과거의 잘못을 고치는 구체적 작업은 사법정의의 회복이라는 큰 틀 안에서, 사법권의 독립이나 법적 안정성 같은 다른 헌법적 가치와 균형을 맞춰가며 추진해야 한다. 이런 관점에서 볼 때 과거의 잘못된 재판을 바로잡는 가장 원칙적이고 효과적인 방법은 재심 절차를 거치는 것이다. 그동안 사법부는 재심을 통해 지난날의 잘못을 꾸준히 바로잡아왔다. 이미 민족일보 사건, 인혁당재건위 사건, 민청학련 사건, 광주민주화운동 관련 사건 등 상당수 사건에 대하여 지난날의 과오를 시정하는 판결을 선고했다. 앞으로도 재심 절차가 적법하고 공정하게 진행되도록 노력하겠다."

엄격한 재심 요건을 완화하거나 적극적인 법해석 등 재심의 문턱을 낮추는 방안은 제시되지 않았다. 하지만 팍팍한 재심 절차에만 의존한 과거사 청산에 대한 비판 여론을 의식한 듯 이 대법원장은 한마디를 덧붙였다.

"이와 별도로 대법원은 과거 권위주의 시대의 각종 시국 관련 판결문을 분석하는 작업을 진행해왔다. 그 결과는 대한민국 사법부 60주년 기념사업의 일환으로 조만간 발간될 사법부 역사자료에 포함시켜 국민에게 보고할 예정이다."

그의 말대로 사법부 과거사 정리 작업은 사법부 역사를 되돌아보는 역사편찬 작업을 통해서도 진행되고 있었다. 따라서 대법원이 진행하고 있던 판결문 분석 작업의 결과물이 사법사 편찬 과정에서 어떤 식으로 녹아들지가 초미의 관심사로 떠올랐다. 대법원은 김영삼 정부가 들어선 뒤인 지난 1995년 『법원사』를 통해 일부 사건들의 잘못을 짚고 넘어간 적이 있다. 10여 년 만에 다시 만들어지는 '사법사'는 그 수준을 뛰어넘어야 할 시대적 소명을 안고 있었다.

하지만 대법원장이 조만간 발간될 것이라고 한 새로운 사법사는 그 후 1년이 지나도록 출간되지 않았다. 초고는 이미 2009년 2월 말에 작성이 끝났지만 그해 말이 되도록 책이 나온다는 소식은 없었다. 대법원 쪽은 원고 정리에 시간이 오래 걸린다는 이유를 댔다. 사법사를 여러 사람이 나눠 쓰다보니 사건에 따라 원고 분량에 차이가 있어서 이를 맞출 필요가 있다는 설명이었다. 논란이 되었던 사건들이 겹치거나 아예 빠진 경우도 있고 주관적 역사관이 개입한 부분도 있어서 전체적으로 정리가 필요하다는 것이었다.

그러나 발간이 늦어지는 진짜 이유는 다른 데 있었다. 사법사의 초고 내용을 두고 법원 안에서 논란이 벌어진 것이다. 초고 내용에 대해 '지나친 자학사관이 아니냐'는 뜻밖의 지적이 대법원 안에서 나왔다. 일부 구성원들이 초고에 담긴 몇몇 내용을 두고 '사법부 역사를 너무 낮게 평가하고 있다'며 반발하고 있다는 소식이 법원 밖으로 알려졌다. 재심에 의한 과거사 청산이야 어쩔 수 없더라도 사법부가 직접 편찬하는 사법사까지 '적정 수준'을 넘어선 반성을 담을 필요는 없다는 주장이었다.

법원의 뜻과 상관없이 과거사 청산의 기대수위가 높아졌다는 볼멘소리도 나왔다. 구체적으로 반성을 할 경우 관련 사건의 재심을 진행하고 있거나 재심 사건을 맡게 될 재판부에 '예단'을 줄 수 있다는 우려도 제기되었다. 이런 이유로 사법사에 들어갈 반성의 수준이 이미 알려진 사실들의 단순 나열에 그칠 것이라는 관측이 나돌았다.

이용훈 대법원장이 취임 일성으로 다짐했던 과거사 반성 작업은 갈수록 그 동력을 잃어가고 있었다. 엎친 데 덮친 격으로 이명박 정부의 등장은 사법부 과거사를 바라보는 법원 내 인식의 퇴행을 가속화시켰다. 노무현 정부의 과거사 정리 작업에 극도의 알레르기 반응을 보인 이명박 대통령은 취임 첫해인 2008년 9월 대법원을 찾아 '사법 포퓰리즘을 경계해야 한다'는 발언으로 사법부의 과거사 정리 작업을 비판했다.

더욱 주목할 것은 검찰의 조직적 반발이 심해졌다는 사실이다. 이명박 정부 들어 고문·조작 사건의 재심에 대한 검찰의 상고가 부쩍 늘어났다. 검찰은 '뚜렷한 증거 없이 과거의 판결을 뒤집는 것은 옳지 않다' '가혹행위가 공판 과정에서도 이뤄졌다는 근거가 없다'고 주장하며 사사건건 반기를 들었다.

사법사편찬위원회 위원장은 법원행정처 차장이 맡았지만, 차장의 직속상관인 법원행정처장이 사법사 발간을 사실상 총괄했다. 그런데 사법사 발간 작업이 정리 단계였던 2008년 1월부터 이듬해 6월까지 법원행정처장을 맡은 김용담 대법관은 2009년 9월 퇴임에 맞춰 낸 자서전에서 이렇게 적었다. "책임을 져야 할 사람들이 모두 떠난 시점에 (……) 잘못에 대한 책임 추궁이 아니라 다른 목적을 달성하기 위한 것이라면 그것은 사법 침해일 뿐이지 과거사 문제는 아니다." 이용훈 대법원장의 과거사 언급과는 그 뉘앙스가 하늘과 땅 차이만큼 컸다. 그런데 이 발언은 곧 발간될 사법사의 내용을 암시하는 것이었다.

우여곡절 끝에 2010년 1월 드디어 『역사 속의 사법부』가 발간되었다. '1948~2008 대한민국 사법부'라는 부제가 붙은 이 책은 노무현 정부 때부터 시작된 사법부 과거사 정리 작업의 완결판이었다. 그러나 이에 대한 평가는 싸늘했다. 역사학자인 안병욱 가톨릭대 교수는 "풀과 가위로 쓴 역사"라는 신랄한 표현을 써가며 비판했다. 진실·화해를 위한 과거사 정리위원회 위원장을 지낸 안 교수는 "다른 기관에서 조사한 내용 가운데 법원에 유리한 것만 따다 썼다. 밖에서 비판한 부분은 마지못해 집어넣은 수준"이라고 지적했다.[21]

『역사 속의 사법부』는 모두 5개 부분으로 구성되었다(제1부 사법부의 연원과 변천, 제2부 사법부의 조직과 운영, 제3부 재판의 역사, 제4부 사법부의 행정, 제5부 사법부의 정보화와 국제화). 군사독재정권 때의 어두운 과거사를 독립적으로 다루기를 기대했던 이들은 크게 실망하지 않을 수 없었다. 분량도 턱없이 적었다. 700쪽에 달하는 분량 가운데 사법부 스스로 '문제적 시기'로 인정한 1972~1987년 사이의 사법부를 다룬 내용은 50여 쪽에 불과했다. 6,500여 건의 판결문을 분석한 결과는 제1부(84~107쪽)와 제3부(417~450쪽)로 분산되어 있었는데, 사법부 최악의 판결인 인혁당재건위 사건 관련 내용은 3쪽을 넘지 않았다.

내용은 더욱 심했다. 고문·조작 논란이 불거진 시국·공안 사건들에 대한 평가나 반성은 거의 없었다. 사건의 발단과 수사 과정, 재판 경과 등 이미 드러난 사실관계를 건조하게 나열한 경우가 대부분이었다. 이들 내용도 다른 과거사정리위원회 등에서 규명한 내용을 상당 부분 인용한 경우가 많았다. 빠진 내용들도 많았다. 재일동포 유학생 간첩 사건(1975), 아람회 사건(1980) 등 대법원이 '검토 중인 판결'이라며 국회에도 보고했던 사건들 상당수도 제외되었다. 재심 법원에 영향을 줄 수 있다는 게 이유였다.

안병욱 교수는 《한겨레》에 기고한 글에서 이렇게 비판했다. "이번에 발간된 책자는 (대법원장의) 그런 다짐이나 약속과는 너무 동떨어진 것이다. 그래서 불과 1년여 전까지도 진행되었다는 권위주의 시절의 판결문 분석이 한순간 사라진 저간의 속사정이 무엇인지 오히려 궁금해지는 것이다. 만일 작금의 시류와 무관하지 않다면 이 또한 권력에 휘둘린 새로운 과거사로 역사에 기록해야 할 사안이다."[22]

반면 『역사 속의 사법부』는 사법부가 안기부 등 공안기관의 탄압을 받은 피해자라는 점을 부각시키는 데 적지 않은 분량을 할애했다. 공안기관과 공모하거나 최소한 그들의 잘못을 애써 묵인했던 가해자로서의 사법부의 모습은 드러나지 않았다. 법대 위에서 피고인들의 피멍을 애써 외면했던 부끄러운 과거에 대한 고백은 없었다. 고문·조작을 외면하고 검찰의 공소장을 그대로 판결문에 베껴 쓴 과거를 '어쩔 수 없었다'는 자기합리화로 덮어버렸다.

변정수 초대 헌법재판관은 자신의 회고록에서 "(유신 시절) 어떤 서울형사지법 수석부장은 법조인들로부터 '중앙정보부원'이라고 불리기도 했다"며 오욕의 역사를 증언했다. 국정원 과거사위원회에서 활동했던 한홍구 성공회대 교수는 "중앙정보부와 안기부가 그 험한 시절에도 시국사건과 관련해 현직 법관을 잡아가거나 고문을 가한 적은 단 한 번도 없었다"라며 사법부의 자발적 복종을 안타까워했다.[23] 『역사 속의 사법부』는 이런 부분을 아예 외면해버렸다. 그 수많은 협력과 부역의 역사가 흔적도 없이 사라졌다.

그 이유를 추리해볼 수 있는 단서가 발간사에 나와 있다.

긴 세월을 놓고 볼 때 어느 누구에게도, 그리고 그 어떤 조직에도 밝은 면만 있는 것은 아닙니다. 우리 사법부도 예외일 수는 없습니다. 그러나 어두운 과거와 부끄러운 역사를 한사코 부인하고 거부하려 한다면 이는 스스로 자기 존재의 근거를 허무는 일입니다. 반면, 현재 우리가 서 있는 자리에서 지금의 시각으로 손쉽게 과거의 잘못을 매도하고 단죄하는 것도 역사를 대하는 옳은 길은 아닐 것입니다. 공(功)은 공대로, 과(過)는 과대로 객관적 자료와 근거에 따라 사실을 냉정하게 서술하되, 가치평가로 사실인정에 갈음하려 해서도, 사가(史家)들이 제대로 기록하지 못하고 있는 역사의 빈 곳(史之闕文)을 모자란 지식이나 식견으로 서둘러 메우려 해서도 아니 될 것입니다.

발간사는 사법사편찬위원회 위원장이던 이진성 법원행정처 차장(2012년 헌법재판관에 임명됨)이 썼다. '사가들이 제대로 기록하지 못하고 있는 역사의 빈 곳'이 왜 생겼는지에 대한 근본적 성찰은 보이지 않았다.

과거사 청산의 초라한 성적표

"긴급조치 제1호는 유신헌법에 대한 논의 자체를 전면 금지함으로써 이른바 유신 체제에 대한 국민적 저항을 탄압하기 위한 것이 분명하다. 현행 헌법은 물론, 당시 유신헌법상의 긴급조치 발동 요건조차 갖추지 못한 채 한계를 벗어나 국민의 기본권을 침해했기 때문에 위헌이다."

2010년 12월 16일 대법원 전원합의체는 이명박 정부가 들어선 뒤 흐지부지되어가던 사법부 과거사 청산 작업에 그나마 진한 마침표 하나를 찍었다. 1974년 5월 버스 옆자리에 앉은 여고생에게 정부를 비판하는 말을 했다가 긴급조치와 반공법 위반 혐의로 징역형을 선고받은 오종상의 재심에서 "긴급조치 제1호는 헌법에 위반한다"고 판결한 것이다.

항소심에서 긴급조치 위반 혐의에 대해 면소 판결을 받았던 오씨는 대법원에서 무죄를 선고 받았다. 기자들도 예상하지 못한 높은 수위의 판결이었다. 심리에 참여한 대법관 12명 전원이 위헌을 인정했다.

 그동안 법원은 긴급조치 위반 혐의를 다투는 재심에서 무죄를 선고하지 않고 면소 판결을 해왔다. 면소 판결은 처벌의 근거가 되었던 법령 등이 폐지되었을 때 형벌권이 없음을 알리는 판결이다. 쉽게 말해 죄가 없다는 것이 아니라 처벌할 근거가 없다는 말이 된다. 긴급조치 제1호가 1974년 8월 23일 해제되었기 때문에 처벌 근거가 이미 사라졌는데, 이를 근거로 법원은 그동안 무죄 여부를 판단하지 않고 면소 판결을 하겠다는 손쉬운 방법을 택했다. 이로 인해 말 한마디 했다가 억울하게 긴급조치 위반으로 옥살이를 한 사람들로서는 무죄 판결을 받고 싶어도 받을 수 없었다.

 하지만 이날 대법원은 이런 소극적인 태도를 벗어던졌다. 긴급조치 제1호가 '발동 요건을 갖추지 못한 채 목적상 한계를 벗어나 국민의 자유와 권리를 지나치게 제한함으로써 헌법상 보장된 국민의 기본권을 침해한 것이므로, 긴급조치 제1호가 해제 내지 실효되기 이전부터 유신헌법에 위반되어 위헌이고, 나아가 긴급조치 제1호에 의하여 침해된 위 각 기본권의 보장 규정을 두고 있는 현행 헌법에 비추어 보더라도 위헌'이라고 적극적으로 판단했다.

 과거 대법원은 유신헌법 아래에서 긴급조치는 합헌이라고 판단했다. 유신헌법은 긴급조치를 '사법적 심사의 대상이 되지 않는다'고 못박았다. 얼토당토않은 초헌법적 조항이었지만, 대법원은 1975년 '유신헌법이 그러하니 그 위헌 여부를 다툴 수 없다'는 이상한 판례를 만들었다. 그로부터 30여 년이 지난 뒤에서야 비로소 이 판례를 깨고 '현행 헌법에서는 당연히 위헌이고 유신헌법에서도 긴급조치는 위헌이었다'는 판결을 내린 것이다.

"유신 시절 대법원이 했던 판결들의 '결자해지(結者解之)' 차원으로 이해해달라." 대법원은 긴급조치 제1호에 대한 위헌 선고 의미를 이렇게 설명했다. 1970년대 폭압적인 유신 독재의 상징인 긴급조치에 대해 유죄 판결로 협조한 과거를 스스로 끊어냈다는 설명이었다.

법률의 위헌 판단은 원래 헌법재판소의 권한이다. 하지만 대법원은 "긴급조치는 국회의 입법권 행사를 전혀 거치지 않았으므로, 헌법재판소의 위헌심판 대상이 되는 법률에 해당한다고 할 수 없고, 그 심사권은 최종적으로 대법원에 속한다"고 적극적으로 판단한 뒤 위헌 결정을 내렸다. 법률보다 아래인 명령·규칙 등의 위헌성 여부는 대법원에서 판단한다는 규정에 따른 것이다.

1970년대 긴급조치(제1·4·7·9호) 위반으로 기소된 사람은 1,140명에 이른다. 하지만 대법원의 판결은 재심 소송을 낸 오종상 한 명에게만 적용된다. 긴급조치 제1호를 위헌이라고 판결했더라도, 다른 피해자들은 일일이 재심 소송을 내야만 자신의 무죄가 입증될 수 있다. 재심을 통한 과거사 청산의 한계였다. (헌법재판소는 2013년 3월 21일 유신헌법 제53조에 근거해 발령한 긴급조치 제1·2·9호에 대한 헌법소원 사건에서 재판관 전원일치 의견으로 위헌 결정을 내렸다. 대법원 판결은 해당 사건에만 효력을 미치지만 헌재 결정은 해당 법률과 관련된 모든 사건을 포괄하기 때문에 그만큼 긴급조치 피해자들이 피해보상을 받기가 쉬워졌다.)

이용훈 대법원장은 2006년 11월 대법원 국정감사에서 시국사건 재심 판결문에 법원의 잘못을 분명하게 드러내 보이겠다고 말했다. 왜 고문을 당했다는 피고인의 주장을 묵살했는지, 왜 어처구니없는 공소장을 베껴서 판결문을 썼는지, 왜 억울한 옥살이를 하게 했는지에 대한 사법부의 통절한 반성을 판결문으로 남기겠다는 말로 받아들여졌다. 그러나 긴급조치 위헌 판결문에 그런 문구는 보이지 않았다. 어지러운 법리만 길게 나열되었을 뿐이었다. 이 대법원장은 퇴임 뒤 고려대에서 한 강연에서 "긴급조치가 헌법에 위반되는지를 따진 2010년 12월 대법원 판결은 사법부의 원죄를 씻는 재판이었다"라고 자평했지만, 듣는 이들에게 그 울림은 그리 크지 않았다.

대법원은 긴급조치 위헌 판결 한 달여 뒤인 2011년 1월 20일 반세기 전 억울하게 죽은 한 진보 정치인의 재심 사건도 바로잡았다. 대법원 전원합의체는 진보당 당수로서 북한과 내통해 평화통일을 주장했다는 혐의로 1959년 처형된 죽산 조봉암의 재심사건 선거공판에서 대법관 13명 전원 일치 의견으로 무죄를 선고했다. 하지만 대법원은 이 판결에서도 뜨뜻미지근한 태도를 보였다.

조봉암은 1958년 1심에서 무려 21차례의 공판 끝에 간첩 혐의 등에 대해 무죄를 선고 받았다. 그러나 이승만 대통령의 압박을 받은 서울고법은 조봉암에게 간첩죄를 적용해 사형을 선고했다. 이승만 대통령은 사형 선고 직후 "1심 판결은 말이 안 된다. 이런 판사들을 처리하는 방법은 없는가"라며 1심 재판부를 비난했다. 며칠 뒤 1심 재판장을 맡은 유병진 서울지법 부장판사는 재임용에서 탈락했다. 1년 뒤 서슬 퍼런 권력의 압박에 대법원 역시 조봉암에게 사형을 선고했고, 그의 재심 청구가 기각된 지 17시간 만에 사형이 집행되었다.

반세기 만에 이 사건의 재심을 맡은 대법원은 '민간인 수사권이 없는 육군특무대가 수사를 했다'는 명백한 재심 사유를 인정하고도 재심 재판을 시작하기까지 무려 2년을 넘게 끌었다. 그리고 통절한 반성이나 사과 없이 판결문 맨 아랫줄에 가서야 "잘못을 바로잡는다"는 짧은 말을 마지못해 달았다.

그럼에도 불구하고 긴급조치 위헌 판결은 역사적 의미가 적지 않은 판결이었다. 사법부가 독재정권에 부역했던 과거를 스스로 불법 행위로 규정했기 때문이다. 하지만 이 판결이 나온 뒤 대법원은 이해하기 어려운 판결을 내놓았다. 과거 간첩조작 사건 등의 피해자들에 대한 배상이 늦어진 데 따른 이자를 대폭 깎아야 한다는 판결이었다. "국가의 불법 행위 때부터 장시간이 경과해 통화가치에 상당한 변동이 생겼는데 덮어놓고 불법 행위 때부터 지연손해금(이자)이 발생한다고 보는 경우에는 합리적 이유 없는 현저한 과잉배상의 문제가 제기된다"는 이유였다. 다시 말해 그동안의 물가와 국민소득의 변화 등을 고려해야 한다는 판결이었다. 보수 언론은 하급심에서 과거사 재심 사건의 배상액이 정해질 때마다 '지나치게 많다'며 계속해서 발목을 잡아왔다. 보수가 다수를 점한 대법원이 이에 호응한 셈이다.

이 판결로 남북교류 등을 주장하는 기사와 논설을 싣다 북한에 동조했다는 누명을 쓰고 사형당한 조용수 《민족일보》 사장의 유족들에게 돌아갈 위자료 원금과 47년간의 이자는 애초 99억 원에서 29억여 원으로 대폭 줄었다. 1980년대 대표적 용공조작 사건인 아람회 사건의 피해자와 유족 등 37명에 대한 배상금도 206억 원에서 90억 원으로 대폭 깎였다.

인혁당재건위 사건 피해자와 유족들도 미리 지급받은 일부 보상액 가운데 180억 원을 토해내게 되었다. 대법원은 "법원은 신속한 재심 판결을 통해 진실을 밝혀 피해를 입은 사람들의 누명을 벗겨줬는바, 이런 조치들로 인해 원고들의 정신적 고통이 다소나마 위로되었을 것으로 보이는 점, 국가를 위해 거룩한 희생을 한 국가유공자들에 대해서도 한정된 국가예산으로 인해 현실적으로 충분한 보상이 이뤄지지 못하고 있는 사정과의 균형도 고려하지 않을 수 없는 점 등이 위자료 산정에 반영되어야 한다"고 밝혔다.

하지만 국가 폭력으로 희생당한 이들의 가족은 수십 년간 '빨갱이 가족'이라는 소리를 들으며 숨죽여 살아야 했다. 교육과 취업에도 불이익을 당해 생계까지 위협받았다. 대법원의 말처럼 '재심 판결이 신속했다'면, 이들의 고통이 그토록 오래 지속되지 않았을 것이다. 억울한 죽음과 그로 인한 가족들의 한을 수십 년 동안 외면해왔던 사법부가 뒤늦은 재심으로 생색을 내면서 그마저 배상금을 깎는 치졸함을 보여준 것이다.

2005년 대법원장 후보로 지명되었을 때 "나는 진보도 보수도 아닌 중도"라고 말했던 이용훈 대법원장은 2011년 9월 퇴임을 앞두고 서울 한남동 대법원장 공관에서 기자들을 만나서는 "나는 우파 중에서도 우파"라고 말했다. 6년 전의 '중도' 선언이 임명권자를 위한 일종의 립서비스였음을 감안하더라도 그의 임기 말 '우파 커밍아웃'은 노무현 정부 인사들로서는 탄식이 저절로 나올 만했다. 그의 변화무쌍한 처신만큼이나 사법부의 과거사 청산 작업도 시작과는 비교할 수 없을 정도로 초라하게 끝났다.

대법원과 헌법재판소를 헷갈려하는 이들이 많다. 두 기관 역시 최고
사법기관이라는 위상을 두고 신경전을 벌인다. 헌법재판소는 1987년
민주화운동의 결과물이다. '87년 체제'를 열어놓은 제9차 개정헌법은
헌법재판소 설치를 명문화했고 이듬해인 1988년 서울 재동에 문을
열었다.

　헌법재판소에서는 일반 민사·형사사건 등은 처리하지 않는다. 헌법
재판에는 위헌법률심판, 탄핵심판, 정당해산심판, 권한쟁의심판, 헌
법소원심판이 있다. 위헌법률심판은 국회가 만든 법률이 헌법에 위반
하는지를 심사해, 위헌이라고 판단되면 그 효력을 없애는 역할을 한
다. 헌법은 법률의 위헌성 여부를 헌재에서 판단하도록 하고 있다. 법
률보다 아래인 명령·규칙 등의 위헌성 여부는 대법원에서 판단한다.
2010년 대법원 전원합의체가 유신 시대 긴급조치 제1호에 대해 위헌
이라고 판단하면서 "긴급조치는 국회의 입법권 행사를 전혀 거치지
않았으므로, 헌법재판소의 위헌심판 대상이 되는 법률에 해당한다고
할 수 없고, 그 심사권은 최종적으로 대법원에 속한다"고 밝힌 것도
이 때문이다.

　탄핵심판은 고위직 정부 인사나 공무원이 직무와 관련해 헌법에 어
긋나는 행위를 했을 때 파면하는 절차다. 2004년 한나라당이 발의한
노무현 대통령 탄핵심판이 있었지만 헌법재판소는 노 대통령에 대한

탄핵을 인정하지 않았다. 어떤 정당의 목적이나 활동이 민주적 기본 질서에 어긋나는 경우 정당 해산 여부를 결정하는 것이 정당해산심판 이다. 아직까지 정당해산심판이 이뤄진 적은 없다. 국가기관·지방자 치단체 사이에 벌어지는 권한 다툼을 해결하는 절차가 권한쟁의심판 이다. 헌법재판소는 2009년 조·중·동 종합편성채널 진출을 허용하는 언론관련법을 한나라당이 강행처리하면서 야당 의원들의 심의·표결 권한을 침해했는지 여부를 심리했다. 당시 헌법재판소는 권한침해는 인정하면서도 언론관련법 무효화는 인정하지 않는 반쪽짜리 결정을 내놓았다. 헌법소원은 국가권력이 헌법이 보장하는 국민의 기본권을 침해한 경우에 국민이 직접 헌법재판소에 그 위헌 여부를 판단해달라 고 청구하는 제도다. 2004년 행정수도특별법을 둘러싼 헌법소원 사건 에서 헌법재판소는 '대한민국 수도=서울'이 '관습헌법'이라는 이유로 위헌 결정을 내렸다. 당시 조선시대 법전인 『경국대전』까지 거론하는 무리수를 두기도 했다.

헌법은 대통령, 대법원장, 국회가 각각 3명씩의 헌법재판관을 임 명·지명·선출한 뒤 대통령이 최종 임명하도록 규정하고 있다. 임기는 6년이며 연임할 수 있다. 국회 3명의 경우 여당 몫, 야당 몫, 여야 합 의로 1명씩 선출된다. 2011년 야당이 추천한 조용환 재판관 후보자를 여당이 '양심 고백'을 강요하면서 부결시킨 바 있다.

헌법재판은 재판관 9명 전원으로 구성되는 전원재판부에서 모두 처 리한다. 대법원 전원합의체가 극히 일부 사건만을 심리하고, 대법관 4명으로 구성된 소부에서 대부분의 사건을 처리하는 것과 대비된다. 헌법재판소에도 대법원 재판연구관처럼 헌법재판관을 돕는 헌법연구관들이 있다. 재판관 전속 연구관과 특정 재판관에 속하지 않는 공동 연구관 80여 명이 접수된 사건들에 대한 조사·연구를 맡는다.

  헌법재판소는 매달 넷째 주 목요일에 선고를 한다. 중요 사건의 경우에는 공개변론을 열기도 한다. 헌법재판소 건물 꼭대기층에는 커다란 무궁화 9개가 돋을새김되어 있다. 헌법의 가치와 기본권을 수호하는 9명의 헌법재판관을 상징한다. 대법관 구성 다양화 못지않게 헌법재판관 구성의 다양화도 요구되지만 서울대 법대, 판·검사 출신 보수 성향 남성들이 주류를 차지하고 있다.

● **역대 헌법재판관**(1988~2012)

헌법재판소장

이름	지명권자	대학	출신	임기
조규광	대통령	서울대(정치)	판사·변호사	1988~1994
김용준	대통령	서울대	판사	1994~2000
윤영철	대통령	서울대	판사·변호사	2000~2006
이강국	대통령	서울대	판사·변호사	2007~2013

헌법재판관

이름	지명권자	대학	출신	임기
최광률	대통령	서울대	판사·변호사	1988~1994
김양균	대통령	전남대	검사	1988~1994
이성렬	대법원장	조선대	판사·국회의원	1988~1994
이시윤	대법원장	서울대	판사	1988~1993

김문희	대법원장*	서울대	판사	1988~2000
한병채	여당	고려대(정치)	판사·변호사·국회의원	1988~1994
변정수	야당	고졸	판사·변호사	1988~1994
김진우	여야 공동**	서울대	판사·변호사	1988~1997
황도연	대법원장	서울대	판사	1991~1997
이재화	대법원장	서울대	판사	993~1999
정경식	대통령	고려대	검사	1994~2000
고중석	대법원장	서울대	판사	1994~2000
신창언	여당	서울대	검사	1994~2000
조승형	야당	서울대	검사·변호사·국회의원	1994~1999
이영모	대통령	부산대	판사	1997~2001
한대현	대법원장	서울대	판사	1997~2003
김영일	대법원장	서울대	판사	1999~2005
하경철	여당	서울대	판사·변호사	1999~2004
송인준	대통령	서울대	검사	2000~2006
김경일	대법원장	서울대	판사	2000~2006
권 성	야당	서울대	판사	2000~2006
김효종	여야 공동	서울대	판사	2000~2006
주선회	대통령	고려대	검사	2001~2007
전효숙(여성)	대법원장	이화여대	판사	2003~2006
이상경	여당	중앙대	판사	2004~2005
이공현	대법원장	서울대	판사	2005~2011
조대현	여당	서울대	판사·변호사	2005~2011
김희옥	대통령	동국대	검사	2006~2010
김종대	대법원장	서울대	판사	2006~2012
민형기	대법원장	서울대	판사	2006~2012

목영준	여야 공동	서울대	판사	2006~2012
이동흡	야당	서울대	판사	2006~2012
송두환	대통령	서울대	판사·변호사	2007~
박한철	대통령	서울대	검사·변호사	2011~
이정미(여성)	대법원장	고려대	판사	2011~
김창종	대법원장	경북대	판사	2012~
이진성	대법원장	서울대	판사	2012~
강일원	여야 공동	서울대	판사	2012~
김이수	야당	서울대	판사	2012~
안창호	여당	서울대(사회)	검사	2012~

※출신 대학에 학과 표시가 따로 되어 있지 않으면 법대 출신
*연임 때 여당 지명
**연임 때 대통령 지명

8 다시 과거로
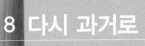

보수 본색의 그림자

정의의 여신상 디케가 내려다보고 있는 대법원 대법정 앞 중앙홀은
대법관 이·취임식이 열리는 곳이다. 디케의 양손에 들려 있는 저울
과 법전이 공평무사하고 추상같은 재판을 상징하는 것을 감안하면,
새로운 결의에 찬 신임 대법관을 맞이하거나 6년의 임기를 무사히 마
치고 지나온 길을 되돌아보는 대법관을 떠나보내는 장소로 이만 한
곳이 없다.

2012년 7월 10일 대법관 퇴임식에서 전수안 대법관은 디케가 지켜
보는 앞에서 진솔하면서도 가시 돋친 퇴임사를 남겼다. 김영란(2010년
8월)·이홍훈(2011년 5월)·박시환·김지형(2011년 11월) 대법관에 이어 이
날 전 대법관의 퇴임으로 독수리 5형제라 불렸던 대법관들이 대법원
을 모두 떠나게 되었다.

"인간이기를 포기한 흉악범이라 할지라도 국가가 직접 살인형을 집
행할 명분은 없다는 것, 그리고 아버지가, 그 아들이, 그 아들의 형과
동생이 종교적 신념 때문에 (병역을 거부해) 징역을 사는 사회여서는 안
된다는 것, 이런 견해들이 다수의견이 되는 대법원을 보게 되는 날이

■ 노무현 정부 시절인 2004년 첫 여성 대법관(김영란 대법관) 탄생 이후, 2005년 진보 성향 변호사였던 박시환 대법관과 비서울대·노동법 전문가인 김지형 대법관이 동시에 취임했다. 이후 2006년 중도 진보 성향의 이홍훈 대법관, 전수안 대법관이 가세하면서 이른바 '독수리 5형제' 체제가 구축되어 대법원 구성의 다양화에 진전을 이뤘다. 왼쪽부터 임명 순서에 따라 김영란, 박시환, 김지형, 이홍훈, 전수안 대법관이다.

반드시 오리라고 믿으면서 떠납니다."

전 대법관의 퇴임사 역시 앞서 퇴임한 독수리 형제들과 마찬가지로 소수의 서러움이 짙게 배어 있었다. 그는 비장한 표정으로 퇴임사를 읽어 내려갔다.

"끝으로, 여성 법관들에게 당부합니다. 언젠가 여러분이 전체 법관의 다수가 되고 남성 법관이 소수가 되더라도, 여성 대법관만으로 대법원을 구성하는 일은 없기를 바랍니다. 전체 법관의 비율과 상관없이 양성평등하게 성비의 균형을 갖추어야 하는 이유는, 대법원은 대한민국 사법부의 상징이자 심장이기 때문입니다. 헌법기관은 그 구성만으로도 벌써 헌법적 가치와 원칙이 구현되어야 합니다."

촌철살인과 같은 이 발언은 자신의 후임으로 여성이 아닌 남성 대법관이 제청된 것을 겨냥한 것이었다. 이날 전 대법관과 함께 퇴임한 박일환, 안대희, 김능환 대법관의 후임으로 제청된 후보자 4명이 그대로 임명될 경우 전체 대법관 가운데 여성은 박보영 대법관 한 명만 남게 되는 것을 비판한 것이다. 전 대법관의 퇴임사는 대법관 임명제청권을 가진 양승태 대법원장을 겨냥한 '마지막 소수의견'인 셈이었다.

양승태 대법원장은 2011년 8월 18일 6년의 임기를 무사히 마치고 물러나는 이용훈 대법원장의 후임으로 이명박 대통령에 의해 지명되었다. 대법원장은 차관급인 고법 부장판사를 포함해 법관 2,500여 명의 인사권을 갖는다. 대법관 13명 전원에 대한 임명제청권도 쥐고 있다. 그뿐만이 아니다. 9명의 헌법재판관 가운데 재판관 3명의 지명권도 행사한다. 따라서 누가 대법원장이 되느냐에 따라 사법부는 물론 국가의 전체적인 법치 시스템이 영향을 받는다.

노무현 정부 시절 사법부 내부의 거센 반발에도 불구하고 연공서열 등을 깬 대법관 임명이 가능했던 것은 청와대와 대법원장의 의지가 크게 작용한 덕분이다. 독수리 5형제도 그런 배경에서 대법원에 입성할 수 있었다. 그런 탓에 양승태 대법원장 후보자의 지명을 보는 법조계 안팎에서는 대법원의 급속한 보수화를 우려하는 시각이 많았다. 양 대법원장이 보수 성향의 전형적인 엘리트 법관이었기 때문이다.

양 대법원장 역시 전임 이용훈 대법원장과 마찬가지로 정통 엘리트 법관의 길을 걸었다. 그는 연수원 성적이 최상위권인 법관들이 주로 간다는 서울민사지방법원에서 초임 법관 생활을 시작했다. 서울지방법원 민사수석부장판사 등 판사로서 요직을 두루 거쳤고, 법원행정처 사법정책연구실장, 법원행정처 차장 등 사법행정의 핵심적인 자리들을 맡았다. 서울대 법대 출신 엘리트 판사들의 모임으로 알려진 민사판례연구회* 회원이기도 했다. 그는 대체로 안정을 추구하는 보수적인 사법부 안에서도 판결 성향 등에 비춰볼 때 더 오른쪽에 있었다.

양승태 대법원장 후보자는 국회 인사청문회에서 "나는 보수주의자도 진보주의자도 아니다"라고 말했다. 의원들이 그의 보수적인 판결 성향을 지적한 데 대한 답변이었다. 양 후보자는 "재판 결과가 자신들이 속한 편에 불리하게 나왔다고 해서 성향이 일반적으로 어떻다고 규정하는 것은 옳지 않다고 본다"고 반박했다.

하지만 그가 대법관 시절 보여준 판결 성향은 확실히 보수적이다. 양 대법원장은 특히 공안사건에서 매우 보수적인 잣대를 적용했다. 그는 2010년 11월 용산참사** 사건의 주심(대법원 2부)을 맡아 당시 시위에 참여했던 철거민들에게 모두 실형을 선고했다. 양 대법원장은 판결문에서 "경찰의 진압작전 시기 등이 적절했는지에 대한 아쉬움은 있다"면서도 "경찰의 진압작전은 정당한 공무집행"이라고 밝혔다. 사회적, 경제적 약자에 대한 보호보다 공권력의 권위와 질서유지를 우

• 1977년 처음 만들어진 이 모임은 서울대 법대 출신자 중에서도 사법연수원 성적이 극히 우수한 일부만을 골라 새 회원으로 영입하는 '이너서클'처럼 운영되다가, 2010년 무렵 회원 모집 방식을 추천제와 신청제를 병행하는 것으로 바꿨다. 이 모임 출신들이 전통적으로 대법원과 법원행정처의 요직을 장악해왔고, 주로 보수 성향의 판사들이 많아 '법원의 하나회'라 불리기도 했다. 이에 반해 1988년 6·29 선언 이후 사법개혁을 요구했던 2차 사법파동을 계기로 만들어진 '우리법연구회'는 진보적 성향이 강한 판사들의 모임으로 이용훈 대법원장 체제에서 요직에 많이 진출했다.
•• 2009년 1월 19일 서울시 용산 재개발 보상대책에 반발하며 농성을 벌이던 철거민들을 경찰이 진압하는 과정에서 화재가 발생해 철거민 5명과 경찰 1명이 숨진 사건. 용산 4구역 재개발의 보상대책에 반발해온 철거민과 전국철거민연합회 회원 등 30여 명은 적정한 보상비를 요구하며 이날 새벽 용산구 한강로 2가에 위치한 남일당 건물을 점거했는데, 경찰 특공대원들이 이들을 진압하기 위해 망루에 오르는 순간 화재가 발생해 6명이 숨지고 24명이 다치는 대참사가 발생했다. 검찰은 사건 발생 3주 만에 철거민의 화염병 사용이 화재의 원인이었고, 경찰의 진압작전은 정당한 공무집행에 해당한다는 수사 결과를 발표한 뒤 철거민대책위원장 등과 용역업체 직원 7명을 기소했다.

선시하는 판결이었다.

경찰의 과잉진압이 크게 논란이 된 사건이었지만 양 대법원장은 경찰의 진압작전에 문제가 없다고 판결했다. 특히 경찰들이 과잉진압으로 참사가 일어났다고 자백을 했는데도 이를 무시했다. 당시 서울경찰청 경비부장은 "현장상황을 전달받았으면 중단시켰을 텐데, 특공대원들이 작전을 성공시키겠다는 공명심에서 이런 결과를 초래한 것으로 판단된다. 팀장이 시너 냄새가 난다는 등의 보고를 했다면 작전을 중단했을 것이다. 사실 옥상을 점거하고 농성자들을 망루에 고립시킨 상황에서는 작전을 중단하고 설득작업을 하거나 하면 금방 해결되었을 것이다"라고 진술했다.

또 철거민과 경찰을 포함해 모두 여섯 명의 목숨을 앗아간 화재 원인에 대해 당시 진압에 나섰던 경찰 특공대원들조차 "철거민들이 망루 안에 화염병을 던지는 것을 보지 못했다"라고 증언했는데도, 이를 무시한 채 '철거민들이 던진 화염병이 화재 원인'이라는 검찰의 주장을 그대로 받아들였다.

그는 또 용산구청에 들어가 장시간 확성기를 튼 사람들에게 "물리적 폭력행사가 없었더라도 과도한 소음시위는 폭력"이라며 유죄를 확정했고, 민주노총 조합원들이 경찰 버스를 부순 사건에서는 '손해액의 60퍼센트를 배상하라'는 원심을 깨고 "손해액 전액을 민주노총이 배상해야 한다"고 판결했다.

2010년 7월에는 남북공동선언실천연대의 이적성 여부를 판단하는 대법원 전원합의체 판결에서 "강령·규약 등에 반국가단체 등의 활동을 찬양·고무·선전·동조하는 등의 활동을 목적으로 내걸지 않았더라도 실제 활동에서 국가의 존립·안전이나 자유민주적 기본질서에 실질적 해악을 끼칠 위험성을 가지고 있다고 인정된다면 그 단체를 국가보안법의 '이적단체'로 봐야 한다"는 다수의견을 주도했다. 이는 학계에서 죄형법정주의와 충돌하는 견해라는 지적을 받았다.

이 판결에서 독수리 5형제는 "'국가의 존립·안전이나 자유민주적 기본질서를 위태롭게 한다는 점을 알면서'라는 위험성 요건을 해석할 때에도 명백·현존하는 위험의 기준에 따라야 할 것은 당연하고, 그 기준을 완화하여 다수의견과 같이 실질적 해악을 끼칠 (명백한) 위험의 기준에 따른다고 하더라도, 그 위험은 위험의 단순한 경향성 또는 개연성이나 추상적 해악의 통상적 가능성만으로는 부족하고, 구체적 해악의 현실적 가능성이 있는 경우에만 인정되어야 한다"는 반대 의견을 냈다.

또한 양승태 대법원장이 공직에서 보여준 모습은 정치적 편향 시비를 불러오기도 했다. 이명박 정부가 들어선 뒤 2009년부터 2011년까지 그는 대법관이 겸직하는 중앙선거관리위원장을 맡으면서 국회의원 총선을 앞두고 벌어진 4대강 사업 반대 캠페인을 불법 행위로 규정하는가 하면, 무상급식 운동을 선거법 위반으로 고발하기도 했다. 당시 총선에서 가장 논쟁이 되었던 사안에서 이명박 정부와 여당에 전적으로 유리한 결론을 내놓은 것이다.

사법부 보수화 우려를 안고 출발한 양승태 대법원장의 첫 시험대는 취임 한 달여 뒤에 이뤄진 대법관 임명 제청이었다. 독수리 5형제 가운데 진보 성향의 색깔을 가장 뚜렷하게 나타냈던 박시환·김지형 대법관의 후임을 발탁하는 인사였다. 두 대법관의 후임을 누구로 제청하느냐에 따라 대법원 구성이 최소한의 균형을 찾든지, 아니면 애초 기울어져 있던 쪽으로 확실히 더 기울어질지가 결정될 터였다. 앞서 양 대법원장은 자신의 취임식 기자회견에서 대략적인 대법관 인선 방향을 제시했다. 그는 "현실적으로 고도의 법적 경험을 갖춘 사람들이 필요한 점을 인정해야 한다"면서도 "다양한 견해를 반영하기 위해 외형적 다양성을 갖추는 것도 중요하다"고 말했다.

양 대법원장의 첫 선택은 전문성과 다양성을 고루 반영한 것이었다. 그는 김용덕 법원행정처 차장과 여성인 박보영 변호사를 발탁했다. 전통적으로 대법관 후보 1순위 자리인 법원행정처 차장이라는 정통 엘리트 법관(전문성)과, 판사 출신이지만 현직이 아닌 여성이자 비서울대 출신(다양성)을 함께 임명 제청하면서 사법부의 안정과 변화를 바라는 보수와 진보 양쪽의 요구를 어느 정도 수용하는 모습을 보였다. 여성 대법관이 발탁된 것은 김영란·전수안 대법관에 이어 세 번째였다.

하지만 박보영 변호사는 대법관 구성의 형식적 다양화라는 측면에서는 점수를 받을 만했지만, 진보 성향 대법관의 빈자리를 메우기에는 내용적으로 부족한 선택이라는 평가가 나왔다. 그는 김용덕 차장과 마찬가지로 박시환·김지형 대법관보다는 확실히 오른쪽에 있었다. 따라서 대법관 구성의 내용적 다양성은 크게 후퇴할 수밖에 없었다.

대법원의 보수화는 이미 이명박 정부가 들어설 때부터 가속화되기 시작했다. 독수리 5형제 진용이 짜인 뒤 당시 이용훈 대법원장은 더 이상의 변화를 시도하지 않았다. 연공서열을 깨는 파격은 사라지고, 나이와 기수별 안배로 되돌아갔다. 사회의 다양성을 담아낼 의지도 사라졌다. 이명박 대통령이 들어선 뒤 이용훈 대법원장이 임명 제청한 양창수(2008), 신영철·민일영(2009), 이인복(2010), 이상훈·박병대 (2011) 대법관은 모두 50·60대 서울대 법대 출신 남성들이었다. 일부 편차는 있지만 판결 성향 역시 보수로 분류되는 이들이었다. 노무현 정부 이전의 단조롭기 그지없는 대법원으로 회귀하기 시작한 것이다.

첫 여성 대법관인 김영란 대법관이 2010년 퇴임했을 때는 여성이 아닌 남성(이인복 대법관)을 후임으로 임명 제청해 여성 대법관 수를 2명에서 1명으로 줄여놓고 말았다. 대법관제청자문위원회는 당시 김 대법관의 후임으로 모두 4명의 남성 법조인을 대법원장에게 추천했다. 대법관제청자문위원회는 관례적으로 대법원장이 추천한 인사와 외부에서 추천한 이들 가운데 4명 정도를 대법관 후보로 추천한다. 그런데 대법원장이 추천한 인사가 대법관제청자문위원회의 추천 후보에서 빠지는 경우는 없다. 따라서 김영란 대법관 후임으로 모두 남성이 추천되었다는 것은 대법원장이 여성을 발탁할 의지가 없었다는 반증인 셈이다.

반년 뒤인 2011년 1월 대법관제청자문위원회는 퇴임하는 양승태 대법관 후임으로 4명을 추천했는데, 이 역시 '남성-서울대 법대-현직 고위 법관'이었다. 민일영 대법관까지 포함하면 대법관 3명을 임명하면서 내리 12명의 서울대 법대 출신 남성 법관들만이 후보로 추천되었다. 이용훈 대법원장이 과거로의 확실한 '유턴'을 선언한 셈이다.

이런 상황에서 최고 법원 수장이 된 양승태 대법원장은 첫 대법관 인선에서 '여성 대법관 카드'를 꺼내 대법원 다양화 원칙의 복원에 대한 기대를 높였다. 하지만 이런 기대는 얼마 가지 않아서 큰 실망으로 바뀌었다. 2012년 6월 5일 양 대법원장은 자신의 두 번째 대법관 인선에서 4명의 대법관을 새로 임명 제청하면서 '보수 본색'을 확실히 각인시켰다.

최악의 대법관 인사

양 대법원장은 전수안 대법관을 포함한 4명의 퇴임 대법관 후임으로 고영한 법원행정처 차장, 김신 울산지법원장, 김창석 법원도서관장, 김병화 인천지검장을 이명박 대통령에게 임명 제청했다. 부산·경남 지역의 '향판(김신 후보자)'과 비서울대 출신(김창석 후보자)을 포함시켰지만, 보수 일색인 이들이 대법관 구성의 형식적·내용적 다양성을 충족시켰다고 보기에는 부족함이 많았다. 전수안 대법관 후임으로 남성을 제청한 것은 말할 것도 없고, 검찰 출신인 안대희 대법관 후임으로 검사장급 인사(김병화 후보자)를 받아들인 것을 두고도 과도한 '검찰 몫' 배려 아니냐는 지적이 나왔다.

특히 검찰 몫(현직 검사 출신)이라는 관행을 인정해 법무부가 추천한 인사를 그대로 제청한 것에 대한 비판의 목소리가 컸다. '검찰 몫'이라는 게 있다면 당연히 여성 몫, 진보·개혁 몫도 있어야 하지 않느냐는 재야 법조계의 지적은 양 대법원장의 귀에 들리지 않는 듯했다. 판결 성향이나 소수자, 심지어 전문 분야 등도 따지지 않았고, 사법연수원 기수에 따른 연공서열에서 벗어나지도 못한 인사였다. 완벽한 '과거로의 회귀'인 셈이다.

양 대법원장의 대법관 인선은 곧바로 커다란 후폭풍을 맞았다. 청와대와의 교감 아래 양 대법원장이 임명 제청한 대법관 후보자들은 국회 인사청문회를 거치며 도덕성과 자질, 성향 등에서 총체적인 문제점을 드러내기 시작했다. 독실한 개신교 신자인 김신 후보자는 종교 편향적인 재판 진행과 판결이 도마에 올랐다. 김창석·고영한 후보자는 삼성 쪽에 유리한 판결을 한 전력 탓에 친재벌 성향이라는 비판을 받았다.

가장 문제가 많은 이는 현직 검찰 간부인 김병화 후보자였다. 위장전입 논란에 이어 저축은행 비리 브로커와의 부적절한 관계 등이 연이어 드러났다. 여기에 각종 추문이 더해지면서 김 후보자는 '역대 최악의 대법관 후보'라는 비판을 받았고, 결국 후보자로 임명 제청된 지 50일 만에 스스로 사퇴하고 말았다. 지난 2000년 대법관 인사청문 제도가 도입된 이래 처음 벌어진 사태였다.

김병화 후보자 낙마 사태에 충격을 받은 양 대법원장은 두 달이 넘는 장고 끝에 여성인 김소영 대전고법 부장판사를 새 대법관 후보자로 임명 제청했다. 김병화 후보자의 낙마가 '뜻하지 않게도' 대법원에 여성 대법관을 한 명 더 늘리는 결과로 이어진 것이다. 김영란·전수안·박보영 대법관에 이어 역대 네 번째 여성 대법관이자, 47세의 나이로 임명 당시 45세였던 이회창 대법관에 이어 역대 두 번째로 젊은 대법관이었다.

또한 이 인사로 37년 만에 검찰 몫 대법관이 사라지게 되었다. 검찰 출신 대법관은 5·16 쿠데타 뒤인 1964년 주운화 당시 대검찰청 차장 검사가 처음 임명되었으나, 그가 퇴임한 1969년 이후에는 한동안 없었다. 긴급조치 시대인 1975년 나길조 당시 광주고검장이 다시 대법관에 임명된 뒤, 5공 때는 검찰 몫이 두 자리로 늘었다가 1987년 민주항쟁 직후인 1988년부터 한 자리로 줄어 안대희 대법관까지 이어져 왔다. 대법원은 "서울대 출신의 남성 고위 법관이나 검찰 간부가 시대정신이 원하는 대법관상은 아니지 않으냐"[24]며 뒤늦게나마 잘못을 바로잡았다.

또한 양승태 대법원장은 '독수리 5형제' 퇴임 이후 대법원 구성 다양화 원칙이 흔들리면서 이용훈 대법원장 때에 견줘 의미 있는 판결과 소수의견이 거의 없다는 지적이 잇따르자, 전원합의체 판결을 대폭 늘리는 방안을 추진했다. 전원합의체 판결을 통해 다양한 소수의견을 유도하겠다는 의도였다. 내부적으로 전원합의체 판결을 연간 100건 정도로 늘리는 것을 목표로 삼았는데, 이는 상당한 변화였다. 실제로 2012년 1월부터 7월까지 선고한 전원합의체 판결·결정은 모두 21건이었는데, 역대 전원합의체 판결이 가장 많았던 이용훈 대법원장이 한 해에 13~18건 정도였던 것을 감안하면 거의 배 이상 늘어난 것이다.

하지만 대법관 구성이 다양하지 않은 상태에서 전원합의체 판결만 수적으로 늘릴 경우에는 오히려 부작용이 더 크다. 비슷한 성향의 대법관들이 압도적으로 많은 상태에서는 이들과 다른 소수의견은 묻혀버리기 십상이다. 가령, 소수의견에 가담한 대법관이 전체 13명 가운데 2, 3명에 불과하다면 이들의 의견은 별다른 힘을 발휘하지 못한다. 그야말로 소수에 불과하기 때문이다. 독수리 5형제도 소수의 한계를 뼈저리게 느낀 마당에 그보다 적은 소수의 존재감은 상상하기 어렵지 않다.

다수의견이 압도적인 전원합의체 판결은 나중에 판례 변경이 매우 어렵다. 이런 상태에서 전원합의체 판결을 대폭 늘린다는 것은 그만큼 대법원 판례가 시대의 변화를 따라가지 못하고 경직될 가능성이 크다는 이야기이다. 판례 변경은커녕 시도 자체마저 불가능해질 수 있다. 따라서 대법원 구성 다양화를 외면한 채 전원합의체 판결만 늘리는 것은 오히려 대법원의 퇴행을 가져올 위험이 큰 것이다.

표 싸움과 시간 끌기

대법원 판결은 개인의 권리는 물론 국가정책과 사회질서에도 큰 영향을 준다. 대법관들의 판단이 길게는 수십 년간 한국 사회의 방향을 결정짓는다 해도 결코 과언이 아니다. 이런 배경에서 때로는 대법관들의 구성이 바뀔 때까지 선고 일정을 미루는 경우도 있다. 판결이 정치 지형에 영향을 줄 수 있는 사건은 특히 그렇다.

2012년 4월 19일 열린 교사 시국선언에 대한 대법원 전원합의체 판결이 대표적이다. 다수의견은 이명박 정부의 실정을 규탄하는 시국선언을 했다가 국가공무원법 위반 등의 혐의로 기소된 전국교직원노동조합(전교조) 간부 3명에게 벌금 70만~200만 원을 선고한 원심을 확정한다고 판결했다. 그런데 이 재판은 대법원에 접수된 뒤 무려 2년 가까이 끌면서 주심이 바뀌는 등의 우여곡절 끝에 8 대 5로 결론이 났다.

전교조 집행부는 2009년 6월 서울 덕수궁 대한문 앞에서 '교사 시국선언: 6월 민주항쟁의 소중한 가치가 더 이상 짓밟혀서는 안 됩니다'라는 제목의 시국선언문을 발표했다. 이명박 정부의 국정 쇄신을 촉구하는 내용이었다. 전교조 소속 교사 1만 7,189명이 시국선언에 서명했다. 이에 대해 교육과학기술부는 시국선언이 '공무 외 집단행위'라며 전교조 집행부 88명을 검찰에 고발했다. 시·도 교육청에도 중징계를 요청했다.

전교조는 1차 시국선언 한 달 뒤인 그해 7월 19일 오후 2시, 서울광장에서 1차 시국선언 관련자 고발·징계 철회를 요구하는 '민주주의 수호교사 선언(2차 시국선언)'을 발표했다. 이 선언에는 교사 2만 8,711명이 참여했다. 이 역시 고발·징계 절차가 뒤따랐다. 중징계 결과는 가혹했다. 교사 15명이 해임되고 45명이 정직, 3명에게는 감봉 처분이 떨어졌다. 검찰도 전교조 간부들을 국가공무원법 제66조 1항('공무원은 노동운동이나 그밖에 공무 외의 일을 위한 집단행위를 해서는 안 된다')을 적용해 기소했다.

이명박 정부는 교사들의 시국선언을 정치적 선동행위로 몰아붙였지만, 1차 시국선언문 내용을 찬찬히 뜯어보면 고개가 갸우뚱해진다. "6·10 민주항쟁은 국민이 나라의 주인이라는 사실을 확인한 자랑스러운 민주주의 역사입니다. 그런데 이 자랑스러운 6월 항쟁의 역사와 가치를 가르쳐야 할 우리 교사들은 국민들의 숱한 고통과 희생 속에 키워온 민주주의의 싹이 무참히 짓밟히는 현 상황을 목도하고 있습니다. 아이들에게 민주주의를 어떻게 가르쳐야 할지 심한 당혹감과 자괴감을 느끼고 있습니다. 과거 군사정권 시절을 떠올리게 하는 공권력의 남용으로 민주주의의 보루인 '언론·집회·표현·결사의 자유'가 심각하게 훼손되고 있습니다. '인권'이 심각하게 유린되고 있습니다. (……) 공안권력을 정치적 목적으로 동원하는 구시대적 형태가 부활되고 있습니다. (……) 역사의 수레바퀴를 거꾸로 돌리는 민주주의의 위기는 이명박 정권의 독선적 국정운영에서 비롯된 것입니다. (……) 우리는 국민이 선택한 정부가 국민의 버림을 받는 불행한 역사가 되풀이되지 않기를 바랍니다. 이에 우리는 오늘 이 선언을 발표하며, 현 정부의 국정을 전면 쇄신하여 국민의 신뢰를 회복해줄 것을 강력히 촉구합니다. 또한 우리의 학교 현장에서도 학교 운영의 민주화가 회복되기를 촉구합니다."

교과부도 1차 시국선언을 발표하기 전에 "(시국선언) 서명운동은 헌법이 보장한 의사 표현의 자유 범위 안에 있어 국가공무원법과 교원노조법을 위반했다고 보기 어렵다. 공익에 반하는 목적을 위해 직무를 태만히 하는 집단행위로 볼 수 없다. 서명에 걸리는 시간도 몇 분에 불과해 직무 전념성을 훼손한다고 보기 힘들다"는 내부 검토 보고서를 작성했다. 교사들의 시국선언을 불법 행위로 처벌하는 것을 부정적으로 판단한 것이다. 그래놓고도 시국선언이 발표되자, "정치행위이자 집단행위"라며 검찰 고발과 함께 징계에 나섰다.

1차 시국선언 당시 대학교수·종교계·법조계·시민사회단체 등의 시국선언도 줄을 이었다. 국가공무원 신분인 서울대 교수들도 시국선언을 했는데, 대학 교원은 시국선언은 물론 정당 가입이나 선거운동도 할 수 있기 때문에 처벌에서 제외되었다. 따라서 처벌의 형평성 차원에도 문제가 있었다.

검찰은 '정치운동'과 '정치행위'를 금지한 국가공무원법 제65조가 아닌 '집단행위'를 금지한 국가공무원법 제66조를 위반했다며 이들을 기소했다. 검찰이 보기에도 이들이 선언했다는 내용을 정치행위나 정치운동으로 처벌하기는 어려웠던지 '집단적으로 선언을 했다'는 이유를 들어 집단행위로 처벌하기로 결정한 것이다. 검찰이 기소한 사건들은 전국 법원에서 재판이 동시에 진행되었는데, 법원마다 유·무죄가 갈렸고 2심도 마찬가지였다. 따라서 대법원 전원합의체 판결에 엄청난 관심이 쏟아졌다.

법원마다 판단이 엇갈린 것은 어찌 보면 너무나 당연했다. 교과부와 검찰의 시국선언 교사 처벌 시도는 민주주의의 핵심 가치 가운데 하나인 표현의 자유를 명백하게 침해하는 것이었기 때문이다. 이는 무려 50여 년 전 동서간 냉전이 최고조에 달했을 때 연방대법원 판결에 의해 재확인된 미국 사회의 표현의 자유에 대한 관점보다 훨씬 뒤떨어진 것이다.

1967년 1월 미 연방대법원은 대학 강사인 해리 케이시가 뉴욕 주립대학을 상대로 낸 소송에서 치열한 논쟁 끝에 5 대 4로 케이시의 손을 들어줬다.[25] 케이시는 뉴욕 주 당국이 '반역적이거나 불온한 발언 및 선동적인 행위는 공립학교 교원의 해고 사유에 해당하며, 폭력에 의한 정부 전복을 지지하거나 이런 내용의 문건을 배포하면 공무원 및 교원 임용에서 탈락할 수 있다'는 뉴욕 주 교육법 및 공무원법 조항에 따를 것을 서약하도록 강요하자, 이 조처가 헌법이 정한 기본권을 침해한다며 소송을 냈다. 다수의견은 뉴욕 주 법이 수정헌법 제1조가 보장하는 표현의 자유를 명백하게 침해했기 때문에 위헌이라고 판단했다.

특히 윌리엄 브레넌 대법관을 비롯한 5명의 대법관들이 교사들의 표현의 자유를 제약하는 것이 얼마나 위험한가를 경고한 내용이 압권이다. 이들은 표현의 자유를 제약하는 것이 학문과 사상의 자유를 침해하는 결과를 낳게 되어 결과적으로 미국 교육의 경쟁력을 떨어뜨릴 수 있다고 지적했다. 교실은 창의적이고 독특한 아이디어가 활발하게 교류되는 '아이디어 시장(marketplace of ideas)'이 되어야 하고, 이런 환경에서 교육받은 아이들에게 미국의 미래가 달려 있다고 역설했다.

주목할 것은 이 판결이 매카시즘과 쿠바 미사일 위기 등으로 미국에서 냉전의 한파가 기승을 부릴 때 나왔다는 점이다. 공산주의에 대한 공포가 확산되어 학원가를 대상으로 한 사상 통제가 최고조에 달했을 때, 이 판결이 집단적 히스테리에 빠진 미국 사회에 경종을 울린 것이다. 미국이 세계 최고의 강대국 지위를 유지해온 비결이 무엇인지 분명하게 알려주는 판결이다.

그러나 탈냉전조차 이미 오래된 구호가 되어버린 2012년, 대한민국 대법원의 주류 대법관들은 50년 전의 미 연방대법관들보다도 표현의 자유에 둔감했다. 다수의견에 가담한 양승태 대법원장과 김능환·안대희·양창수·신영철·민일영·박병대·김용덕 대법관은 "교원의 경우에도 정치적 표현의 자유가 보장되어야 하지만, 공무원의 정치적 중립성 및 교육의 정치적 중립성을 선언한 헌법정신과 관련 법령의 취지에 비추어 그 정치적 표현의 자유는 일정한 범위 내에서 제한될 수밖에 없고, 이는 헌법에 의하여 신분이 보장되는 공무원인 교원이 감수해야 하는 한계라 할 것이다"라고 밝혔다. 양 대법원장 등은 유죄의 근거로 "선거에 대한 영향 내지는 반정권 전선 구축이라는 뚜렷한 정치적 의도를 가지고 시국선언의 형식을 빌려 편향적인 입장에서 공권력 행사 및 주요 정책을 일방적으로 부정적으로 평가하고 공격함으로써 정치적 중립의 한계를 벗어나 국정 운영을 주도하는 특정 정치세력에 대한 반대 의사를 분명하게 집단적으로 주장했다'고 설명했다.

이에 대해 전수안·박일환·이인복·이상훈·박보영 대법관은 "다수의견은 표현의 자유뿐만 아니라, 죄형법정주의의 명확성 원칙에도 어긋난다"고 반박하는 소수의견을 냈다. 전 대법관 등은 다수의견과 마찬가지로 "국가공무원법 제66조 1항 위반 행위가 되려면 '공익에 반하는 행위'여야 한다"는 기존 대법원 판례에서 출발했지만 결론은 정반대였다.

이들은 "'공익에 반하는 목적'의 존재는, 집단행위가 국민 전체와 공무원 집단 사이에 서로 이익이 충돌하는 경우 공무원 집단의 이익을 대변함으로써 국민 전체의 이익 추구에 장애를 초래하는 등 공무수행에 대한 국민의 신뢰를 현저히 훼손하거나 민주적, 직업적 공무원제도의 본질을 침해하는 경우에 한정해야 한다"며 "(전교조 시국선언은) 유사한 시국선언들이 나오는 과정에서 특정 사안에 관한 정부 정책이나 국정 운영 등에 대한 비판·반대 의사를 표시하면서 개선을 요구하거나, 표현의 자유를 요구한 것이지 그 이상도 그 이하도 아니다. 이러한 요구는 헌법이 누구에게나 보장한 기본권으로서 표현의 자유를 행사한 것일 뿐"이라고 반박했다.

또한 "(이런 표현의 자유 행사는) 시국선언 주체인 전교조 교사 집단의 이익을 대변하기 위한 것으로 볼 수 없고, 국민 전체의 이익 추구에 장애가 되는 것도 아니며, 시국선언이 나오던 사회 상황이나 국민 의식 수준에 비춰볼 때 공무 수행에 대한 국민의 신뢰를 현저히 훼손하거나 민주적 공무원 제도의 본질을 침해한 것으로 볼 수 없다"
라고 판단했다.

공익에 반하지 않는다는 결론을 낸 이들의 소수의견은 정치적 표현의 자유로 더 나아갔다. "1·2차 시국선언은 당시 정부의 주요 정책과 국정 운영에 대해 비판적 여론이 형성된 상황에서 교원들 자신의 비판적 의견을 표현한 것으로, 그것이 추구하는 목적은 정부로 하여금 국민의 여론을 존중하여 정책에 반영하도록 요구하는 데 있다. 민주주의 국가라면 마땅히 공론의 장으로 받아들여야 할 주장이며 행위이다. 그럼에도 단지 표현 주체가 공무원인 교원 집단이라는 이유로, 공적 논의에 관한 것인 바에는 불가피하게 어느 정도 '정치적' 성격을 가질 수밖에 없는데 이를 표현의 자유에 관한 헌법상 보호 범위에서 배제하는 것은 부당하기 그지없다. (……) 1·2차 시국선언은 특정 정치집단이나 정파에 대한 반대가 아니라 정부의 특정 정책이나 개별 공권력 행사에 대한 것으로, 설령 그것이 일부 정치집단이나 세력과 의견이 같아 보여도 공무원의 정치적 중립 의무를 위반한 것으로 쉽사리 단정해서는 안 된다." 다수의견이 공무원의 정치행위를 과거의 잣대로 해석한 탓에 이 소수의견이 상대적으로 진보적인 것으로 보이지만, 오로지 헌법의 관점에서 보면 지극히 상식적인 의견이었다.

애초 시국선언 사건의 주임 대법관은 노동법이 '주특기'인 김지형 대법관이었다. 사건이 주인을 제대로 찾아 배당된 셈이었다. 대전지법 유죄선고를 거쳐 대법원에 시국선언이 접수된 것은 2010년 5월이었다. 당시 시국선언에 대한 정치권과 언론의 관심은 컸다. 특히 이명박 정부가 정권 후반기로 접어들면서 레임덕에 성큼 다가선 탓인지, 보수 언론과 여당인 한나라당은 이른바 '튀는 판결'과 '문제 판사'를 들먹이며 틈만 나면 사법부 길들이기에 나섰다.

시국선언과 관련해 하급심에서 무죄 판결이 나오면 보수 언론의 목소리는 더욱 커졌다. 평소 눈엣가시처럼 여기던 전교조가 연관되었기 때문이다. '전교조 마음대로 정치활동 하라는 면허장 준 것(《조선일보》)', '전교조 정치활동 부추길 우려(《동아일보》)', '상식에 배치되는 편향 판결(《중앙일보》)'…… 시국선언 사건과 사실관계가 다른 사건에 대해 유죄가 나올라치면 '똑같은 사안 놓고 판사 따라 어제는 무죄, 오늘은 유죄'(《조선일보》)라고 사법부를 흔들어놓았다.

사안이 중요한데다 하급심의 판단도 엇갈린 만큼 사건은 대법원 전원합의체로 넘어갔다. 대법관들의 본격적인 심리는 사건 접수 1년여가 지난 시점부터 이뤄졌다. 예상대로 심리는 뜨거웠다. 대법관들 사이에 치열한 공방이 오갔다. 공무원의 기본권에 대한 법리 공방 이면에는 정권의 의중이 짙게 깔린 시국사건을 바라보는 대법관들의 시각차가 있었다. 합의 과정에서 대법관들 사이에 언성을 높이는 일도 있었다.

합의 초반에는 김지형 대법관을 비롯한 독수리 형제들이 주도하는 무죄 의견이 힘을 발휘했다. 김영란 대법관이 퇴임했음에도 새로 들어온 이인복, 이상훈 대법관이 김지형 대법관의 무죄 의견에 동조했다. 반면 유죄 의견은 상대적으로 힘을 받지 못했다. 헌법적 기본권인 표현의 자유 침해라는 지적을 반박하기가 쉽지 않았기 때문이다. 이런 분위기에서 '표결'에 들어간다면 무죄 의견이 이길 확률이 더 커 보였다.

그러나 2011년 5월 이홍훈 대법관이 퇴임한 뒤, 유죄를 주장하던 대법관들은 뒤늦게 또다른 쟁점을 들고 나왔다. 무죄를 주장하는 대법관들의 눈에는 사건의 본질과는 동떨어진 것이었다. 주심인 김지형 대법관과 박시환 대법관이 반년 뒤 퇴임하는 것을 겨냥한 '시간 끌기'라는 의심이 강하게 들었다. 하지만 대법관들이 합의 과정에서 제시한 것을 무시할 수는 없었다.

설상가상으로 그해 9월 대법원장이 바뀐 뒤 두 달여 동안 전원합의체 합의가 열리지 않았다. 신임 양승태 대법원장이 업무파악을 해야 한다는 이유였다. 결국 주심을 맡은 김지형 대법관은 판결문 초고도 써보지 못한 채 2011년 11월 퇴임해야 했다. 든든한 지원군이었던 박시환 대법관도 같은 날 법복을 벗었다. 진보 성향이 가장 뚜렷한 두 대법관의 퇴임으로 힘의 균형은 급격하게 무너졌다. 김지형 대법관의 후임인 박보영 대법관과, 법원행정처장을 마치고 재판 업무에 복귀한 박일환 대법관이 무죄 의견에 동참했지만 이미 판세는 유죄 쪽으로 기울었다.

시국선언 사건에 대한 대법원 판결이 무죄로 결론 났다면 이명박 정부는 큰 타격을 받았을 것이다. 2012년 총선과 대선을 앞두고 공무원들의 정치적 의사 표현이 집단적으로 표출될 수 있었기 때문이다. 이런 맥락에서 유죄를 주장한 대법관들이 정치적인 판단을 내렸다는 비판도 나왔다.

퇴임한 독수리 형제들이 모두 현직에 있었더라도 다수의견 8, 소수의견 5라는 구도가 크게 변하지는 않았을 수도 있다. 그러나 그들이 있었다면 결론은 바뀌지 않았더라도 대법관들의 논쟁은 더욱 활발하게 이뤄졌을 것이다. 시국선언 사건 판결문은 대법관 날인이 들어간 마지막장까지 포함해 A4용지로 33쪽인데, 소수의견은 18쪽부터 시작해 24쪽까지 도합 6장 분량에 불과했다. 이 정도 사건이면 다수의견과 소수의견에 더해 이에 대한 보충 의견과 별개 의견들이 서로 물고 물리며 공방을 벌였어야 했다. 하지만 그렇지 못한 바람에 표현의 자유와 공무원의 정치적 중립에 대해 보다 다양한 법리를 생산할 수 있는 기회를 날려버린 것이다.

이용훈 대법원장 시절 독수리 5형제가 모두 참가했던 전원합의체 사건에서는 속된 말로 판결문 초고가 너덜너덜해지도록 논쟁을 벌이는 일이 흔했다. 치열한 의견 대립으로 얼굴을 붉히거나 고성이 오가기도 했다. 김지형 대법관은 퇴임 뒤 "(시국선언 사건은) 우리 사회에 굉장히 의미 있는 사건이었다. 소수의견에 아쉬운 점이 많았는데, 이용훈 대법원장 때였다면 양상이 달랐을 것"이라며 안타까워했다.[•] 이런 점에서 시국선언 사건 판결은 양승태 대법원장 체제의 대법원이 다시 과거로 돌아갈 것을 알리는 일종의 선언이었다.

진심어린 사과가 그리 어려운가

2012년 10월 19일 금요일 오후 6시 20분 파장 분위기였던 대법원 출

[•] 대법원 전원합의체 선고가 나기 두 달 전, 서울행정법원 행정 4부(재판장 이인형)는 교원노조의 정치활동을 일절 금지한 교원노조법 조항이, 헌법이 보장한 정치적 표현의 자유를 침해해 헌법재판소의 위헌법률심판을 받아야 한다며 전교조 간부들이 청구한 위헌법률심판제청 신청을 받아들였고, 2013년 2월 현재 헌법재판소에서 심리 중이다.

입기자실이 갑자기 부산해졌다. 대법관의 캐비닛 속에 처박힌 지 3년 넘게 소식이 들리지 않던 사건에 대한 결정이 갑자기 내려진 탓이다. 대법원 1부(주심 양창수 대법관)는 이날 강기훈 유서 대필 사건●의 재심을 결정한다고 발표했다.

앞서 2009년 9월 서울고법은 새로운 증거를 바탕으로 강기훈의 무죄 가능성을 강하게 내비치는 재심 개시 결정을 내렸다. 그러자 검찰은 곧바로 146쪽에 이르는 즉시항고 이유서를 써서 대법원에 제출했다. 곧 결론이 날 것이라고 예상되었던 대법원의 재심 개시 결정은, 그러나 해를 넘기고 또 넘겨 2012년 대법원 국정감사를 나흘 앞두고 갑작스레 발표되었다. 당시 대법원은 간암에 걸린 강기훈이 그해 4월에 간의 절반을 잘라내는 수술을 받았다는 소식이 알려지면서 여론의 따가운 시선을 받고 있었다. 강기훈이 자칫 무죄를 다툴 기회조차 갖지 못할 수 있는데도 대법원이 꾸물거리고 있다는 비판이었다.

그런데 대법원의 판단은 2심과는 전혀 달랐다. 서울고법이 인정한

● 1991년 4월 명지대생 강경대가 시위 도중 경찰의 쇠파이프에 맞아 숨지는 사건이 발생했다. 전국민족민주운동연합(전민련) 사회부장이던 김기설(당시 25세)이 이에 항의하며 유서를 남기고 분신해 숨졌다. 전민련 총무부장이던 강기훈(당시 27세)은 김씨의 유서를 대필해줬다는 혐의(자살방조) 등으로 구속 기소되었다. 당시 노태우 정권은 '민주화운동을 하는 이들이 유서까지 대신 써주며 분신을 종용했다'고 몰아갔다. 이 사건을 계기로 노태우 정부는 민주화운동 단체와 학생운동 세력을 대대적으로 탄압하는 공안정국을 조성했다. 대법원은 이듬해 강기훈에게 징역 3년을 확정했다. 강기훈은 1심 재판 때부터 줄곧 유서 대필을 부정했다. 한국판 '드레퓌스 사건'으로 불리던 이 사건은 2007년 11월 '진실·화해를 위한 과거사 정리위원회'가 당시 검찰이 제시한 필적 감정 결과에 중대한 잘못이 있다며 국가에 재심을 권고했다. 위원회는 또 1991년 수사 당시 국과수가 필적 감정을 문서감정인 한 명에게만 맡기고도 여러 명이 공동으로 감정한 것처럼 법정에서 허위로 증언했다는 사실도 밝혀냈다.

재심 개시 사유 가운데 물적 증거는 부정하고, 일부 허위 증언만을 인정해 재심을 받아들인 타협적인 결정이었다. 대법원 1부의 양창수, 고영한, 박병대, 김창석 대법관은 결정문의 상당 부분을 전국대학생대표자협의회(전대협) 노트 등 새로운 증거물에 바탕을 둔 필적 감정의 증거능력을 부정하는 데 할애했다. 2007년 11월 진실·화해를 위한 과거사 정리위원회는 "분신자살한 김기설의 필적이 담긴 '전대협 노트'와 낙서장을 새로 발견해, 검찰과 경찰청에서 제출받은 사건 자료·증거물과 함께 국립과학수사연구원 및 7개 사설 감정기관에 필적 감정을 의뢰했다. 그 결과 모든 기관에서 유서의 필적은 유서 대필 혐의를 받았던 강기훈의 필적과 다르고, 김기설 본인의 필적이라는 감정 결과를 통보받았다"며 재심을 권고했다. 서울고법은 이 증거를 받아들여 재심 개시 결정을 내린 것이다.

하지만 대법원 1부는 진실·화해를 위한 과거사 정리위원회의 문서 감정 결과 등에 대해 "재심청구인(강기훈)이 재심사유로 내세우는 새로 발견된 증거들, 특히 유서가 김기설의 필적과 동일하고 재심청구인의 필적으로 볼 수 없다는 진실·화해를 위한 과거사 정리위원회의 감정 의뢰 결과는 감정기관의 수와 감정 결론의 일치에 따른 양적 우위를 넘어서 감정 대상물의 질과 내용, 감정 절차와 방법에 있어서도 종전의 국립과학수사연구소 감정 결과보다 객관적으로 현저히 우월한 지위에 있다고 볼 수 없다"고 밝혔다.

재판부는 전대협 노트 등이 뒤늦게 발견되고 보관된 경위를 둘러싼 관계자의 진술 내용(강기훈이 노트 내용을 조작했을 가능성이 있다는 것)에 여러 의문점이 남아 있으며, 진실·화해를 위한 과거사 정리위원회가 한 필적 감정은 김기설의 필적이라는 예단을 가지고 진행된 것으로 의심된다고 주장했다. 독재정권의 잔재가 남아 있던 1991년에 수사기관이 위증을 해가면서 실시한 필적 감정이, 민주정부에서 국가기관은 물론 민간 감정기관까지 동원한 감정 결과보다 더 신뢰할 만하다고 판단한 것이다.

강기훈 유서 대필 사건 재심은 사법부와 검찰을 수렁에 빠뜨리기에 충분한 폭발력을 가지고 있다. 1960~1980년대 횡행한 고문조작 사건들은 주로 중앙정보부나 경찰이 주도한 경우가 많았다. 따라서 검찰은 상대적으로 이런 조작 사건에 대한 비난으로부터 자유로웠다. 반면 노태우 정권 말기인 1991년에 터진 이 사건은 검찰이 수사를 주도했고, 재판도 정권의 물리적인 간섭 없이 법원 주도로 이뤄졌다. 따라서 이 사건 재심에서 무죄가 선고될 경우 검찰과 법원으로서는 더 이상 서슬 퍼런 군사독재를 핑계로 자신들의 어두운 과거사를 덮을 수 없게 된다. 독재정권에 부역했던 치부가 고스란히 드러나는 것이다.

또한 수사·공판 기록도 대부분 남아 있고, 수사를 했던 주임검사부터 유죄를 확정했던 대법관들까지 대부분 생존해 있다. 재심에서 강기훈의 자살방조 혐의가 무죄로 결론난다면 수사와 기소를 맡았던 검사들은 물론, 1, 2심, 대법원까지 줄곧 유죄를 선고했던 법관들은 그 책임에서 결코 자유로울 수 없게 된다. 이런 맥락에서 재심 결과에 따른 후폭풍을 맞게 되는 사법부의 곤란한 처지가 대법원의 기형적인 재심 개시 결정에 반영된 게 아니냐는 지적이 나왔다.

대법원 1부의 이상한 결정으로 강기훈 사건은 재심에서 또다시 유

무죄를 치열하게 다툴 수밖에 없게 되었다. 강기훈으로서는 꿈조차 꾸고 싶지 않은 아픈 기억을 떠올리며 언제 끝날지도 모르는 길고 긴 싸움을 다시 해야 한다. 그는 언론 인터뷰를 통해 "무죄 판결이 난다고 해서 지난 21년이 보상이 되는 것은 아니다. 재심 판결이 어떻게 되었든 지금 나에게는 별로 중요하지 않다"고 말했다. 진작 재심 신청을 하고 싶었지만, 감수성이 예민한 어린 자녀들이 겪을 혼란을 우려해 명예회복의 기회를 포기해야 했던 그였다. "수사를 담당했던 검사들이나 엉뚱한 판결을 내렸던 판사들이 내게 진심 어린 사과를 했으면 한다. 그때 맺혔던 한들이 풀어지려면 진심 어린 사과가 가장 좋은 것 같다." 하지만 그가 사과를 받기는 결코 쉽지 않아 보인다.

소수의 목소리를 위하여

대법관 퇴임을 열흘 앞둔 2011년 11월 8일 박시환 대법관은 자신이 회장을 맡았던 대법원 사법제도비교연구회가 주최한 퇴임 기념 세미나에 참석했다. '사법에 있어서의 다양성'을 주제로 한 이 세미나는 박 대법관을 비롯해 대법원의 다양성 차원에서 입성한 대법관들의 지난 6년을 평가하는 자리였다. 박 대법관은 마지막 순서로 마련된 퇴임 연설에서 깊은 회한을 토로했다. "대법관을 퇴임하는 현 시점에서 많은 일을 처리하는 한 구성원에 불과했던 것이 아닌가 하는 생각이 든다. 6년간 일하면서 다양화, 진보, 소수 입장을 대변하는 의미에서 대법관으로 임명되었다는 부채감과 두려움이 있었으나, 결과물이 초라한 것 같다." 그의 적나라한 반성에 장내가 숙연해졌다.

박 대법관은 지난 6년간 가슴 속에 묻어뒀던 속내를 마음껏 털어놨다. "소수는 서럽고 분하기도 하다. 다수는 소수를 이해하지 못하고, 구박하기도 한다. 선고를 연기함으로써 소수의견을 남길 기회를 박탈하기조차 한다. 거북하게 여기고, 불편해하며, 적대감을 표출하기도 한다. 다수가 소수를 배려하지 않으면 소수가 사법제도의 틀에서 벗어날 수 있다. 소수를 배려하지 않으면 그들만의 사법부가 될 수 있다. 소수는 다수가 되려 하지 않는다. 다만 어디가 아픈지 알아달라는 것이다. 사회의 가치 분포가 9 대 1이라면 대법원 구성은 8 대 2 정도로 약자에 대해 플러스를 해주어야만 비로소 목소리를 반영할 수 있다. 소수를 이해하는 정도에 머무는 사람이 아니라 소수와 같은 진동수를 가진 사람이 들어가서 입장을 전달할 수 있어야 한다."

하지만 박 대법관의 바람은 상당 기간 실현되기 어려울 것 같다. 이용훈 대법원장은 퇴임 직전 출입기자들과 만난 자리에서 이렇게 말한 적이 있다. "대법원 구성의 다양화는 지금의 로스쿨 학생들이 대법관을 할 정도가 되면 가능할 것 같다." 제2의 독수리 5형제가 나타나려면 최소한 20~30년은 더 기다려야 한다는 말이었다.

그는 어떤 근거로 이런 결론을 내렸는지 아무런 설명을 하지 않았다. 하지만 법관으로서의 오랜 경륜에서 우러나온 그의 말은 그 어떤 과학적 진단보다 더 무게감 있게 들렸다. 귀를 쫑긋 세우고 부연 설명을 기다리고 있는 기자들을 향해 그는 잔잔한 미소만 지어 보였다.

유신 체제는 부활할 것인가

2012년 12월 19일 박근혜 제18대 대통령의 당선 소식을 외신들은 '독재자의 딸(dictator's daughter)이 인권변호사(human rights lawyer)를 꺾었다'라는 자극적인 표현으로 전 세계에 타전했다. 문재인 민주통합당 후보에게 '전직 대통령 비서실장'이라는 직함이 있는데도 굳이 인권변호사로 표현한 의도를 쉽게 짐작할 수 있다. 아버지가 독재자였던 박근혜 대통령의 배경과 그 독재에 맞섰던 문 후보의 과거를 극적으로 대비시킴으로써 한때 아시아에서 가장 선진적인 민주주의를 자랑했던 한국에서 독재자의 딸이 민주적 선거제도를 통해 대통령으로 선택된 역사의 아이러니를 부각시킨 것이다.

외신에서 보듯 박근혜 대통령은 제 아무리 듣기 좋은 수식어를 붙이더라도 국민의 헌법적 기본권을 유린한 유신 독재를 상징하는 인물임을 부정할 수 없다. 비록 유신 독재의 피해자들에게 사과한다는 말은 했지만 선거를 의식해 마지못해 한 것이었을 뿐, 유신 체제를 옹호하는 시각은 근본적으로 달라진 게 없다. 이는 유신 정권의 폭압성을 상징하는 인혁당재건위 사건에 대한 모호한 태도에서 잘 드러난다.

유신 체제는 대한민국 사법부에도 재앙이었다. 국민의 기본권을 보호해야 할 법관들을 체제 수호에 앞장서도록 만듦으로써 법률가의 자존심을 무참히 짓밟았기 때문이다. 독재에 협조하지 않으면 가차 없이 내쫓거나 인사상 불이익을 줘 스스로 굴종을 택하도록 만들었다. 법관의 양심 따위는 흔적도 없이 사라졌다.

유신 독재를 경험한 법관들에게 유신시대는 결코 떠올리고 싶지 않은 악몽이다. 2012년 9월 21일 이용훈 전 대법원장은 고려대 로스쿨 특강에서 그때의 기억을 떠올리며 진저리를 쳤다. "우리 법률가들이 법을 이야기하지만 폭압적인 정치권력 앞에서는 헌법도 소용없고 법치주의도 소용없다는 걸 내 눈으로 봤다. (……) 헌법이라고 해서 대단한 거라고 보는데 그런 헌법에 기초해 6년에 걸친 일당 독재가 실현된 게 유신시대라는 걸 알아야 한다. 유신헌법을 만든 이들 다 훌륭한 법률가들이었다. 근데 그들이 제공한 아이디어가 마음에 상처를 갖는 사람들을 양산했다. 여러분들이 지금은 절대 안 그럴 거라고 다짐하겠지만, 출세와 재물에 눈이 어두우면 짐승의 수준으로 살아갈 수 있는 것이다."

유신 독재에 대한 부역은 사법부가 가장 감추고 싶어 하는 과거이다. 하지만 그 여파는 과거에만 그치지 않는다. 사법부의 현재와 미래를 옥죄는 족쇄이기도 하다. 사법부가 지금까지도 민주적 정당성을 제대로 인정받지 못하고 불신의 대상이 되고 있는 이유가 여기에 있다. 이런 의미에서 유신 체제는 결코 반복되어서는 안 되는 재앙이다.

그런데 박근혜 대통령의 등장을 계기로 유신 체제의 망령이 부활하는 게 아닌지 의심스러운 일이 벌어지고 있다. 사법부가 헌법적 기본권 수호라는 제 소임을 다하지 못했던 때로 회귀할 조짐을 보이고 있다면 지나친 비약일까?

이명박 대통령은 2013년 1월 3일 차기 헌법재판소장에 이동흡 전 헌법재판관을 지명했다. 이 인사는 이명박 정부가 발표했지만, 실질적으로는 박근혜 대통령 당선인의 뜻이 강하게 반영된 것이었다.

이동흡 후보자는 인사청문회가 열리기 전부터 각종 비리 의혹이 터져 나오더니, 급기야 청문회에서 공금인 특정업무경비를 사적인 용도로 사용한 흔적이 드러나는 등 공직을 수행하기 불가능할 정도로 도덕성에 큰 타격을 입었다. 그는 제기된 의혹들을 명쾌하게 해명할 수 있는 자료를 제출하는 것은 거부한 채, "기억이 안 난다" "규정을 잘 몰랐다"며 면피에만 급급한 모습을 보여 여론의 따가운 시선을 받았다. 야당은 물론이고 여당 소속 의원들조차 그의 헌법재판소장 임명을 강하게 반대했다.

결국 자진사퇴로 파국은 면했지만, 그가 여론의 눈치를 보며 41일이나 버티는 동안 박근혜 당선인과 새누리당 지도부가 보여준 태도는 참으로 가관이었다. 이한구 새누리당 원내대표는 국회 인사청문회를 '도살장'에 비유하는가 하면, 이 후보자를 "헛소문에 의해 피해를 본 억울한 희생양"으로 규정하며 두둔하고 나섰다. 권성동 국회인사청문특별위원회 새누리당 간사도 "결정적인 결격사유는 발견되지 않았다"며 그를 거들었다.

박 당선인은 특유의 엉뚱한 발언으로 불편한 심기를 나타냈다. "인사청문회가 '신상 털기' 위주로 가고 있는 점이 걱정된다"며 개인 신상은 비공개로, 정책과 능력은 공개 청문회로 하는 식으로 인사청문회 제도를 개선해야 한다고 목소리를 높였다.

이들의 태도는 단순한 정치적 제스처를 뛰어 넘는 중요한 의미를 담고 있다. 이동흡 후보자는 보수 성향의 주류 법관들보다 한참 더 오른쪽에 있는 극우 성향의 법관이다. 오죽하면 '법조계의 조갑제'라는 별명을 갖고 있을까. 실제 2006년 헌법재판관 취임 이후 6년간 그가 관여한 주요 사건을 보면 극우 성향이 두드러진다.

2010년 이른바 '미네르바 사건'으로 불리는 전기통신기본법(허위통신금지) 헌법소원 사건에서, 다수의견은 "'공익을 해할 목적'의 개념이 불명확하고 규제하지 않아야 할 표현까지 규제하게 된다"는 등의 이유로 위헌이라고 판단했지만, 이 후보자는 "국가 공공질서의 교란 등을 방지하기 위한 적합한 수단"이라며 합헌을 주장했다. 2009년 촛불집회 당시 서울광장에서의 야간 옥외집회를 처벌한 집회 및 시위에 관한 법률 위헌심판제청에서도, 그는 위헌 또는 헌법불합치 의견을 낸 다른 7명의 재판관과 달리 합헌을 주장했다. 또 소셜네트워크서비스(SNS) 등 인터넷을 이용한 선거운동을 금지하는 공직선거법 조항에 대해 다수의견은 "정치적 표현의 자유 침해로 위헌"이라고 판단했지만, 그는 합헌을 주장했다.

이처럼 이 후보자는 국가권력의 부당한 간섭으로부터 국민의 헌법적 기본권을 지켜야 하는 헌법재판관의 소임과는 거리가 먼 행태를 보였다. 그를 헌법재판소의 새 리더로 선택한 것은 박근혜 정부가 무엇을 지향하는지 뚜렷하게 보여준다. 개인의 기본권보다 체제 수호를 우선시하겠다는 의도를 고스란히 드러낸 것이다.

위에 열거한 헌법재판소 결정들은 이명박 정부의 민주화 역주행에 조금이나마 제동을 건 판결들이다. 박근혜 정부는 여기에 반대 의견을 냈던 이 후보자를 헌법재판소장에 앉힘으로써 헌법재판소가 박근혜 정부의 발목을 잡는 일을 미연에 방지하려는 속내를 드러냈다.

헌법재판소장도 한 명의 재판관으로서 재판에 참여하지만, 내부 토론이나 재판 진행 과정에서 소장으로서의 영향력을 무시할 수 없다. 따라서 이 후보자가 헌법재판소장이 되었다면 가뜩이나 보수색이 강한 헌법재판소는 더욱 보수화되었을 것이다. 현재 8명의 재판관 가운데 진보 성향으로 분류되는 인사는 노무현 대통령이 임명한 송두환 재판관과 2012년 민주당 추천으로 임명된 김이수 재판관 정도인데, 송 재판관이 2013년 3월 퇴임하면 보수와 진보의 구성이 7 대 1로 재편될 가능성이 크다.

헌법재판소는 국민의 기본권을 지키고 국가 권력을 통제하려는 목적으로 탄생되었다는 점에서 대법원 못지않게 다양성 원칙이 지켜져야 한다. 그러나 이동흡 헌법재판소장 인사 파동을 보면 이 원칙이 지켜질 가능성은 희박해 보인다. 그나마 박근혜 정부에서 새로 임명될 헌법재판관이 3명에 불과하다는 사실에 안도해야 할 처지이다.

대법원의 미래는 더욱 암담하다. 박근혜 정부에서 교체될 대법관은 전체 14명의 대법관 가운데 양승태 대법원장을 포함해 무려 8명에 이른다. 박근혜 정부의 대법관 인사도 보수화 기조를 유지할 것이 불 보듯 뻔하기 때문에 또다시 '그들만의 대법원'으로 전락할 위기를 맞고 있다.

이런 불길한 조짐은 벌써부터 감지되고 있다. 박근혜 대통령의 취임식을 11일 앞둔 2013년 2월 14일 선고된 노회찬 의원에 대한 대법원 확정 판결은 최고 법원의 정의에 대한 관점이 사회와 얼마나 동떨어져 있는지 보여준다. 대법원 3부(주심 박보영 대법관)는 '안기부 X파일'에 등장하는 '떡값 검사'의 실명을 인터넷에 공개한 혐의(통신비밀보호법 위반)로 기소된 노 의원에게 징역 4월 집행유예 1년, 자격정지 1년을 선고한 원심을 확정해, 그의 의원직을 박탈했다.

이학수 삼성 그룹회장 비서실장과 홍석현 당시 중앙일보 사장 간의 대화가 녹취된 안기부의 도청테이프는 2005년 세상에 공개되어 삼성이 당시 대선후보는 물론 검찰 고위층 등에도 정기적으로 떡값을 건넨 의혹이 제기되었다. 그러나 돈을 주고받은 이는 누구도 처벌받지 않은 반면, 이를 보도한 MBC 이상호 기자와 《월간조선》 김연광 편집장, 노회찬 의원만 기소되어 두 언론인에게는 선고유예가, 노 의원에게는 집행유예가 선고되었다.

노 의원에게 적용된 통신비밀보호법은 대화내용의 공개가 중대한 공익상의 이유에 의한 것인지 등을 전혀 고려하지 않는데다, 벌금형은 없고 징역형만 있어 헌법상 과잉금지 원칙에 위배된다는 지적이 있었다. 이에 따라 여야 의원 152명은 통신비밀보호법에 벌금형을 추가하는 개정안을 제출했다. 더욱이 노 의원이 곧 개정될 법에 의해 불이익을 받는 것을 막기 위해 여야 의원 159명은 선고를 연기해달라는 탄원서에 서명까지 했다.

그럼에도 불구하고 대법원은 노 의원에 대한 확정 판결을 강행했다. 재판부는 노 의원이 떡값 검사의 실명을 보도자료에 공개한 것에 그치지 않고, 굳이 '전파성이 강한' 인터넷에 올린 것을 유죄의 근거로 댔지만, 그 바탕에는 '노 의원의 행위는 공익과 관계없다'는 인식이 깔려 있다.

재판부는 노 의원에게 무죄를 선고한 2심 판결을 유죄 취지로 파기환송한 대법 판결(2011년 5월 13일 선고. 주심 양창수 대법관)을 그대로 인용했다. 양창수 대법관은 "(녹취록에 나오는) 대화의 시점은 이 사건이 공개되기 8년 전의 일로, 이를 공개하지 아니하면 공익에 대한 중대한 침해가 발생할 가능성이 현저한 경우로 비상한 공적 관심의 대상이 되는 경우에 해당한다고 보기 어렵다"고 주장했다.

그러나 삼성이라는 세계적 기업이 검찰을 비롯한 권력기관에 정기적으로 뇌물을 제공하면서 법치주의의 근간을 흔들고 있다는 의혹보다 더 '비상한 공적 관심'이 어디 있을까? 더욱이 이런 의혹을 뒷받침하는 유력한 정황 증거가 이후에 나오기까지 했다.

노무현 정부에서 청와대 법무비서관을 지낸 이용철 변호사는 2007년 11월 기자회견을 통해 삼성으로부터 돈을 받았다가 돌려준 사실을 폭로했다. 이 변호사는 청와대에서 일하던 2004년 1월 설 무렵에 당시 삼성전자 법무팀 상무였던 이경훈 변호사로부터 500만 원을 택배로 전달받았다가 이를 사진 촬영한 뒤 돌려줬다고 밝혔다. 이용철 변호사는 삼성이 '회사 차원의 일이 아니다'라고 해명하자 추가 기자회견을 통해 "이경훈 변호사가 내게 돈을 줘야 할 개인적인 동기가 없다"며 삼성의 해명을 반박했다.[26] 그는 돈다발을 두른 띠지에 '서울은행(B①) 분당지점'이 찍혀 있음을 지적했다. 서울은행은 2002년 12월 하나은행과 통합되었기 때문에 이 돈이 적어도 이보다 앞서 인출되었다는 것이다.

이용철 변호사는 "2002년 12월에는 내가 공직자도 아니었는데, 2004년에 공직을 맡을 것으로 예상하고 이경훈 변호사가 돈을 인출해서 2년 가까이 보관했다가 택배로 보냈다는 가정이 상식적으로 납득이 안 된다"며 "또 돈다발 상자에 '이용철⑤'라고 포스트잇이 붙어 있는데, 개인적으로 돈을 건네는 것이었다면 그것을 붙일 이유가 없다"고 말했다. 그의 회견 내용은 삼성이 회사 차원에서 조성한 비자금을 떡값으로 돌린 게 아닌지 의심을 갖게 했다.

이 변호사의 회견에 대해 당시 삼성의 비자금 조성 의혹을 폭로한 김용철 삼성 구조조정본부 법무팀장은 "서울은행 분당지점은 삼성물산의 비자금을 관리했던 곳이고, 이용철 변호사에게 전달된 500만 원을 싼 포장지가 구조조정본부 재무팀 관재파트에서 쓰는 포장지"라고 밝혔다.

그러나 조준웅 삼성 특검과 검찰은 당시 미국에 체류하고 있던 이경훈 변호사가 잠적했다는 이유로 이에 대한 수사를 전혀 진행하지 않았다. 하지만 이 사건은 노 의원이 공개한 안기부 X파일의 내용이 상당한 신빙성이 있음을 입증한다. 동시에 노 의원이 떡값 검사들의 실명을 인터넷에 공개한 것이 X파일 내용에 대한 수사를 촉구하기 위한, 즉 공익을 위한 것이었음을 뒷받침하고도 남는다.

노 의원에 대한 대법원 판결은 도둑은 안 잡고 도둑 잡으라고 신고한 이를 처벌한 셈이 되었다. 더욱이 X파일 내용을 폭로한 두 기자와 노 의원만 수사한 당시 수사 책임자 황교안 전 고검장은 박근혜 대통령에 의해 법무장관으로 내정되었다. 오히려 직무유기로 처벌받아야 할 사람이 법 집행 기관의 수장에 발탁된 것이다. 새삼 '정의란 무엇인가'를 묻게 만든다.

유신 체제의 부활 조짐을 판단할 수 있는 바로미터가 될 사건이 현재 헌법재판소에 계류되어 있다. 유신 체제를 지탱해준 강력한 수단이었던 유신헌법 제53조와 긴급조치 제1·2·9호에 대해 민주사회를 위한 변호사 모임이 2010년 2월 낸 헌법소원 사건이다.

대법원 전원합의체는 2010년 12월 16일 긴급조치 제1호에 대해 위헌이라고 판결한 바 있지만, 헌법재판소는 헌법소원이 접수된 지 3년이 지나가는데도 결론을 내리지 않고 있다. 공교롭게도 이 사건의 주심이 바로 이동흡 후보자였다. 그는 2011년 10월에 공개변론을 개최한 뒤에도 1년 가까이 사건을 뭉개고 있다가 퇴임했다. 헌법재판소 안에서는 이 후보자가 당시 유력한 대통령 후보였던 박근혜 대통령을 의식해 선고를 차일피일 미뤘다는 말이 돌았다.

만약 헌법재판소가 위헌 결정을 내리면 유신 체제를 둘러싼 논란은 적어도 사법적으로는 완전 종식된다. 유신 체제가 헌정을 파괴한 반민주적인 독재 체제였다는 사법적 결론이 내려지게 되는 것이다. 또한 지금까지 개별적인 재심 청구를 통해서만 구제받을 수 있었던 긴급조치 피해자들은 일괄적으로 명예를 회복하고 피해를 보상받을 수 있는 길이 열린다. 재심은 시간과 비용이 많이 들 뿐만 아니라, 개시 요건이 까다롭기 때문에 피해자에게 이중, 삼중의 고통을 안겨줬다.

긴급조치가 이미 폐지된 법률이기 때문에 위헌 심사가 불가능하다는 논리로 헌법재판소가 위헌 결정을 피해가는 꼼수를 부릴 가능성도 없지 않다. 그러나 이미 대법원이 긴급조치 제1호에 대해 심리에 참여한 대법관 전원일치로 위헌 판결을 내렸다는 점에서 이는 궁색한 변명에 지나지 않는다.

박근혜 시대의 헌법재판소는 과연 어떤 결정을 내릴까? 유신 시대의 사법부로 되돌아갈 것인가, 아니면 '부끄러운 과거'와 단절할 것인가. 선택은 그들의 몫이다.

후주

1 "황호택 기자가 만난 사람: 사법 사상 첫 현직 인터뷰 이용훈 대법원장", 《신동아》 2006년 1월호, 118~135쪽.

2 National Federation of Independent Business v. Sebelius, Secretary of Health and Human Services, 『미 연방대법원 판례집』 567(2012).

3 Texas v. Johnson, 『미 연방대법원 판례집』 491(1989).

4 이용훈 대법원장 재임 기간 중 대법원 판결 평가, 「참여연대 이슈 리포트」, 2011년 11월 17일.

5 이용훈 대법원장 재임 기간 중 대법원 판결 평가, 「참여연대 이슈 리포트」, 2011년 11월 17일.

6 School Dist. of Abington Tp. v. Schempp, 『미 연방대법원 판례집』 374(1963).

7 이용훈 대법원장 재임 기간 중 대법원 판결 평가, 「참여연대 이슈 리포트」, 2011년 11월 17일.

8 대법원 2007.11.15. 선고 2007도3061 전원합의체 판결(공직선거법위반) 김태환 제주지사실 압수수색 사건.

9 "대법, 보수·중도·진보 7:4:2 재편", 《한겨레》 2006년 6월 8일, 1면.

10 Girouard v. United States, 『미 연방대법원 판례집』 328(1946).

11 삼성 특검 수사 결과 발표 자료.

12 "'에버랜드 1차 수사' 3년 허송세월 왜 (…) 폭탄 돌리기?", 《한겨레》 2006년 7월 11일, 11면.

13 "조준웅 삼성특검 아들 비자금 재판 뒤 특채로 삼성 입사", 《한겨레》 2012년 8월 20일, 10면.

14 대법원 2010.7.23. 선고 2010도1189 전원합의체 판결(특수공무집행방해치상, 국가보안법위반 찬양 고무 등) '우리민족끼리' 이적표현물 사건.

15 "'오송회' 1심 재판부, 보안법 피고인에 파격적 선고 유예: 한홍구 교수가 쓰는 사법부-회한과 오욕의 역사−암흑시대의 빛나는 판결들(중)", 《한겨레》 2010년 3월 15일, 23면.

16 "CEO 48% '삼성 편법승계 무죄 공감 안해'", 《경향신문》 2009년 6월 11일, 16면.

17 "황호택 기자가 만난 사람: 사법 사상 첫 현직 인터뷰 이용훈 대법원장", 《신동아》

2006년 1월호, 118~135쪽.

18 편집부, 『역사 속의 사법부』, 사법발전재단, 2010, 82~83쪽.

19 천주교인권위원회, 『사법살인 1975년 4월의 학살』, 학민사, 2001, 184~235쪽.

20 천주교인권위원회, 『사법살인 1975년 4월의 학살』, 학민사, 2001, 204쪽.

21 "유신·5공때 문제판결 50쪽뿐 (…) 풀·가위로 쓴 역사", 《한겨레》 2010년 1월 14일, 10면.

22 "사법부, 오만의 귀결", 《한겨레》 2010년 1월 18일, 31면.

23 "법관도 국민도 고통스러운 사법부 치욕의 과거", 《한겨레》 2009년 5월 19일, 18면.

24 "검찰 몫 대법관 37년 만에 '0' (…) 안대희 전 대법관 후임에 김소영 부장판사 임명제청", 《한겨레》 2012년 10월 11일, 6면.

25 Keyishian v. Board of Regents, 『미 연방대법원 판례집』 385(1967).

26 "이용철 변호사 '삼성 조직적 로비' 강조", 《한겨레》 2007년 11월 21일, 8면.

감사의 말

이 책은 《한겨레》 법조팀 기자들이 땀으로 쓴 취재기다. 필자들은 현장에서 눈코 뜰 새 없이 바쁜 그들을 대신해 대표 집필했을 뿐이다. 따라서 이 책은 오로지 그들의 땀이 만든 것이다.

법조 출입기자는 언론계에서 '3D업종'으로 분류된다. 검찰에서 큰 수사가 진행될 때면 기자들은 꼭두새벽부터 한밤중까지 검찰 청사를 떠나지 못한다. 검찰 간부나 수사 검사, 또는 소환 대상자의 집 앞에서 엄동설한에 기약 없는 '뻗치기'를 할 때도 많다. 큰 수사가 없더라도 사회의 온갖 비리와 갈등이 모이는 법원과 검찰에서 잠시라도 한눈을 팔면 다음날 조간신문에 1면 톱기사로 물먹기 일쑤다. 때로는 법원이나 검찰이 스스로 '대형 사고'를 쳐서 기자들의 업무량을 늘릴 때도 있다.

취재원들도 기자들에게 그리 호의적이지 않다. 비판적인 기사라도 쓰면 '법적 대응' 운운하며 목소리를 높인다. 웬만한 협박에는 이골이 난 기자들이지만, 법률 전문가를 자처하는 이들이기 때문에 주눅 들지 않을 수 없다. 이 책은 이런 어려움 속에서 지난 10년 동안 수많은 취재원들로부터 단편적으로 취재한 내용을 퍼즐 짜 맞추듯 검증한 뒤 조합한 기록이다.

하지만 책이 완성되고 보니 어딘지 모르게 부실하다는 느낌을 지울 수 없다. 특히 대법관 인선이나 대법원 합의 과정은 일절 공개되지 않기 때문에 정확성을 자신하지 못하는 부분도 있다. 조만간 이를 보완할 수 있는 기회가 올 것으로 믿는다.

이 책이 나오기까지 도움을 주신 분들은 이루 헤아릴 수 없이 많다. 무엇보다 이홍훈, 박시환, 전수안, 김영란, 김지형 전 대법관께 깊이 감사드린다. 이 책의 모티프는 전적으로 이 분들의 활약에서 비롯되었다. 그리고 불미스런 내용일지라도 기자들의 질문에 항상 솔직하게 답해주셨던 이용훈 전 대법원장께도 이 지면을 빌려 감사드린다.

졸고임에도 불구하고 필자들에게 격려와 지원을 아끼지 않았던 한겨레출판 식구들에게도 고맙다는 말씀을 드리고 싶다.

지난 1년 동안 '아빠'와 '남편'이 없는 주말을 묵묵히 참아준 가족들에게는 미안함이 앞선다. 가족들의 사랑이 없었다면 이 책은 결코 빛을 보지 못했을 것이다.

2013년 2월
이춘재·김남일

부록_주요 소수의견 목록

※ 독수리 5형제 외에 다른 대법관들이 소수의견을 낸 경우도 표기했다.

※ 소수의견에는 보충 의견, 반대 의견, 별개 의견이 있지만 여기서는 다수의견
의 결론과 이유에 대해 모두 반대하는 의견만을 소수의견으로 보았다(별개 의
견은 다수의견과 결론은 같지만 논거가 다른 경우를 말한다).

선고 날짜	2006년 3월 16일(이홍훈·전수안 임명 전)
사건 번호	2006두330
쟁점	새만금 간척사업 중단 또는 계속 진행 여부
다수의견	사업 계속 시행 이용훈, 강신욱, 이규홍, 이강국, 손지열, 박재윤, 고현철, 김용담, 양승태, 김황식, 김지형
소수의견	환경에 심각한 영향, 계속 시행 시 지나친 비용과 희생 발생하므로 취소해야 김영란, 박시환

선고 날짜	2007년 3월 22일
사건 번호	2005추62
쟁점	울산북구청장의 승진임용 처분을 직권으로 취소한 울산광역시장 사건
다수의견	취소 가능 이용훈, 고현철, 김용담, 양승태, 김황식, 박일환, 김능환, 안대희
소수의견	지방자치의 본질상 민주적 정당성을 부여받은 기초단체장 의사 우선되 어야 김영란, 김지형, 박시환, 이홍훈, 전수안

선고 날짜	2007년 5월 17일
사건 번호	2006다19054
쟁점	사학비리 상지대 임시이사들의 정이사 선임 사건
다수의견	이사회 결의 무효 이용훈, 고현철, 김용담, 양승태, 김황식, 박일환, 김능환, 안대희
소수의견	임시이사들은 정이사와 동일한 권한. 이사회 결의는 적법 김영란, 김지형, 박시환, 이홍훈, 전수안

선고 날짜	2007년 9월 28일
사건 번호	2005두12572
쟁점	출근길 교통사고 사망 업무상 재해 인정 여부
다수의견	인정 안 됨 이용훈, 고현철, 양승태, 김황식, 이홍훈, 박일환, 안대희
소수의견	출·퇴근 행위는 업무와 밀접불가분의 관계로 업무상 재해 인정해야 김영란, 김지형, 박시환, 전수안, 김능환

선고 날짜	2008년 11월 20일
사건 번호	2007다27670
쟁점	아버지 유골 인도 및 종손의 제사 주재 관련 사건
다수의견	협의로 정하지 못한 경우에는 장남이 주재
	이용훈, 고현철, 양승태, 이홍훈, 박일환, 김능환, 차한성
소수의견	제사 주재자가 협의되지 않으면 다수결로 정하거나 법원이 판단해야
	김영란, 김지형, 박시환, 전수안, 안대희, 양창수

선고 날짜	2009년 5월 29일
사건 번호	2007도4949
쟁점	불법경영권 승계를 위한 삼성에버랜드 헐값 발행 사건
다수의견	무죄
	양승태, 김지형, 박일환, 차한성, 양창수, 신영철
소수의견	경영진의 업무상 배임죄 인정해야
	김영란, 박시환, 이홍훈, 전수안, 김능환

선고 날짜	2009년 10월 22일
사건 번호	2009도7436
쟁점	피고인 방어권과 관련한 검찰의 공소장일본주의 위반 사건
다수의견	적법
	이용훈, 양승태, 김능환, 안대희, 차한성, 양창수, 신영철, 민일영
소수의견	불공정한 공판 진행을 초래하므로 위법한 공소제기
	김영란, 박시환, 김지형, 전수안, 이홍훈(별개 의견)

선고 날짜	2009년 11월 19일
사건 번호	2009도6058
쟁점	미성년자의 성폭행 처벌불원 관련 법정대리인 동의 여부
다수의견	동의 유효
	이용훈, 양승태, 박시환, 김지형, 이홍훈, 김능환, 전수안, 안대희, 차한성, 양창수, 신영철, 민일영
소수의견	성폭력 피해 아동이 처벌 철회해도 법정대리인 동의 없으면 무효
	김영란

선고 날짜	2010년 4월 22일
사건 번호	2008다38288
쟁점	학내 종교 자유 요구한 강의석 사건
다수의견	종교의 자유를 넘어선 종교 교육 강요. 부당한 퇴학처분에 대한 학교 쪽 손해배상 책임 인정
	이용훈, 김영란, 박시환, 김지형, 이홍훈, 김능환, 전수안, 민일영
소수의견	• 종교 교육 강요라 볼 수 없어
	안대희, 양창수, 신영철
	• 명백하게 퇴학처분 사유에 해당하지 않는다고 보기는 어려워
	양승태, 안대희, 차한성, 양창수, 신영철

선고 날짜	2010년 7월 23일
사건 번호	2010도1189
쟁점	실천연대 간부의 국가보안법상 이적표현물 사건
다수의견	유죄

	이용훈, 양승태, 김능환, 안대희, 차한성, 양창수, 신영철, 민일영
소수의견	위험성·이적행위 인정하려면 엄격하고 구체적 증명 있어야
	김영란, 김지형, 박시환, 이홍훈, 전수안

선고 날짜	2011년 3월 17일(김영란 퇴임 뒤)
사건 번호	2006도8839
쟁점	안기부 X파일 보도 사건
다수의견	유죄
	이용훈, 양승태, 김능환, 안대희, 차한성, 양창수, 신영철, 민일영
소수의견	도청 내용이 중대한 공익과 관련되어 있어 보도 정당
	김지형, 박시환, 이홍훈, 전수안, 이인복

선고 날짜	2011년 3월 17일
사건 번호	2007도482
쟁점	철도노조 파업으로 인한 업무방해 사건
다수의견	파업이 언제나 업무방해죄에 해당하는 것은 아니라고 판례 변경하면서도 유죄
	이용훈, 양승태, 김능환, 안대희, 차한성, 양창수, 신영철, 민일영
소수의견	폭력 수반하지 않은 단순파업은 업무방해죄 처벌 안 돼
	김지형, 박시환, 이홍훈, 전수안, 이인복

선고 날짜	2011년 4월 21일
사건 번호	2010무111
쟁점	4대강 사업(한강) 집행정지신청 사건
다수의견	사업 계속 시행
	이용훈, 김능환, 안대희, 차한성, 양창수, 신영철, 민일영, 이인복, 이상훈
소수의견	4대강 사업 효력정지 타당
	김지형, 박시환, 이홍훈, 전수안

선고 날짜	2012년 4월 19일(김지형·박시환·이홍훈 퇴임 뒤)
사건 번호	2010도6388
쟁점	전교조 시국선언 국가공무원법 위반사건
다수의견	유죄
	양승태, 김능환, 안대희, 양창수, 민일영, 이상훈, 박병대, 김용덕
소수의견	헌법이 보장한 표현의 자유를 행사한 것으로 처벌 불가
	전수안, 박일환, 이인복, 이상훈, 박보영, 신영철(2차 시국선언만 반대 의견)

기울어진 저울
ⓒ 이춘재 · 김남일 2013

초판 1쇄 발행 2013년 3월 11일
초판 2쇄 발행 2013년 11월 28일

지은이 이춘재 · 김남일
펴낸이 이기섭
편집인 김수영
책임편집 이조운
기획편집 임윤희 김윤정 정회엽 이지은 김준섭
마케팅 조재성 성기준 정윤성 한성진 정영은
관리 김미란 장혜정

펴낸곳 한겨레출판(주) www.hanibook.co.kr
등록 2006년 1월 4일 제313-2006-00003호
주소 121-750 서울시 마포구 공덕동 116-25 한겨레신문사 4층
전화 02)6383-1602~3 **팩스** 02)6383-1610
대표메일 book@hanibook.co.kr

ISBN 978-89-8431-676-8 03300